GOTT SAGT JA

Chagall, Marc; Prophetische Botschaft; © VG Bild-Kunst, Bonn 2011

IMPRESSUM

Friedrich Janssen, „GOTT SAGT JA"
© 2011 der vorliegenden Ausgabe:
Oldenburgische Volkszeitung Druckerei und Verlag KG,
Neuer Markt 2, 49377 Vechta
Layout und Satz: Oldenburgische Volkszeitung
Druckerei und Verlag KG
Druck: Vechtaer Druckerei und Verlag GmbH & Co. KG
ISBN: 978-3-88441-260-2

Alle Rechte vorbehalten. Kopie oder Nachdruck, auch in
Auszügen, ist nicht gestattet und erfordert die schriftliche
Genehmigung des Verlages.

Titelbild: Die Erschaffung Adams (Detail); Michelangelo;
Cappella Sistina, Cittá del Vaticano

INHALTSVERZEICHNIS

	Vorwort	9
Sein und Sinn	Dasein – Wozu?	12
	Glaube und Vernunft	14
Gott	Gottes Urwahl	18
	Koalitionspartner	20
	Gott ist immer auf Sendung	21
Schöpfung	Faszination des Kosmos	24
	Die göttliche Vorsehung	26
	Die ökologische Krise	28
	Ambivalentes Wasser	31
Mensch	Das christliche Menschenbild	34
	V E C	38
	Den Alten gehört die Zukunft	40
Kooperation mit Gott	Freiheit	42
	Ein starkes Team	43
	Yes – we can	45

FROHE BOTSCHAFT IM KIRCHENJAHR

Advent	Advent	52
	Doppelter Advent	54
	Straßenbau	56
	Advent heißt Ausschau halten	58
	Heller als 100.000 Lichter	59
Weihnachten	Der wunderbare Tausch	62
	Von der Pro-existenz (Für-sein) zur Cum-existenz (Mit-sein)	64
	Einer von uns	66
	Liebe macht erfinderisch	68
Neujahr	Allzeit Gute Fahrt	72
	Prognosen	74
	Reflexionen über die Zeit	75

Vier Jahreszeiten	Frühling	78
	Sommer	79
	Herbst	80
	Winter	81
Krank – Gesund	Welttag der Kranken (11. Februar: Gedenktag Unserer Lieben Frau in Lourdes)	84
	Heilung des Blindgeborenen	85
	„Höchstes Gut?"	88
Österliche Bußzeit	Fastenzeit	92
	Kehrum	93
	Zwischen Aschermittwoch und Ostern	94
Heilige Woche – Karwoche	Passion	98
	Zwei Passionen	101
Gründonnerstag	„Deutschland sucht den Superstar"	103
Karfreitag	Oh happy day	105
	Wer soll das bezahlen?	107
Ostern	Das Duell	110
	Der Präzedenzfall	111
Christi Himmelfahrt	Christ fuhr gen Himmel	116
	Zur Positionierung der Christen	118
Pfingsten	Feuer und Flamme	122
	Die Sache Jesu braucht Begeisterte	124
	Universale Kommunität	126
	Petri Heil	127
	Die Kirche und die Soziale Frage	129
Christliche Ethik *(Gesellschaftliche Verantwortung)*	Unsere Verantwortung für die Sonntagskultur	134
	Familie	136
	Bildung und Erziehung	137
	Unzertrennliche Zwillinge	139
	Armut	142
	Nicht von Brot allein	144
	Nicht nur über den Fehmarnbelt	146

Christliche Ethik (*Gesellschaftliche Verantwortung*)	Geld als Götze	148
	Vom wahren Schatz	150
	Bürgerschaftliches Engagement	152
	Welle der Gewalt	154
	Schützenfest	156
	Koalition auf Zeit?	157
	Die zügellose Zunge	158
	Darf man alles, was man kann?	160
Urlaub/Ferien	Ferien gehen den ganzen Menschen an	164
	Ein Platz an der Sonne (6. August: Fest der Verklärung Christi)	166
Stoppelmarkt und Mariä Himmelfahrt	Stoppelmarkt und Mariä Himmelfahrt (15. August)	170
Sport	Leichtathletik	174
	Verpasstes Fußball-WM-Finale	176
	WM- Nominierung	177
	PS	178
Erntedank-Sonntag	Undank ist der Welt Lohn	180
Weltmission	Weltmissionssonntag	182
Allerheiligen	Leitsterne christlicher Existenz	186
Allerseelen	In memoriam	190
	„Schläft nur"	192
	Michael Jackson (†)	194
	Versöhnung über den Gräbern	195
Zur Ehre Gottes und Freude der Menschen	Zur Ehre Gottes und Freude der Menschen (22. November: Fest der hl. Cäcilia)	198
Christkönigssonntag (*Letzter Sonntag im Kirchenjahr*)	Der Kontrastkönig	200

VORWORT

Noch vor aller Schöpfung, bevor Welt und Mensch existierten, hat Gott von Ewigkeit her den Entschluss gefasst, die Menschen an seinem unendlichen Leben und Glück teilhaben zu lassen. Paulus beschreibt diese Wahlentscheidung Gottes für die Menschen so: „Gepriesen sei der Gott und Vater unseres Herrn Jesus Christus ... Denn in ihm hat er uns erwählt vor der Erschaffung der Welt ...; er hat uns aus Liebe im Voraus dazu bestimmt, seine Söhne (und Töchter) zu werden durch Jesus Christus und nach seinem gnädigen Willen zu ihm zu gelangen" (Eph 1,3-5).

Diesen seinen Heilsplan hat Gott von Anfang an den Menschen unterbreitet und im Laufe der Heilsgeschichte immer wieder neu vorgelegt, auch dann, wenn sie sich ihm verweigerten. Der Sündenfall, das Nein des Menschen zu Gott, hat das Votum Gottes für die Menschen nicht durchkreuzen können, im Gegenteil: Es setzte sich das „Dennoch" Gottes durch. Trotz des Neins des Menschen zu Gott ist Gott beim Ja zum Menschen geblieben. Um sein Ja zu den Menschen zu besiegeln, ist er für sie Mensch geworden, gestorben und von den Toten auferstanden.

Von hier versteht sich auch der Buchtitel: GOTT SAGT JA. Er soll signalisieren, dass Gott sich zum „Koalitionspartner" des Menschen gemacht hat und ohne Wenn und Aber zu seinem Ja zum Menschen steht. Jahr für Jahr verkündet die Kirche dieses Ja Gottes zu den Menschen. Es zeugt von einer weisen Pädagogik, die zentralen Heilstaten Gottes, die dessen Ja zum Menschen bestätigen, in einem immer wiederkehrenden Zyklus je neu bewusst und erfahrbar zu machen. Daher bildet die Frohe Botschaft im Kirchenjahr den Schwerpunkt des Buches.

Das vorliegende Gedankenmosaik hat sich herauskristallisiert aus verschiedenen Beiträgen, die zum einen im ehemaligen „Oldenburger Münsterland Kurier" unter der Rubrik „Auf ein Wort", zum anderen in der „OV am Sonntag" als Kolumne „Gedanken zum Sonntag" erschienen sind.

Mein aufrichtiger Dank gilt Druckerei und Verlag der Oldenburgischen Volkszeitung, insbesondere Herrn Geschäftsführer und Verlagsleiter Christoph Grote, für das Ja zur Drucklegung dieses Sammelbandes. Danken möchte ich auch dem Grafiker Christian von der Heide.

Vechta, im Advent 2011   Friedrich Janssen

SEIN UND SINN

Der Lebenskreis; Hildegard von Bingen; Liber Divinorum Operum – Welt und Mensch; um 1240; Staatsbibliothek, Lucca

DASEIN – WOZU?

Vom Dichter und Schriftsteller Peter Rühmkorf stammt das Wort: „Wohl weiß ich, dass ich bin, doch nicht: Wozu?" In die gleiche Richtung weist dieser Ausspruch eines Zeitgenossen: „Weiß nicht, woher ich bin; weiß nicht, wo geh ich hin, drum wundert's mich, dass ich fröhlich bin". In der Tat: Wie kann sich einer seines Lebens freuen, der weder um sein Woher noch um sein Wohin noch um den Sinn seines Lebens weiß? Eine solche Unwissenheit löst alles andere als Frohsinn und Heiterkeit aus. Viele Menschen wissen nicht um den Sinn ihrer Existenz oder sprechen dem Dasein einen letzten Sinn ab. Sie vertreten die Position eines biologischen Realismus, will heißen: Sie gehen davon aus, dass das Leben hier auf Erden ihre einzige Existenz ist, die mit der Geburt beginnt und mit dem Tod ein für alle Mal endet. Nach einem Sinn zu fragen, halten Leute mit einer solchen Lebensauffassung für Unsinn.

Wer nur an das irdische Leben glaubt und nicht weiß, was den tiefsten Sinn seines Daseins ausmacht, wozu er überhaupt da ist, was sein eigentliches Lebensziel ist, fällt nicht selten in Depression und Resignation oder verfällt dem Leichtsinn und verliert sich in vordergründiges Glück. Aus der Sinnleere ergibt sich als logische Konsequenz nur die Sucht nach maximalem Genuss in diesem Leben. Denn wenn das irdische Dasein angeblich die einzige Existenz ist, bleibt als Lebensmaxime nur die Jagd nach Konsum, Geld, Macht und Erfolg, der Sturz ins Reich der Illusionen. Wer das diesseitige Leben zum einzigen Leben deklariert, dem sitzt die Furcht wie eine Faust im Nacken, in diesem Leben zu kurz zu kommen, etwas zu verpassen. Folglich potenziert sich der Drang nach Lebensgenuss entsprechend der Devise des römischen Dichters Horaz: „Carpe diem": Pflücke den Tag (wie eine Blume), genieße den Tag! Wer nur diesseits orientiert ist, verfällt der Lebensparole: Lass dich nicht verdrießen, du musst das Leben genießen. So taumeln viele von einem Tag in den anderen, von einem Genuss in den nächsten. Haltlos leben sie ausschließlich im Hier und Heute, ohne zu wissen oder sich Gedanken darüber zu machen, wozu sie letztlich da sind. Sie haben nur ein Nahziel: Hier und jetzt etwas zu erleben. Sie sehnen sich nach einer „Erlebnisgesellschaft", die sich von attraktiven „Events" nährt. Einer Allensbach-Umfrage zufolge sehen über 60 Prozent der Deutschen ihren Lebenssinn in Spaß, Glück und Genuss. Unsere Gesellschaft ist denn auch durch eine Spaßkultur charakterisiert.

Freude am Leben zu haben, ist legitim und menschlich. Ohne Lebensfreude verarmt und verkümmert menschliches Dasein. Es stellt sich aber die Frage, ob sich der Sinn des Lebens in Spaß und Genuss erschöpft. Was ist dann mit Menschen, die nichts zu lachen haben oder die sich teuren Spaß nicht leisten können, denen selten die Sonne des Glücks scheint? Die Lust auf Spaß kaschiert vielfach das Fehlen eines letzten Lebenssinns, vor allem vertuscht sie fehlenden Glauben an ein Weiterleben nach dem Tode. Schwindender, erst recht nicht vorhandener Glaube an die Auferstehung führt schon nach Paulus zum Konsumdenken: „Wenn Tote nicht auferweckt werden, dann lasst uns essen und trinken; denn morgen sind wir tot" (1 Kor 15,32). Eine Variante dieses paulinischen Wortes ist die oft als Autoaufkleber zu lesende Lebensparole: „Genuss sofort". Der Apostel sagt es so: „Ihr Sinn ist verfinstert. Sie sind dem Leben, das Gott schenkt, entfremdet ... Haltlos wie sie sind, geben sie sich der Ausschweifung hin" (Eph 4,18.19); „Ihr Ende ist das Verderben, ihr Gott der Bauch ... Irdisches haben sie im Sinn" (Phil 3,19).

Wer sich der Leichtlebigkeit hingibt, um seinen Lebens- und Glückshunger zu stillen, macht früher oder später die Erfahrung, dass ein solcher Lebensstil Unzufriedenheit und innere Leere hinterlässt. Irgendwann spürt er, dass es eine Sehnsucht gibt, die in der tiefsten Tiefe des menschlichen Herzens verwurzelt ist und die jede andere Sehnsucht übersteigt: Das Streben nach dauerhaftem Dasein und permanentem

Glück. Diese Sehnsucht kann durch vordergründiges Glück nicht erfüllt werden. Deshalb strebt jeder Mensch, bewusst oder unbewusst, zu dem hin, der letzte Erfüllung bringt. Das aber ist Gott; „denn alles ist durch ihn und auf ihn hin geschaffen" (Kol 1,16). Gott ist Ursprung und zugleich Ziel unseres Daseins. Augustinus drückt es so aus: „Auf dich hin, o Gott, hast du uns erschaffen und unruhig ist unser Herz, bis es ruht in dir". Deshalb kommt es darauf an, das Leben in ein Koordinatensystem einzuordnen, das von diesem über-natürlichen Ziel her bestimmt ist. Der Weg zu diesem Ziel ist der Mensch gewordene Gottessohn selbst, der von sich sagt: „Ich bin der Weg und die Wahrheit und das Leben; niemand kommt zum Vater außer durch mich" (Joh 14,5.6). Ohne Ihn befänden wir uns alle in einer abgrundtiefen Sinnleere. Er allein kann das Sinnvakuum füllen; nur Er gibt die einzig gültige Antwort auf die Frage: Dasein – wozu? Nur in Ihm macht Dasein Sinn, ja hat Sein von vorneherein Sinn.

GLAUBE UND VERNUNFT

Es ist eine weit verbreitete Meinung, Menschen, die an Gott glauben, hätten ihren Verstand gleichsam an der Garderobe abgegeben. Man hält Glaube und Vernunft für absolut inkompatibel, für ein diametral entgegengesetztes Paar, das sich wie Feuer und Wasser zueinander verhält. Glauben heißt nach Ansicht vieler Zeitgenossen Nicht-wissen. Diese irrige These wird schon dadurch widerlegt, dass der Mensch nach dem Willen seines Schöpfers ein vernunftbegabtes, also diskursiv denkendes Wesen ist. Daraus ergibt sich aber zwingend, dass auch im Glaubensvollzug Verstand und Vernunft und somit logisches, schlussfolgerndes Denken zum Zuge kommen müssen. Letzteres wird u. a. durch die Frage des Apostels Paulus an die Korinther bestätigt: „Habt ihr den Glauben vielleicht unüberlegt angenommen?" (1 Kor 15,2). Freilich besitzen die Glaubenserkenntnisse nicht den Grad einer mathematischen Evidenz und Präzision, gleichwohl sind sie durch eine innere Plausibilität und Kohärenz sowie durch den Charakter einer überzeugenden Glaubwürdigkeit gekennzeichnet, sodass der Glaube zumindest nicht unvernünftig erscheint.

Ein Zugang zur Vereinbarkeit von Glaube und Vernunft erschließt sich durch eine Reflexion auf das Dasein. Wenn wir unsere Existenz betrachten, müssen wir konstatieren, dass wir endliche, biologisch begrenzte, sterbliche Wesen sind. Aufgrund dieser Tatsache halten viele Menschen das Leben hier auf Erden in der Zeitspanne zwischen Geburt und Tod für das einzige Dasein und von daher das Leben für ein Auslaufmodell. Darüber hinaus negieren sie jedwede Transzendenz, das heißt eine dieses zeitliche Leben überschreitende Dimension und Wirklichkeit. So richten sie sich innerweltlich ein. – Einer solchen Positionierung ist entgegenzuhalten: Die biologische Begrenztheit unserer Existenz bedeutet nicht von vorneherein eine Reduzierung unseres Lebens auf die Zeitspanne zwischen Geburt und Tod, vielmehr drängt sie zwingend die Frage nach Ursache und vor allem Sinn unseres Daseins auf. Wenn unsere Existenz letztendlich auf Tod programmiert wäre, müssten wir uns fragen, weshalb wir dann überhaupt da sind? Ist es sinnvoll, anzufangen zu leben, um eines Tages todsicher wieder aufzuhören? Wäre es nicht besser, gar nicht erst zu beginnen, statt zu beginnen, um aufzuhören? Denn wenn wir schon mal da sind, warum dann nicht für immer?

Die Frage nach dem Sinn unserer Existenz führt uns zwangsläufig zu derjenigen nach dem Urgrund derselben. Alles, was existiert, hat eine Ursache. Woher kommen wir also? Da wir endlichen Wesen den letzten Grund unseres Daseins nicht aus und in uns selbst haben können, muss unsere Existenz durch eine andere Ursache verursacht sein, und zwar durch eine un-endliche Ursache, die ihrerseits unverursacht ist; andernfalls wäre sie nicht der allerletzte Daseinsgrund.

War und ist nun dieser Urgrund allen Seins eine Ur-*idee*, eine Ur-*sache*, ein Ur-*prinzip* oder eine Ur-*person*, also ein geist- und vernunftbegabtes, intelligentes Wesen? Die Antwort kann nur lauten: Wenn schon wir endlichen Wesen geist - und vernunftbegabt sind, ist nach dem Gleichheitsprinzip davon auszugehen, dass auch die Ursache allen Seins eine Geistperson ist. Die Theologen nennen diese Person Gott (der Philosoph Platon spricht von der exemplarischen Uridee, die er aber nicht personalisiert).

Gott ist der letzte Daseinsgrund. Er hat als Schöpfer alles, was existiert, aus dem Nichtsein zum Sein gerufen und somit allem, was ist, einen Anfang geschenkt (Gott selbst darf nicht anfangen, sonst wäre er ein endliches, begrenztes Geschöpf wie wir). Wenn Gott aber Welt und Menschen erschafft, dann verbindet er damit auch eine Absicht: Er will die Geschöpfe an seinem Leben teilhaben lassen. Einziger Beweggrund ist seine sich verschenkende Liebe entsprechend dem Axiom: Das Gute verströmt sich (Bonum est diffusivum sui). Weil Gott sich selbst genügt, ein autosuffizientes Wesen ist, kann er nicht aus egozentrischer Motivation geschaffen haben (etwa um seine schöpferische Macht zu demonstrieren oder weil er der Geschöpfe bedürfte), sondern nur und ausschließlich aus Liebe. Gott wollte in seiner unendlichen Güte andere an seinem Glück partizipieren lassen.

Wenn Gott uns aber erschaffen hat mit der Intention, dass wir „nach seinem gnädigen Willen zu ihm gelangen" (Eph 1,5) und an seinem Leben teilhaben, ist Gott Ursache und zugleich Ziel der Schöpfung und damit des Menschen: „Alles ist durch ihn und auf ihn hin geschaffen" (Kol 1,16); „Von ihm stammt alles und wir leben auf ihn hin" (1 Kor 8,6). Kausalität (Ursache) und Finalität (Zielsetzung) von Schöpfung und Mensch sind identisch, das Woher und Wohin derselben sind eins. Demnach ist die Schöpfung nicht linear (auslaufend), sondern zirkular (kreisförmig) angelegt: Von Gott her und auf Gott hin. So sagt denn Augustinus: „Auf dich hin, o Gott, hast du uns erschaffen und unruhig ist unser Herz, bis es ruht in dir". Wenn die Schöpfung aber von Gott kommt und zugleich auf Gott ausgerichtet ist, kann sie kein Auslaufmodell sein; andernfalls würde der Schöpfer sein eigenes Werk vernichten. Gleiches gilt für den Menschen: Wenn der Mensch von Gott kommt und wiederum auf Gott projiziert ist („Von Geburt an bin ich geworfen auf dich": Ps 22,11), schließt diese Hinordnung auf den unendlichen Gott eine Überwindung seiner Endlichkeit, Begrenztheit, Sterblichkeit und folglich auch eine personale Weiterexistenz nach dem Tode ein. Aller biologischen Endlichkeit zum Trotz erfüllt sich der Sinn menschlichen Daseins in der Unendlichkeit bei Gott.

Die Vereinbarkeit von Glaube und Vernunft ergibt sich ferner aus der Möglichkeit einer *natürlichen, rationalen* Gotteserkenntnis. So lässt sich aus der Schöpfung zunächst das *Dasein* Gottes mit dem Licht der natürlichen Vernunft erkennen, wie Paulus argumentiert: „Seit Erschaffung der Welt wird seine (Gottes) unsichtbare Wirklichkeit an den Werken der Schöpfung mit der *Vernunft* wahrgenommen, seine ewige Macht und Gottheit" (Röm 1,20). Wer Gott aus der Schöpfung nicht erkennt, ist nach den Worten des Apostels sogar „unentschuldbar" (Röm 1,20; vgl. Weish 13,8). Und im Buch der Weisheit heißt es: „Töricht waren von Natur alle Menschen, denen die Gotteserkenntnis fehlte. Sie hatten die Welt in ihrer Vollkommenheit vor Augen, ohne den wahrhaft Seienden erkennen zu können" (Weish 13,1); „Wenn sie durch ihren Verstand schon fähig waren, die Welt zu erforschen, warum fanden sie dann nicht eher den Herrn der Welt?" (Weish 13,9).

Darüber hinaus ist von der Schöpfung her mittels der Vernunft ein Rückschluss auf das machtvolle und faszinierende *Wesen* Gottes möglich; „denn von der Größe und Schönheit der Geschöpfe lässt sich auf ihren Schöpfer schließen" (Weish 13,5). Aus der Schönheit und Faszination des Universums, aus der Konstanz und Kohärenz der Naturgesetze sowie aus der herrlichen Harmonie und Ordnung des Alls kann nur die Existenz eines Ordners von unendlicher Intelligenz und maximaler Kreativität abgeleitet werden. Albert Einstein, nach seinem Glauben gefragt, gab zur Antwort: „Ich brauche nicht an Gott zu glauben, ich sehe ihn täglich an seinem Werk…, im unbegreiflichen Weltall offenbart sich eine grenzenlos überlegene Vernunft". Für Einstein steht die Kompatibilität von Glaube und Vernunft außer Frage.

‚Credo' heißt wörtlich übersetzt: Cor do, zu Deutsch: Ich gebe mein Herz; ich vertraue mich mit ganzem Herzen Gott an. Ein solcher Vertrauensglaube öffnet sich auch Wahrheiten, die den menschlichen Verstand übersteigen, jedoch in einem inneren Sinnzusammenhang stehen.

Zusammenfassend lässt sich sagen: Wer an Gott glaubt, sitzt nicht im toten Winkel intellektueller Blindheit. Der Glaube ist alles andere als unvernünftig.

– *Sein und Sinn* –

GOTT

Chagall, Marc; Der brennende Dornbusch; © VG Bild-Kunst; Bonn 2011

GOTTES URWAHL

Freie und geheime Wahlen sind ein integraler Bestandteil der Demokratie. In solchen politischen Wahlen artikuliert sich der Wille des Volkes, des eigentlichen Souveräns. Leider bleibt vielen Völkern auch heute noch das Wahlrecht verwehrt.

Bei aller Bedeutung politischer Wahlen gibt es eine Wahl von ungleich größerer Dimension. Es ist die Wahl, die Gott von Ewigkeit her für die Menschen getroffen hat. Der Apostel beschreibt diese Urwahl so: „Gepriesen sei der Gott und Vater unseres Herrn Jesus Christus ... Denn in ihm hat er uns erwählt vor der Erschaffung der Welt ... ; er hat uns aus Liebe im Voraus dazu bestimmt, seine Söhne (und Töchter) zu werden durch Jesus Christus und nach seinem gnädigen Willen zu ihm zu gelangen" (Eph 1,3-5). Gott hat sich von Ewigkeit her dafür entschieden, die Menschen durch seinen Sohn zu seinen Söhnen und Töchtern zu machen, sie also an Kindes statt anzunehmen, im wahrsten Sinne des Wortes zu adoptieren und sie zu sich kommen zu lassen. Dieser Entschluss und Wahlentscheid ist so ewig wie Gott selbst. Die Entscheidung Gottes für die Menschen wurde bereits getroffen, bevor es überhaupt Welt und Menschen gab: „Mit einem heiligen Ruf hat er uns gerufen, nicht aufgrund unserer Werke, sondern aus eigenem Entschluss und aus Gnade, die uns schon vor ewigen Zeiten in Christus Jesus geschenkt wurde" (2 Tim 1,9).

Das Zweite Vatikanische Konzil sagt hierzu: „Der ewige Vater hat die ganze Welt nach dem völlig freien, verborgenen Ratschluss seiner Weisheit und Güte erschaffen. Er hat auch beschlossen, die Menschen zur Teilhabe an dem göttlichen Leben zu erheben. Als sie in Adam gefallen waren, verließ er sie nicht, sondern gewährte ihnen jederzeit Hilfen zum Heil um Christi, des Erlösers, willen, der das Bild des unsichtbaren Gottes ist, der Erstgeborene aller Schöpfung' – Kol 1,15. Alle Erwählten aber hat der Vater vor aller Zeit ‚vorhergekannt und vorherbestimmt, gleichförmig zu werden dem Bild seines Sohnes, auf dass dieser der Erstgeborene sei unter vielen Brüdern' – Röm 8,29" (Dogmatische Konstitution über die Kirche „Lumen gentium", 2). Von daher zählen wir Menschen zu Gottes „Auserwählten" (1 Petr 1,1); wir sind „ein auserwähltes Geschlecht" (1 Petr 2,9) und „von unserer Erwählung her gesehen von Gott geliebt" (Röm 11,28).

Chagall, Marc; Fenster Mainz, Maßwerkkrone; © VG Bild-Kunst, Bonn 2011

Was für eine Wahl! Gott stand vor der Wahl, alleine zu bleiben oder andere an seinem Glück teilhaben zu lassen – abgesehen davon, dass Gott ganz und gar nicht alleine ist, weil er als ein dreifaltiges Wesen, nämlich als Vater, Sohn und Heiliger Geist, in absoluter Gemeinschaft lebt. Gott hätte also Welt und Menschen nicht erschaffen müssen. Er braucht uns nicht, die Schöpfung ist aus Gottes Sicht vollkommen überflüssig; denn Gott genügt sich selbst. Aufgrund dieser Autosuffizienz kann als Motiv für die

Erschaffung der Welt und des Menschen nur dieser Beweggrund infrage kommen: Die sich selbst verschenkende Liebe Gottes mit dem Ziel, die Menschen an seinem ewigen Leben und Glück partizipieren zu lassen.

Diesen Heilsplan hat Gott dem Menschen immer wieder vorgelegt, auch dann, wenn dieser sich ihm verweigerte. Der Sündenfall, das Nein des Menschen zu Gott, hat das Votum Gottes für den Menschen nicht durchkreuzen können, im Gegenteil: Es setzt sich das „Dennoch" Gottes durch. Obwohl das sündige Geschöpf sich immer wieder von Gott ab-gesondert, losgesagt und zu Gott Nein gesagt hat, ist Gott dennoch beim Ja zum Menschen geblieben. Den Höhepunkt der Erwählung des Menschen bildet die Menschwerdung Gottes, durch die Gott seine Wahlentscheidung für den Menschen unwiderruflich besiegelt hat. Gott kreuzt den Menschen an, um diesen durch den Kreuzestod seines Sohnes zu erlösen.

Gottes Heilsplan ist die durch nichts (auch nicht durch die Sünde) zu erschütternde, unverbrüchliche Option für den Menschen. Bei dieser Wahlentscheidung geht es um das ewige Heil des Menschen. Angesichts einer Wahl von solcher Kategorie verblasst die Bedeutung politischer Wahlen, mögen sie noch so wichtig sein.

KOALITIONSPARTNER

Wenn bei Wahlen keine der Parteien die absolute Mehrheit erzielt hat, macht man sich auf die Suche nach Koalitionspartnern. Dabei gestalten sich die Koalitionsverhandlungen aufgrund diametral entgegengesetzter Positionen der Parteien oft sehr schwiirig. Mitunter hat man allerdings den Eindruck, dass einige der Beteiligten mehr um Posten und Pöstchen schachern, statt das Wohl des Volkes im Auge zu behalten.

Eine Koalition ganz anderer Kategorie, die zutiefst theologische Dimensionen hat, ist der Bund Gottes mit den Menschen. Von Ewigkeit her, noch vor Erschaffung der Welt, hat Gott sich dafür entschieden, vernunft- und freiheitbegabte Wesen ins Dasein zu rufen, um sie zur Gemeinschaft mit ihm zu berufen. Paulus beschreibt diese Absicht und diesen Heilsplan Gottes so: „Denn in ihm (Jesus Christus) hat er uns erwählt vor der Erschaffung der Welt ...; er hat uns aus Liebe im Voraus dazu bestimmt,...nach seinem gnädigen Willen zu ihm zu gelangen" (Eph 1,4.5). Gott wollte mit den Menschen einen ewigen Bund schließen mit dem Ziel ihrer Partizipation an seinem Leben.

Dieses „Koalitionsangebot" hat Gott dem Menschen immer wieder unterbreitet und den Bundesschluss trotz der Untreue des Menschen ständig erneuert. Obwohl der Mensch sich Gott widersetzt hat, hat Gott dennoch das Tischtuch nicht zerschnitten, die Verbindung zum Menschen nicht gelöst und ihn weiterhin zur Teilnahme an seinem himmlischen Mahl eingeladen: „Ewig denkt er an seinen Bund" (1 Chr 16,15). Gott steht zu seiner Koalitionsaussage zugunsten des Menschen, er zieht seine Zusage nicht zurück: „Ich werde meinen Bund mit euch niemals aufheben" (Ri 2,1); „Auf ewig werde ich ihm meine Huld bewahren, mein Bund mit ihm bleibt allzeit bestehen ... Ich entziehe ihm nicht meine Huld, breche ihm nicht die Treue. Meinen Bund werde ich nicht entweihen; was meine Lippen gesprochen haben, will ich nicht ändern" (Ps 89,29.34.35); „Ich will einen ewigen Bund mit euch schließen" (Jes 55,3); „Ich schließe mit ihnen einen ewigen Bund, dass ich mich nicht von ihnen abwenden will" (Jer 32,40).

Diesen Bund mit den Menschen hat Gott mit seinem Blut besiegelt: „Das ist mein Blut, das Blut des Bundes, das für viele vergossen wird" (Mk 14,24); „Dieser Kelch ist der Neue Bund in meinem Blut, das für euch vergossen wird" (Lk 22,20).

Der Bund Gottes mit den Menschen erreicht seine Maximalform in der Inkarnation (Menschwerdung, wörtlich: Fleischwerdung, vgl. Joh 1,14. „Und das Wort ist Fleisch geworden") Gottes. In seiner Menschwerdung dokumentiert Gott auf unüberbietbare Weise seinen Willen, Koalitionspartner der Menschen zu werden. Daher heißt der Mensch gewordene Gott ja auch: Immanuel: Gott ist mit uns! Um einer von uns und mit uns zu werden, war er sich nicht zu schade, sich seiner hohen Herrlichkeit zu begeben, vom himmlischen Thron herunter zu kommen und sich zu uns herabzulassen: „Er war Gott gleich, hielt aber nicht daran fest, wie Gott zu sein, sondern er entäußerte sich und wurde wie ein Sklave und den Menschen gleich. Sein Leben war das eines Menschen; er erniedrigte sich und war gehorsam bis zum Tod, bis zum Tod am Kreuz" (Phil 2,6-8).

Um eine Koalition mit den Menschen einzugehen, hat Gott von sich aus alles getan, damit dieses Zusammengehen zustande kommt. Mag der Mensch immer wieder das Koalitionsangebot Gottes ausschlagen – was übrigens ein theologisches Eigentor wäre; denn in der Verbindung mit dem ewiges Leben schenkenden Gott liegt das Glück des Menschen – Gott hält seine Offerte aufrecht. Wer ihn zum Koalitionspartner macht, wird nicht enttäuscht. Gott macht keine Versprechen, die er nicht einhält.

GOTT IST IMMER AUF SENDUNG

Wo ist Gott? Wie sieht er aus? Wann kann man ihn hören, besser noch: sehen? Wie kann man ihn kontaktieren – am besten online? Da beneiden wir die Apostel, die Augen – und Ohrenzeugen Jesu waren, ihn also live erlebt haben. Schade, dass es kein Video von Jesus gibt, nicht einmal eine MAZ (Magnetaufzeichnung) von seinen Reden. Nun, diese Technologien wie überhaupt die sozialen Kommunikationsmittel (Film, Funk, Fernsehen, Radio, Presse, Internet, Facebook etc.) existierten damals noch nicht, und selbst wenn es sie gegeben hätte, bleibt die Frage, ob es technisch möglich gewesen wäre, diese bis heute – über 2000 Jahre hinweg! – zu konservieren. Dennoch ist unser Verlangen nach akustischen und optischen Wahrnehmungen Gottes berechtigt und verständlich.

Aber auch wenn wir nicht im Besitz einer MAZ von Jesus sind, ist Gottes Stimme gleichwohl zu hören. Denn Gott spricht unaufhörlich zu den Menschen, sein „Hörfunkprogramm" kennt keine Sendepause, kein Intermezzo. Gott spricht zu uns – um es im modernen Bild zu sagen – im „Ersten Programm" des Alten Testaments, im „Zweiten Programm" des Neuen Testaments und im „Dritten Programm" der Kirche. Im „Ersten Programm" hat Gott immer wieder die Sendung eines Messias, Retters und Erlösers angesagt durch das Wort der Propheten, durch sichtbare Ereignisse und Vorzeichen. Im „Zweiten Programm" hat er seine Botschaft ausgestrahlt durch sein Mensch gewordenes Wort selbst, durch Jesus Christus, durch den er sich vollkommen ausgesprochen hat: „Viele Male und auf vielerlei Weise hat Gott einst zu den Vätern gesprochen durch die Propheten; in dieser Endzeit aber hat er zu uns gesprochen durch den Sohn" (Hebr 1,1-2). Jesus Christus ist Höhe – und zugleich Schlusspunkt der göttlichen Offenbarung. Er, das Fleisch gewordene Wort (vgl. Joh 1,14), ist Gottes letztes Wort an die Menschen. Gott kann gar nicht mehr sagen, als er durch Jesus gesagt hat. – In der Kirche, gleichsam im „Dritten Programm", wird die göttliche Botschaft durch den Heiligen Geist „aufgefangen", hörbar und sichtbar gemacht. Die Sendung der Kirche besteht darin, das Evangelium, die Frohe Botschaft, weiter zu sagen, Jesu Worte zu interpretieren und zu aktualisieren, sie allen Menschen aller Zeiten mitzuteilen und in alle Sprachen und Kulturen zu übersetzen (Diese Inkulturation ist heute mehr denn je gefragt!). So wird das Wort Gottes im „Ersten" an-gesagt, im „Zweiten" aus-gesagt und im „Dritten" weiter-gesagt. Gott ist also immer „auf Sendung".

Wenn wir die Botschaft Gottes aufnehmen – lesen wir noch den Liebesbrief Gottes an die Menschen: die Heilige Schrift? –, dann wird Gott auch hier und heute vernehmbar. Gott spricht uns übrigens nicht nur durch die Bibel und die Kirche an. Weil selber Mensch geworden, schaut er uns aus jedem menschlichen Gesicht an und spricht er zu uns durch jeden Menschen. Ein Gefangener schrieb aus einem sibirischen Lager: „Ich suchte Gott, er verschloss sich mir; ich suchte meine Seele, ich fand sie nicht; ich suchte meinen Bruder, da fand ich alle drei". Die sel. Mutter Teresa, genannt der „Engel der Armen" von Kalkutta, wurde eines Tages von einem Journalisten gefragt: „Wie sollen die Menschen heute den Glauben finden?" Sie antwortete: „Dadurch, dass ich sie in Berührung bringe mit den Menschen, denn in den Menschen werden sie Gott finden". Es gibt so viele Programme und Wege Gottes zu uns, wie es Menschen gibt. Jeder Mensch ist ein Sprachrohr Gottes, besonders die Armen, Behinderten, Hungernden, Weinenden, Gehassten, Gefolterten, Geschmähten, Entrechteten, Ausgestoßenen, Diskriminierten, Unterprivilegierten, gesellschaftlichen Randexistenzen. Hat Jesus nicht gesagt: „Was ihr für einen meiner geringsten Brüder (und Schwestern) getan habt, das habt ihr mir getan?" (Mt 25,40). Jesus, der Mensch gewordene Gottessohn, hat sich mit jedem Menschen solidarisiert, ja identifiziert.

„Unendlich oft begegnet uns der Herr, aber wir merken es nicht" (Alessandro Pronzato); „Gott besucht uns häufig, aber meistens sind wir nicht zu Haus" (Sprichwort aus dem Zululand). Aber auch wenn wir meinen, es herrsche „Funkstille" vonseiten Gottes: Er hört uns auf jeden Fall. „Gott ist immer zu sprechen" war auf einem Transparent in Essen, Zentrum des Ruhrgebietes, zu lesen. Gott ist stets auf Sendung und Empfang zugleich.

So spricht Gott allzeit und überall. Der „Sender Gottes" fällt nie aus, er arbeitet nie mit verminderter Leistung. Nur kommt es darauf an, dass wir uns in die Sendung Gottes einschalten. Oft überhören wir das „Gongzeichen" des göttlichen Senders, weil unser geistig-religiöses Empfangsgerät defekt ist. Ursache kann aber auch sein, dass unser inneres Ohr gefiltert ist, sodass wir nur hellhörig werden bei einem Christentum in Moll, einer christlichen Botschaft der weichen Welle, wenn wunderschöne Weisen von Trost, Friede, Freude, ewigem Leben oder von einem nichts fordernden Glauben an unser Ohr dringen, wir aber bei einem Christentum in Dur, der harten Welle, wenn Passionsmelodien und Dissonanzen des Kreuzes erklingen, uns aus dem Sendebereich Gottes ausblenden. Dann setzen wir das „Ohropax" der hermetischen Abschirmung gegen Gottes Wort ein, schalten ab und suchen nicht selten nach Sendern solcher Weltanschauungen, Lebensphilosophien, Ideologien, ja auch Religionen, die unseren Ohren schmeicheln (vgl. 2 Tim 4,3). Es kann auch sein, dass der Empfang der Sendung Gottes gestört ist durch das Trommelfeuer antireligiöser und antichristlicher Propaganda. Vielleicht liegt es aber auch an unserer religiösen Gleichgültigkeit: Indifferenz, wenn wir kein Sensorium mehr haben für die Heilssignale Gottes und die Notsignale der Mitmenschen. Dann bedarf unser geistiges Gehör dringend der Reparatur, ja einer neuen Antenne für Gottes und der Mitmenschen Worte, damit deren Wellenlängen uns wieder erreichen können. Christus, der geistige „Ohrenarzt", „der die Tauben hören macht" (Mk 7,37), kann und muss uns neu „programmieren" und den Kontakt zwischen Gott und den Menschen wieder herstellen. Denn er ist der „Mittler zwischen Gott und den Menschen" (1 Tim 2,5), der entscheidende Mediator, ja das Kommunikationsmedium in Person, weil er in seiner Person Gottheit und Menschheit miteinander verbindet.

Wenn wir auf Christus hören, wird einmal aus dem „Hörfunk" Gottes ein ewiger „Sehfunk"; „denn wir werden ihn sehen, wie er ist" (1 Joh 3,2). Unbeschreiblich, „was kein Auge gesehen und kein Ohr gehört hat, was keinem Menschen in den Sinn gekommen ist: das Große, das Gott denen bereitet hat, die ihn lieben" (1 Kor 2,9). Das Glauben wird in Schauen, das Hören in Sehen übergehen. Eine Sendung, die nie enden wird und niemals langweilig werden kann. Ein faszinierendes Programm!

SCHÖPFUNG

Gott als Architekt des Kosmos; Bible moralisée; Paris um 1220 - 1230; Österreichische Nationalbibliothek, Wien

FASZINATION DES KOSMOS

Astronomen haben einen Riesenstern entdeckt, der zehn Millionen Mal heller leuchtet als unsere Sonne. Der Rekordstern ist nicht nur der hellste Stern, den Forscher bislang aufgespürt haben, sondern auch der schwerste und massereichste. Der Feuerball mit der Katalognummer R136a1 besitzt 265 Mal mehr Masse als unser Tagesgestirn. Da dieser Monsterstern jedoch rund zehn Milliarden Mal weiter entfernt ist als unsere Sonne, fällt er am Nachthimmel nicht weiter auf.

Die Entdeckung dieses Supersterns erzeugt ein weiteres Feeling für die gewaltigen Dimensionen des Universums. Die immensen Ausmaße des Alls tun sich schon dadurch auf, dass es nach Astronomenschätzungen allein in unserer Galaxie 50 Milliarden (!) Planeten gibt. Immanuel Kant hat einmal gesagt: „Zwei Dinge erfüllen das Gemüt mit immer neuer und zunehmender Bewunderung und Ehrfurcht, je öfter und anhaltender sich das Nachdenken damit beschäftigt: Der gestirnte Himmel über mir und das moralische Gesetz in mir."

Wenn man die Evolution, die seit dem Urknall im Gange ist, als Schöpfung bezeichnet, dann darf man in ihr eine „natürliche" Offenbarung des Schöpfers erkennen. Paulus erklärt: „Seit Erschaffung der Welt wird seine (Gottes) unsichtbare Wirklichkeit an den Werken der Schöpfung mit der Vernunft wahrgenommen, seine ewige Macht und Gottheit" (Röm 1,20). Weil die Schöpfung die Spuren des Schöpfers enthält, ist sie zugleich ein Vehikel zur natürlichen Erkennbarkeit Gottes. Damit wird keinem Pantheismus das Wort geredet, der Gott und Welt identifiziert, Schöpfung/Natur und Schöpfer gleichsetzt und so zwangsläufig zu einer Entpersonalisierung Gottes führt; gemeint ist vielmehr, dass die Schöpfung als solche stets transparent auf den Schöpfer als ihren Ursprung ist.

Von der Schöpfung ist ein doppelter Rückschluss auf den Schöpfer möglich. Zum einen auf dessen Dasein: „Töricht waren von Natur alle Menschen, denen die Gotteserkenntnis fehlte. Sie hatten die Welt in ihrer Vollkommenheit vor Augen, ohne den wahrhaft Seienden erkennen zu können" (Weish 13,1), der alles aus dem Nichtsein zum Sein gerufen hat. „Wenn sie durch ihren Verstand schon fähig waren, die Welt zu erfor-

Chagall, Marc; Die Himmel rühmen die Herrlichkeit;
© *VG Bild-Kunst, Bonn 2011*

schen, warum fanden sie dann nicht eher den Herrn der Welt?" (Weish 13,9). Zum anderen kann man aus der Schöpfung das machtvolle und faszinierende Wesen Gottes ableiten: „Beim Anblick der Werke erkannten sie den Meister nicht, sondern hielten das Feuer, den Wind, die flüchtige Luft, den Kreis der Gestirne, die gewaltige Flut oder die Himmelsleuchten für weltbeherrschende Götter. Wenn sie diese, entzückt über ihre Schönheit, als Götter ansahen, dann hätten sie auch erkennen sollen, wie viel besser ihr Gebieter ist; denn der Urheber der Schönheit hat sie geschaffen. Und wenn sie über ihre Macht und ihre Kraft in Staunen gerieten, dann hätten sie auch erkennen sollen, wie viel mächtiger jener ist, der sie geschaffen hat; „denn von der Größe und Schönheit der Geschöpfe lässt sich auf ihren Schöpfer schließen" (Weish 13,1-5). So preist der Psalmist zu Recht das Schöpfungswerk: „Die Himmel rühmen die Herrlichkeit Gottes, vom Werk seiner Hände kündet das Firmament" (Ps 19,2). Ein Lob auf die Schöpfung erklingt auch in diesem Kirchenlied: „Großer Gott, wir loben dich; Herr, wir preisen deine Stärke, vor dir neigt die Erde sich und bewundert deine Werke".

Wir bewundern die Schönheit und herrliche Harmonie des Alls, die Konstanz und Konvergenz der Naturgesetze und schließen aus der Ordnung im Universum auf einen Ordner von unendlicher kreativer Intelligenz. Albert Einstein bekennt: „Im unbegreiflichen Weltall offenbart sich eine grenzenlos überlegene Vernunft". Und er wird noch konkreter: Auf die Frage, ob er an Gott glaube, antwortet er: „Ich brauche nicht an Gott zu glauben, ich sehe ihn täglich an seinem Werk". Wernher von Braun, Vater der Mondrakete, sagt es so: „Wir erfinden nichts, wir entdecken nur".

Quintessenz: Die Faszination des Kosmos verbietet den Glauben an ein Universum ohne Gott.

DIE GÖTTLICHE VORSEHUNG

Die Welt ist Schöpfung Gottes. Alles, was ist, existiert nur deshalb, weil der Schöpfer ihm Dasein verliehen hat.

Schöpfung besagt aber nicht, dass Gott alles aus dem Nichts ins Dasein gerufen hat, um danach die Welt sich selbst zu überlassen. Die Erschaffung der Welt ist kein einmaliger, punktueller Akt, vielmehr ein permanenter, anhaltender Vorgang, will heißen: Gott erschafft nicht nur die Welt, sondern er erhält sie auch. Zur Wesensdefinition von Schöpfung gehören nämlich zwei zentrale Elemente: Creare *et conservare*: Schaffen *und Erhalten*. Hielte Gott nicht kontinuierlich die Schöpfung in seinen Händen, würde sie unweigerlich kollabieren; denn nur „in ihm hat alles Bestand" (Kol 1,17). Weil die Welt ihren Urgrund nicht aus sich selbst, sondern in Gott hat, kann sie ohne die dauernde Vorsehung Gottes nicht im Dasein bestehen: „Verbirgst du dein Gesicht, sind sie verstört; nimmst du ihnen den Atem, so schwinden sie hin und kehren zurück zum Staub der Erde" (Ps 104,29). Die gesamte Schöpfung lebt vom göttlichen Geist, ohne diesen lebenserhaltenden Atem Gottes würde die Kreatur ins Nichts zurückfallen. Ohne die göttliche Vorsehung wäre die Schöpfung ein Auslaufmodell.

Freilich ist die göttliche Vorsehung nicht so zu verstehen, als ob der Schöpfer ständig intervenieren und ins Weltgeschehen eingreifen würde. Weil er dem Menschen einen freien Willen gegeben hat, behandelt er ihn nicht wie eine beliebig manipulierbare Marionette, sondern lässt ihm die Freiheit des Handelns, selbst wenn er etwas Böses tut.

Nicht wenige Menschen zweifeln an der göttlichen Vorsehung. Angesichts des Leids in der Welt in all seinen Variationen (Kriege, Terror, Gewalt, Hunger, soziales Elend, Ungerechtigkeit, Krankheit und Tod) vermögen sie nicht an eine liebende Fürsorge des Schöpfers zu glauben. Dabei vergessen sie, dass die meisten Übel in der Welt auf das Konto des nicht mit dem Schöpfer kooperierenden Menschen gehen, also hausgemacht sind. Wir dürfen aber fest davon überzeugt sein, dass alles in Gottes Vorsehung aufgehoben ist, „die sich – wie es in einem schönen Gebet heißt – in ihren Anordnungen nicht täuscht". Gottes Vorsehung bestimmt den Lauf der Dinge und das Schicksal der Menschen. Gott lenkt die Welt in den Bahnen seiner Ordnung. So absurd uns dieses oder jenes Leid erscheinen mag, es muss einen letzten Sinn haben; andernfalls hätte Gott planlos erschaffen und würde die Schöpfung seinen Händen entgleiten. Der Apostel Paulus sagt: „Wir wissen, dass Gott bei denen, die ihn lieben, *alles* (also auch das Unbegreifliche und Schwere!) zum Guten führt, bei denen, die nach seinem ewigen Plan berufen sind" (Röm 8,28). Aus dieser Gewissheit schöpft er auch seinen ungebrochenen Optimismus: „Von allen Seiten werden wir in die Enge getrieben und finden doch noch Raum; wir wissen weder aus noch ein und verzweifeln dennoch nicht; wir werden gehetzt und sind doch nicht verlassen; wir werden niedergestreckt und doch nicht vernichtet" (2 Kor 4,8.9).

Auch wenn Gottes Entscheidungen unergründlich und seine Wege unerforschlich sind (vgl. Röm 11,33), bleibt die Schöpfung sinnvoll, „denn aus ihm und durch ihn und auf ihn hin ist die ganze Schöpfung" (Röm 11,36). Der hl. Pater Maximilian Kolbe, der im KZ Auschwitz stellvertretend für einen polnischen Familienvater namens Franticzek Gawjoniczek (ich habe ihn in Rom anlässlich der Seligsprechung seines Lebensretters kennengelernt) in die Todeszelle gegangen ist, ist an der göttlichen Vorsehung nie irre geworden, wenn er schreibt: „Mitunter ist es wirklich schwierig im Leben, man meint, es gäbe keinen Ausweg mehr. Weil wir nicht alles wissen können, sehen wir den Zusammenhang nicht zwischen unserem eigentlichen Glück und den widrigen Umständen, die uns quälen. Was sollen wir also tun? Gott vertrauen. Durch solches Vertrauen – auch ohne letzte Einsicht in die Dinge – erweisen wir gleichzeitig Gott eine große Ehre, denn wir erkennen seine Weisheit, Güte und Macht an" (aus der Schrift „Jedem ist der Weg gewiesen").

Vertrauen wir also auf Gottes gütiges Walten: „Er leitet mich auf rechten Pfaden, treu seinem Namen. Muss ich auch wandern in finsterer Schlucht, ich fürchte kein Unheil; denn du bist bei mir, dein Stock und dein Stab geben mir Zuversicht" (Ps 23,3.4). Auch wenn wir nicht wissen, welchen Verlauf unser Lebensweg nehmen wird, wollen wir voller Hoffnung in die Zukunft schauen. Der ehemalige tschechische Staatspräsident Vaclav Havel sagte einmal: „Hoffnung ist nicht die Überzeugung, dass etwas gut ausgeht, sondern die Gewissheit, dass etwas Sinn hat, egal wie es ausgeht". So kann einer nur sprechen, der von der göttlichen Vorsehung fest überzeugt ist, davon, dass der liebe Gott nichts falsch, sondern alles richtig macht.

DIE ÖKOLOGISCHE KRISE

Die allmähliche Verminderung der Ozonschicht und der daraus resultierende Treibhauseffekt haben inzwischen kritische Dimensionen erreicht. Gasprodukte aus der Verbrennung fossiler Brennstoffe, CO_2-Ausstöße, Fluorchlorkohlenwasserstoffe (FCKW), Spraygas, einige Arten von Unkrautvertilgungsmitteln, Überdüngung, Industriemüll, unkontrollierte Abholzung der Regenwälder etc. – alle dadurch ausgelösten Emissionen schaden der Atmosphäre, steigern den Treibhauseffekt und forcieren so die Erderwärmung. Ein dramatischer globaler Klimawandel ist die Folge. Die Menschen spüren bereits jetzt dessen Auswirkungen: Hitze, Dürre, Stürme, Gletscherrückgang, Überschwemmungen, Ernteausfälle und Ausbreitung von Krankheiten sind verheerende Symptome klimatischer Veränderungen. „Der Klimawandel ist eine der Hauptbedrohungen der Menschheit", sagte der frühere UN-Generalsekretär Kofi Anan. Ebenso warnt Kardinal Lehmann: „Der globale Klimawandel stellt die wohl umfassendste Gefährdung der Lebensgrundlagen der heutigen und in noch viel stärkerem Maße der kommenden Generationen sowie der außermenschlichen Natur dar".

Die ökologische Krise ist letztlich Symptom einer tief greifenden ethisch/moralischen Krise. Die rücksichtslose Ausbeutung der Energien und Ressourcen der Erde sowie die Umweltverschmutzung haben ihre Ursachen zumeist in einer geistigen Umweltverseuchung und moralischen Milieufäulnis. Verheerend hat sich auch die völlig einseitige Sicht des Menschen als Krone der Schöpfung und Topexemplar des Kosmos ausgewirkt; es wurde vergessen oder geflissentlich ignoriert, dass der Mensch als Partner der Mitgeschöpfe erschaffen worden ist. Die sich aus dem ersten Schöpfungsbericht ergebende Hoheitsstellung des Menschen (vgl. Gen 1,1 - 2, 4a) muss zwingend ergänzt werden durch die Aussage des zweiten Schöpfungsberichts (Paradieserzählung: Gen 2,4b-25), wonach der Mensch in seine Umwelt und Mitwelt hineinversetzt worden ist mit dem Auftrag, für diese Verantwortung zu übernehmen. Nimmt der Mensch jedoch als Spitze der Schöpfungspyramide seine ethisch-moralische Verantwortung für die Mitgeschöpfe nicht wahr und behandelt er die übrige Schöpfung/Natur wie einen Selbstbedienungsladen, darf er sich nicht wundern, wenn jene aus den Fugen, ja außer Kontrolle gerät. Überschreitet der Mensch die Obergrenze beim Einsatz von und Umgang mit Energien (etwa der Atomenergie) und Rohstoffen, wird er unweigerlich Zeuge der Unbeherrschbarkeit von Naturgewalten (Tschernobyl und Fukushima lassen grüßen). Nichts ist nämlich in seiner Rache so grausam wie die beleidigte Natur.

Statt die Schöpfung als Partnerin zu betrachten, beutet der Mensch sie aus. Dabei blendet er aus, dass er sein ganzes Dasein nur den gewaltigen Entwicklungen verdankt, die vom Mineral zur Pflanzenwelt, Tierwelt und schließlich bis zur Menschenwelt stattgefunden haben. Mineral-, Pflanzen- und Tierwelt sind evolutive Prämissen, elementare Entwicklungsvoraussetzungen und Existenzbedingungen des Menschen. Mineralisation (Mineralbildung), Vegetation (Entwicklung der Pflanzenwelt) und Animalisation (Tierwerdung) haben die Hominisation (Menschwerdung) erst ermöglicht. Von daher besteht zwischen Mensch und Mitschöpfung eine fundamentale Interdependenz, eine unauflösliche gegenseitige Abhängigkeit und Wechselbeziehung, die in Partnerschaft übergehen muss. Zu dieser reziproken Relation von Mensch und Schöpfung/Natur sagt das Zweite Vatikanische Konzil: „Die ganze Welt ist mit dem Menschen innigst verbunden (Dogmatische Konstitution „Lumen gentium", 48). Mensch und Umwelt können nur in einem Miteinander existieren oder sie existieren nicht. Vielleicht sollten wir von hier die Bezeichnung „Umwelt" eintauschen gegen „Mitwelt". Der Begriff „Umwelt" suggeriert zu sehr den Eindruck, die Natur sei bloßes Objekt, das man beliebig manipulieren dürfe; die Definition „Mitwelt" hingegen weist hin auf das Moment der Partnerschaft, zu der Mensch und Mitgeschöpfe verpflichtet sind, weil beide zutiefst voneinander abhängen.

Chagall, Marc; Lob der Schöpfung; © VG Bild-Kunst, Bonn 2011

Der biblische Imperativ: „Unterwerft sie (die Erde) euch" (Gen 1,28) bedeutet demnach nicht: Macht euch zu Herren der Schöpfung, sondern: Dient ihr als Treuhänder und Verwalter des Schöpfers sowie als Partner der Mitgeschöpfe. Gott hat dem Menschen die Erde als Leihgabe anvertraut und ihn beauftragt, sie zu bebauen und zu behüten (vgl. Gen 2,6; 3,23). Der Mensch hat also keinen absoluten Herrschaftsanspruch über die Schöpfung; er darf mit ihr nicht alles machen, was er will. Mit der Einladung, die Ressourcen der Erde zu nutzen, hat Gott uns zugleich in die Pflicht genommen, die Schöpfung zu schonen und zu bewahren. Weil die Schöpfung dem Menschen als Leihgabe von Gott anvertraut worden ist, trägt der Mensch Verantwortung für sie.

Die Notwendigkeit einer Bewahrung der Schöpfung und eines schonenden Umgangs mit ihr – dies schon aus Verantwortung gegenüber den nachfolgenden Generationen – sei hier an einigen konkreten Beispielen festgemacht:

Wasser: Ohne Wasser können wir nicht leben. Die so abstrakt klingende chemische Formel H_2O steht für *das* Lebenselement. Aber dieses Urelement wird immer knapper. Wasserknappheit bedroht Leib und Leben von Millionen Menschen. Täglich sterben 10.000 Kinder an Krankheiten, die auf verseuchtes Wasser zurückgehen. Steigender Wassermangel wird laut Prognose von Weltfriedensforschern ein Hauptgrund für neue Krisen, ja Kriege sein. „Wasser wird der am schärfsten diskutierte Punkt des Wohn- und Siedlungswesens der Weltgemeinschaft im 21. Jahrhundert sein", sagt Wally N'Dow, Generalsekretär der UN-Konferenz „HABITAT". Die Konsequenz lautet: Alle sind verpflichtet, mit den Wasserreserven äußerst schonend umzugehen.

Partizipation: Gemeint ist die Teilhabe aller an den universalen Gütern der Erde. Wenn nicht alle Menschen Zugang zu den Ressourcen und Energiequellen erhalten, hat das möglicherweise auch Folgen für das friedliche Zusammenleben der Menschen. Die ungerechte Verteilung der Güter ist die Wurzel allen Übels. Die Partizipation aller an den Reichtümern der Erde ist ein absolutes ethisches Gebot.

Senkung des Energieverbrauchs: Diese muss erste Priorität erhalten. Der hemmungslose Energiekonsum ist ein wesentlicher Grund für den globalen Klimawandel, hier muss energisch gegengesteuert werden. Auch das Klima ist „ein Gut, das geschützt werden muss", wie es im Kompendium der kirchlichen Soziallehre heißt. „Für den christlichen Glauben ist der konsequente und engagierte Einsatz für den Klimaschutz nicht eine Nebensache, sondern eine Bewährungsprobe seiner Kraft zu befreiender Hoffnung, schöpferischer Innovation und unbeugsamer Gerechtigkeit", sagen die Deutschen Bischöfe zum „Klimawandel als Brennpunkt globaler, intergenerationeller und ökologischer Gerechtigkeit".

Versagt sich der Mensch Gott, dann wird aus dem Kosmos, der schönen und wohlgeordneten Welt, ein Chaos, ein heilloses Durcheinander. Wer Gott aus den Augen verliert, ihn gar ablehnt, versündigt sich über kurz oder lang auch an der Schöpfung. „Friede mit Gott, dem Schöpfer, ist immer auch Friede mit der ganzen Schöpfung", sagte einst der selige Papst Johannes Paul II. zum Weltfriedenstag am 1.1.1990. In ihrem Hirtenwort zur Fastenzeit 1990 betonen die Deutschen Bischöfe: „Wer Gott in Ehren hält, hält auch seine Schöpfung in Ehren". Es besteht ein ursächlicher Zusammenhang, ein untrennbares Junktim zwischen dem Glauben an einen Schöpfergott und der Ehrfurcht vor der Schöpfung. Von daher ist die ökologische Krise auch bedingt durch eine fortschreitende Säkularisierung (Verweltlichung), die vergessen lässt, dass Mitweltschutz, Bewahrung der Schöpfung (säkular ausgedrückt: Nachhaltigkeit der Natur) und damit auch Klimaschutz Gebote Gottes sind. „Wir Menschen sind vom Schöpfer berufen, die Erde zu gestalten, zu nutzen und ihrer Erhaltung zu dienen" (Die Deutschen Bischöfe, Christliche Verantwortung in veränderter Welt, Wort vom 27. September 1990, III, 8).

Von hier bedarf das Bild von der sich aus der Hoheitsstellung des Menschen ableitenden Dominanz desselben gegenüber der übrigen Schöpfung dringend der Korrektur beziehungsweise Ergänzung; denn Mensch und Schöpfung/Natur bilden eine Schicksalsgemeinschaft. Wir müssen wieder neu lernen, ein partnerschaftliches Verhältnis zur Mitschöpfung aufzubauen. Der hl. Franz von Assisi, der in harmonischer Beziehung zur Schöpfung lebte, könnte uns dabei Vorbild sein, er ist so etwas wie der Patron einer christlichen Ökologie. Es bedarf einer Sensibilisierung und Mentalitätsmetamorphose, eines Umdenkens jedes(r) Einzelnen, damit die Ökokrise nicht in eine Ökokatastrophe mündet. Es ist allerhöchste Zeit, den Bedrohungen unserer Lebensbedingungen ins Auge zu sehen und das Ökosystem vor dem Kollaps zu bewahren.

AMBIVALENTES WASSER

Immer wiederkehrende Nachrichten von sintflutartigen Flutkatastrophen in vielen Teilen der Welt, im schlimmsten Falle von Tsunamis, führen uns auf dramatische Weise die diametral entgegengesetzten Wirkungen des Wassers vor Augen: Wasser kann sowohl zum Segen als auch zum Fluch werden. Während auf der einen Seite Wasser *das* Lebenselement schlechthin ist, wird es auf der anderen Seite zum Symbol für Tod und Verderben.

Wasser schafft *Leben*: „Wohin der Fluss kommt, dort bleibt alles am Leben" (Ez 47,9). Ohne Wasser ist kein Leben möglich. Nicht von ungefähr besteht unser Körper zu 80 Prozent aus Wasser. In heißen Zeiten wissen wir die lebenserhaltende und regenerierende Kraft und Wirkung der so abstrakt klingenden chemischen Formel H_2O für Wasser zu schätzen. Die Ärzte empfehlen das Trinken von bis zu drei Liter Wasser pro Tag. In der Sahelzone in Afrika haben die Leute einem Dorf den Namen „Masa Muna" gegeben, zu Deutsch: Hier gibt's Wasser. Der von den Vereinten Nationen eingeführte so genannte „Weltwassertag" weist hin auf den Kampf ums Wasser als einen Kampf ums Überleben. Wasserknappheit bedroht Leib und Leben von Millionen Menschen. 1,3 Milliarden Menschen haben kein sauberes Trinkwasser. Der Wassermangel wird möglicherweise ein Hauptgrund für neue Krisen, ja Kriege werden. Von hier wird plausibel, weshalb die Menschheit nach außerirdischen Wasserressourcen sucht, weil immer die Angst mitspielt, es könne der Erde eines Tages das Wasser ausgehen. Wie lange noch wird unser Wasserplanet Erde seinem Namen gerecht?

Wasser schafft Leben: Dies ist übrigens auch der Grund, weshalb die Taufe mit Wasser gespendet wird, eben weil Christus uns in diesem Sakrament ewiges Leben schenkt. Wasser vermag aber auch das krasse Gegenteil: Es kann eine *tödliche* Wirkung haben. Verheerende Flutkatastrophen demonstrieren die vernichtende Wirkung des Wassers. Wie oft lautet die Diagnose: „Land unter". Wenn man die Fernsehbilder von den Katastrophen sieht, erhalten biblische Worte eine bedrohliche Aktualität: „Fluten erheben sich, Herr, Fluten erheben ihr Brausen, Fluten erheben ihr Tosen" (Ps 93,3); „Flut ruft der Flut zu beim Tosen deiner Wasser, all deine Wellen und Wogen gehen über mich hin" (Ps 42,8); „Denn mich umfingen die Wellen des Todes, mich erschreckten die Fluten des Verderbens" (2 Sam 22,5); „Die Flut wälzt sein Haus hinweg" (Ijob 20,28); „Wasser wogen ... heran und werden zum flutenden Wildbach. Sie überfluten das Land und was darin ist, die Städte und ihre Bewohner" (Jer 47,2); „das Wasser reichte mir bis an die Kehle, die Urflut umschloss mich" (Jona 2,6); „Hilf mir, o Gott! Schon reicht mir das Wasser bis an die Kehle. Ich bin in tiefem Schlamm versunken und habe keinen Halt mehr; ich geriet in tiefes Wasser, die Strömung reißt mich fort ... Entreiß mich dem Sumpf, damit ich nicht versinke. Zieh mich heraus aus dem Verderben, aus dem tiefen Wasser! Lass nicht zu, dass die Flut mich überschwemmt, die Tiefe mich verschlingt" (Ps 69,2.3.15.16). – Über den Wasserfluten liegt der Hauch des Todes.

So bringt das Wasser Leben und Tod. Es ist ein Urelement mit zweipoligem, ambivalentem Charakter.

– Schöpfung –

MENSCH

Der Kosmosmensch; Hildegard von Bingen; Liber Divinorum Operum-Welt und Mensch; um 1240; Staatsbibliothek, Lucca

DAS CHRISTLICHE MENSCHENBILD

Hat der Psalmist nicht recht, wenn er fragt: „Was ist der Mensch, dass du an ihn denkst, des Menschen Kind, dass du dich seiner annimmst?" (Ps 8,5); „Herr, was ist der Mensch, dass du dich um ihn kümmerst, des Menschen Kind, dass du es beachtest? Der Mensch gleicht einem Hauch, seine Tage sind wie ein flüchtiger Schatten" (Ps 144,3.4). Und der Prediger Salomo findet: „Jeder Mensch unterliegt dem Geschick und auch die Tiere unterliegen dem Geschick. Sie haben ein und dasselbe Geschick. Wie diese sterben, so sterben jene. Beide haben ein und denselben Atem. Einen Vorteil des Menschen gegenüber dem Tier gibt es da nicht. Beide sind Windhauch. Beide gehen an ein und denselben Ort" (Koh 3,19.20). Schon in der Schöpfungsgeschichte heißt es vom Menschen: „Staub bist du, zum Staub musst du zurück" (Gen 3,19; vgl. Ps 90,3); „Wir sind nur Staub" (Ps 103,14), „Staub und Asche" (Gen 18,27).

Scheint diese pessimistische, fast schon materialistische Anthropologie (Lehre vom Menschen) nicht allzu berechtigt? Was da „menscht", ist ein armseliges, hinfälliges, gebrechliches, staubiges Wesen, das den „Staub des Todes" (Ps 22,16) in sich trägt: „Des Menschen Tage sind wie Gras, er blüht wie die Blume des Feldes. Fährt der Wind darüber, ist sie dahin; der Ort, wo sie stand, weiß von ihr nichts mehr" (Ps 103,15.16).

Andererseits sagt die Schrift aber auch: „Dann sprach Gott: Lasst uns Menschen machen als unser Abbild, uns ähnlich" (Gen 1,26). Ferner: Zwar aus Lehm geformt, trägt der Mensch den Lebensatem Gottes in sich (vgl. Gen 2,7). Und derselbe Psalmist, der den Menschen als ein hin- und anfälliges Geschöpf charakterisiert (vgl. Ps 8,5), zollt ihm gleichwohl hohen Respekt: „Du hast ihn nur wenig geringer gemacht als Gott, hast ihn mit Herrlichkeit und Ehre gekrönt. Du hast ihn als Herrscher eingesetzt über das Werk deiner Hände, hast ihm alles zu Füßen gelegt: All die Schafe, Ziegen und Rinder und auch die wilden Tiere, die Vögel des Himmels und die Fische im Meer, alles, was auf den Pfaden der Meere dahinzieht" (Ps 8,6-9); „Herrlichkeit Gottes ist der lebendige Mensch", sagt Irenäus von Lyon.

Dialektischer, zwiespältiger, ja diametral entgegengesetzter lässt sich der Mensch kaum definieren. Er ist Gott ähnlich und zugleich unähnlich: Ähnlich, weil eine Geistperson, geschaffen nach dem Bild Gottes; unähnlich, weil ein gebrechliches und sterbliches Geschöpf.

Im Einzelnen ist das christliche Menschenbild durch folgende Grunddaten charakterisiert:

- Der Mensch ist nicht das Produkt einer blinden Evolution, sondern *Geschöpf* Gottes: „Du bist es, der mich aus dem Schoß meiner Mutter zog, mich barg an der Brust der Mutter ... vom Mutterleib an bist du mein Gott" (Ps 22,10.11); „Denn du hast mein Inneres geschaffen, mich gewoben im Schoß meiner Mutter ... Als ich geformt wurde im Dunkeln, kunstvoll gewirkt in den Tiefen der Erde, waren meine Glieder dir nicht verborgen. Deine Augen sahen, wie ich entstand" (Ps 139,13.15.16). Gott ist sowohl Kausal- als auch Finalursache des Menschen; „denn alles ist durch ihn und auf ihn hin geschaffen" (Kol 1,16); „Von ihm stammt alles und wir leben auf ihn hin" (1 Kor 8,6). Der Mensch kommt von Gott und ist wiederum auf Gott projiziert: „Von Geburt an bin ich geworfen auf dich" (Ps 22,11); er bewegt sich also in einem kreisförmigen Koordinatensystem: Von Gott her – auf Gott hin. Im Rahmen einer solchen zirkularen Anthropologie ist der Mensch wesenhaft auf eine über-natürliche, die irdische Wirklichkeit transzendierende (überschreitende) Realität, nämlich Gott ausgerichtet. Aufgrund dieser Hinordnung auf Gott und damit auf Unsterblichkeit ist der Mensch trotz aller Gebrechlichkeit und Sterblichkeit kein Auslaufmodell.

- Die gesamte, vom Schöpfer eingeleitete Evolution hat eine anthropologische (auf den Menschen ausgerichtete) Sinnspitze; die kosmischen und biologischen Evolutionen tendieren eindeutig zur Humanevolution. Der Mensch ist die Spitze der Schöpfungspyramide und Krone der Schöpfung, das Topexemplar des Kosmos.
- Weil mit Verstand, Vernunft und Freiheit ausgestattet, ist der Mensch *Ebenbild Gottes* (Gen 1,26). Als solches ist er vom Schöpfer zum Mit-Schöpfer (Kon-kreator), kreativen Partner und Mitgestalter bestimmt (Gen 1,28), der für sich und die übrige Schöpfung Verantwortung trägt. Gott tut nicht alles alleine, obwohl er es könnte; vielmehr lädt er den Menschen zum Auf- und Ausbau der Schöpfung ein. Der Schöpfer wollte keine Marionetten, willenlosen Werkzeuge, sondern freie Partner.
- Weil Geschöpf und Ebenbild Gottes, ist jeder Mensch ein personales Wesen, ein In-di-vi-du-um, eine nicht dividierbare, unteilbare Existenz. Jeder Mensch ist eine „einmalige Ausgabe", ein Unikat und insofern unersetzlich.
- Der Mensch ist kein Molekül des gesellschaftlichen Organismus und ökonomischer Prozesse (wie im marxistischen Menschenbild, das den Menschen nur als Kollektiv definiert), kein „Rädchen im Getriebe", keine „Manövriermasse", keine Chiffre, sondern eine Person mit einer unaufgebbaren, unantastbaren, unverlierbaren Würde. Diese Würde gründet in der seinshaften Beziehung des Menschen zu Gott, also in seinem Transzendenzbezug, durch den er als Geschöpf und Ebenbild Gottes auf eine über-natürliche, die irdische Realität übersteigende Wirklichkeit (Gott)ausgerichtet ist. Letztlich basiert die Würde des Menschen auf der Inkarnation (Menschwerdung, wörtlich: Fleischwerdung, vgl. Joh 1,14) Gottes, durch die Gott sich mit jedem einzelnen Menschen solidarisiert, ja identifiziert hat (vgl.

Mt 25,40: „Was ihr für einen meiner geringsten Brüder – und Schwestern – getan habt, das habt ihr mir getan"). Gerade nach dem Kollaps des marxistisch-leninistischen Menschen- und Weltbildes kommt den Aussagen zur Personalität und Individualität des Menschen höchste Relevanz und Aktualität zu. Das christliche Menschenbild hat die historische Chance, Wesen, Wert und Würde jedes einzelnen Menschen neu bewusst zu machen.

Chagall, Marc; Am Anfang schuf Gott; © *VG Bild-Kunst, Bonn 2011*

Aus den Grunddaten des christlichen Menschenbildes ergeben sich Konsequenzen und Postulate:

Der Mensch darf nicht rein funktional, das heißt proportional zu seinem Anteil am Bruttosozialprodukt bewertet werden; vielmehr liegt die Würde des

V E C

Der zivile Personalausweis enthält einen Computerchip, auf dem personenbezogene Daten wie Name, Adresse, Alter und Foto des Besitzers elektronisch gespeichert sind. Getaufte Christen besitzen aber nicht nur einen bürgerlichen, sondern auch einen religiösen Ausweis, eine christliche Kennkarte.

Jede(r) Getaufte hat eine neue Identität erhalten: Name, Geburtsdatum und Anschrift haben sich grundlegend geändert und eine die bürgerlichen Angaben übersteigende Qualität bekommen. Als Getaufte heißen wir nicht nur Hubert Janssen oder Elisabeth Janssen, sondern Kinder Gottes, weil Gott uns durch seinen Sohn mit sich versöhnt, das heißt genau genommen „versohnt" hat, nämlich als seine Söhne und Töchter adoptiert, an Kindes statt angenommen hat: „Ihr sollt meine Söhne und Töchter sein, spricht der Herr" (2 Kor 6,18). Wir sind Söhne (und Töchter) durch den Sohn.

Als Getaufte sind wir nicht nur geboren für ein irdisches Dasein in den Dimensionen von Raum und Zeit, sondern wieder-geboren zu einem unverlierbaren, ewigen Leben, sodass wir also nicht mehr nur Erdenbürger(innen), sondern Himmelsbürger(innen) sind. Unser vorläufiger Wohnsitz ist irgendwo auf Erden, unsere endgültige „Heimat aber ist im Himmel" (Phil 3,20). Auf diese völlig neuen, weil über-natürlichen Personalien weist Paulus hin: „Wenn also jemand in Christus ist, dann ist er eine neue Schöpfung: Das Alte ist vergangen, Neues ist geworden" (2 Kor 5,17).

„Was bin ich?" – so lautete einst eine amüsante Fernsehsendung, in der ein Team unter Leitung von Robert Lemke die Identität der einzelnen Kandidaten(innen) erraten musste. „Wer und was bin ich?": Unser religiöser Personalausweis gibt uns eine umfassende Auskunft. Wir Menschen sind nicht das Produkt einer blinden Evolution, sondern Geschöpfe und Ebenbilder Gottes. Als solche aber kommen wir nicht nur von Gott her, sondern sind wir auch auf Gott hin: „Alles ist durch ihn und auf ihn hin geschaffen" (Kol 1,16). Gott ist sowohl Kausal- als auch Finalursache, Ursprung und Ziel unserer Existenz. Wir haben demnach eine ewige Bestimmung: Die Berufung zur Teilhabe am Leben Gottes im Himmel. Unser Leben ist dem biologischen Tod zum Trotz kein Auslaufmodell, vielmehr mündet es ein in die Ewigkeit.

Diesen Daten unseres christlichen Ausweises hat Gott selbst „sein Siegel aufgedrückt" (2 Kor 1,22). Gott hat uns signiert mit dem Zeichen des Kreuzes und dem Blut seines Sohnes Jesus Christus.

Chagall, Marc; Bibl. Menschenbild; © VG Bild-Kunst, Bonn 2011

Es stellt sich nun aber die Frage: Sieht man es uns an, dass wir Bilder Gottes, Kinder Gottes sind? Oder ist unser christliches „Lichtbild" inzwischen zu einem Zerrbild geworden? Ist es schon so sehr dem Weltbild angepasst, dass die christlichen Konturen kaum noch erkennbar, vielleicht sogar bis zur Unkenntlichkeit entstellt sind? Vielleicht stimmt unser altes Foto gar nicht mehr, weil Christi Bild in uns vergilbt, verblasst ist. Ist unsere VEC-Karte (= **V**isitenkarte **e**ines **C**hristen) noch gültig? Haben wir noch ein unverwechselbares christliches Profil oder genieren wir uns, uns als Christen auszuweisen? Tauchen wir lieber in der Anonymität unter?

Nietzsche hat einmal gesagt: „Sähen die Christen christlicher aus, würde ich vielleicht auch einer". Unsere christliche Überzeugung muss transparent: durchscheinend, durchsichtig, „glasnostisch" werden. Erst an unserer unverfälschten christlichen Identitätskarte können andere ablesen, was authentisches Christsein bedeutet. Viele befürchten, der zivile elektronische Personalausweis könne sie noch mehr zum „gläsernen" Bürger machen. Beim Inhaber eines christlichen Personalausweises aber kommt es genau darauf an: „Gläsern" zu werden, der Christ kann nicht „gläsern" genug sein. Ein Christ muss als solcher identifizierbar sein. Für viele Menschen, die die Kirche seit Jahren nicht mehr von innen gesehen haben oder die keine Bibel lesen, bilden ausstrahlende, profilierte Christen die einzige Brücke zum christlichen Glauben.

Der christliche Ausweis darf kein bloßer Taufschein sein; wir dürfen nicht nur im Taufregister stehen; worauf es ankommt, ist, dass die Taufe uns „regiert", dass die Gnade der Gotteskindschaft uns beherrscht. Was tun wir, damit unser christlicher Personalausweis fälschungssicher bleibt? Der mutmaßliche serbische Kriegsverbrecher Radovan Karadzic hat jahrelang unter einer falschen Identität gelebt. Das ist ihm zum Verhängnis geworden. Hüten wir Christen uns davor, uns eine neue Identität zuzulegen. Das wäre Verrat an der VEC.

DEN ALTEN GEHÖRT DIE ZUKUNFT

Der demografische Faktor ist ein untrüglicher Indikator: Unsere Gesellschaft wird immer älter. Im Jahre 2030 wird jeder dritte Deutsche über 60 Jahre alt sein, in 2050 wird es doppelt so viele Alte wie Neugeborene geben. Die Alten laufen den Babys mehr und mehr davon. Deutschland ist das kinderärmste Land Europas, weltweit hat es die niedrigste Geburtenrate. Es gibt in Deutschland immer weniger Menschen unter fünfzehn Jahren (im Vergleich dazu sind im Iran 70 Prozent der Bevölkerung unter 25 Jahre alt!). So paradox es klingen mag: Den Alten gehört die Zukunft. Die deutsche Bevölkerung schrumpft und vergreist. Bis 2050 wird die Bevölkerungszahl von derzeit 82,3 Millionen Einwohnern auf 69 Millionen sinken. Dieser Entwicklung trägt auch der an vielen Universitäten (beispielsweise in Vechta) eingerichtete Studiengang Gerontologie (Alternswissenschaft) Rechnung.

Wenn aber die Alten immer mehr das Bild unserer Gesellschaft prägen, dann stellt sich die Frage, wie wir mit ihnen umgehen. Ethischer und kultureller Gradmesser für das Niveau einer Gesellschaft ist u.a. deren Einstellung zu den älteren Menschen. Dies gilt besonders für einen Staat, dessen Grundgesetz mit dem Artikel beginnt: „Die Würde des Menschen ist unantastbar". Alte Leute geraten mehr und mehr unter Druck. Wie viele Jugendliche qualifizieren die Seniorinnen und Senioren als „Gruftis" ab! Viele Medien suggerieren ein einseitiges, völlig verkürztes Menschenbild; da gelten überwiegend die Attribute: Jung, schön, attraktiv, dynamisch, gesund, fit usw.; in solch einem, von Jugendwahn und Körperkult dominiertem Kriterienkatalog bleiben die Alten, Kranken, Gebrechlichen, Hässlichen auf der Strecke. Ferner: Wie oft werden in unserer leistungsorientierten Gesellschaft die Alten aufs Abstellgleis geschoben und zur Passivität verdammt! Wenn Menschen rein funktional, nämlich nur und ausschließlich unter dem Aspekt ihres Anteils am Bruttosozialprodukt betrachtet werden, haben ältere Menschen kaum eine Chance.

Nicht nur das: Dem, der nichts leistet, alt, krank und gebrechlich ist, droht womöglich das Risiko, sein Recht auf Leben im Alter zu verlieren. Die Diskussionen über Euthanasie sind unüberhörbare Warnzeichen. So human klingende Formulierungen wie „Sterbehilfe", „selbstbestimmter Tod", „Sterben in Würde" etc. sind nichts anderes als vornehme Umschreibungen für Töten. Hier werden die Predigten des seligen Kardinals Clemens August von Galen, des „Löwen von Münster", zur Euthanasiepraxis der Nazis wieder brandaktuell.

Eine Gesellschaft wird auf Dauer nur dann humane Züge und kulturelles Niveau haben, wenn sie Wert und Würde aller Menschen anerkennt und jeden Lebensabschnitt in seiner je eigenständigen Bedeutung würdigt, also auch die älteren Leute in das gesellschaftliche Leben integriert. Geradezu zynisch ist da der immer wieder unternommene Vorstoß, den Alten das Wahlrecht abzusprechen. Nicht minder schäbig klingt auch die Frage aus politischen Reihen, ob Hüftgelenke für alte Leute noch von der Krankenkasse bezahlt werden sollen.

Alte Menschen bilden ein unschätzbares Potenzial an Lebenserfahrung und Lebensweisheit, auf die eine Gesellschaft nicht verzichten kann. „Ein Land, das der Erfahrung keinen Platz mehr einräumt, das ist für mich keine menschliche Gesellschaft mehr", bekannte Bundeskanzlerin Merkel. Hoffentlich war das nicht nur ein wahlkampfmotiviertes Bekenntnis zu den Alten. Schon in der Bibel heißt es: „Ein Ehrenkranz der Alten ist reiche Erfahrung, ihr Ruhm ist die Gottesfurcht" (Sir 25,6). Deshalb empfiehlt die Schrift: „Verweile gern im Kreis der Alten" (Sir 6,14).

Übrigens: Alle wollen alt werden, aber niemand will alt sein. Ob hier nicht Nachhilfe in Anthropologie (Lehre vom Menschen) angezeigt ist? Das menschliche Leben ist in jeder Phase seiner Existenz lebenswert und wertvoll, auch das Leben im Alter; ja den Alten gehört – zumindest demografisch – die Zukunft.

KOOPERATION MIT GOTT

Netzwerk des Geistes; Christel Holl; Rastatt 2009; Beuroner Kunstverlag

FREIHEIT

In vielen Augenblicken und Bereichen des Lebens gilt es, eine Entscheidung zu treffen, sind wir vor die Wahl gestellt, Ja oder Nein, Pro oder Contra zu sagen. Hier offenbart sich ein Grundmerkmal des menschlichen Wesens: Der Mensch ist eine freie Kreatur; ja mehr noch als sein Verstand macht insbesondere die Freiheit Wesen und Würde des Menschen aus.

Freiheit ist auch und gerade in der Beziehung zwischen Gott und Mensch ein wesentlicher und unverzichtbarer Faktor. Um den Menschen ansprechen und lieben zu können, hat Gott ihn als ein dialogisches Wesen erschaffen, das heißt mit den Fähigkeiten des Verstandes, der Vernunft und eben auch der Freiheit ausgestattet: „Die wahre Freiheit ist ein erhabenes Kennzeichen des Bildes Gottes im Menschen: Gott wollte nämlich den Menschen ‚der Macht der eigenen Entscheidung überlassen': Sir 15,14; ihn also in der Hand seines Entschlusses lassen ... Die Würde des Menschen verlangt daher, dass er in bewusster und freier Wahl handle, das heißt personal, von innen her bewegt und geführt und nicht unter blindem innerem Drang oder unter bloßem äußerem Zwang" (Zweites Vatikanisches Konzil, „Gaudium et spes", 17). Gott will keine Marionetten, Exekutivorgane und willenlosen Werkzeuge seines Willens, sondern freie Partner, die zu seinem Heilsplan Ja oder Nein sagen können. Der Schöpfer oktroyiert sich seinem Geschöpf nicht auf, sondern wirbt um dessen freie Entscheidung und Mitwirkung zum Heil. Liebe zwingt sich nicht auf, sondern basiert auf Freiheit. Wenn schon die zwischenmenschliche Kommunikation und Partnerschaft nur auf Freiheit beruhen kann – jedweder Zwang tötet eine echte Beziehung –, so gilt dies erst recht für das Verhältnis von Gott und Mensch. Wenngleich der Mensch als Geschöpf ganz und gar vom Schöpfer abhängig ist, ist er gleichwohl diesem gegenüber völlig entscheidungsfrei.

Gott manipuliert nicht den Menschen, vielmehr respektiert er dessen Freiheit; er nimmt dem Menschen nicht einmal die Freiheit, Nein zu sagen und sich durch die Sünde von ihm abzusondern. Gottes diesbezügliche Frustrationstoleranz muss geradezu grenzenlos sein, wenn er sogar das Risiko in Kauf nimmt, dass der Mensch sich gegen ihn auflehnt. In der Tat: Der liebe Gott hätte es viel leichter haben können, wenn er uns nicht die Freiheit geschenkt hätte. Wie viele Lieblosigkeiten, Beleidigungen und andere Contras wären ihm erspart geblieben! Aber wie gesagt: Ohne Freiheit ist eine personale Beziehung zwischen Gott und Mensch nicht möglich, Freiheit ist die Condicio sine qua non einer solchen Relation. Allerdings stellt sich hier die Frage, wie es möglich ist, dass ein Mensch wohl wissend, dass er sein ganzes Wesen und Sein dem Schöpfer verdankt, dennoch gegen diesen votiert. Die Sünde, das Nein zu Gott, ist ein unergründliches Geheimnis. Aber selbst wenn der Mensch zu Gott Nein sagt und ihn ablehnt, bleibt Gott bei seinem Ja zum Menschen. Obwohl der Mensch Contra sagt, entscheidet sich Gott dennoch für ein Pro: Für die Menschen. Gott ist wesenhaft eine Pro-existenz, ein Für-wesen, will heißen: Er ist für die Menschen da. So lautet denn auch sein Name: Ich bin „Jahwe", übersetzt: „Ich bin der Ich-bin-da-*für-euch*" (Ex 3,14; Hos 1,9).

Wer zu diesem Gott Ja sagt, trifft eine Option, die über sein Heil entscheidet. Diese theologische Freiheit ist von ungleich schwerwiegenderer Kategorie als jede andere Freiheit. Die Existenz eines freien Geschöpfes hat etwas Faszinierendes. Manche Philosophen und Theologen sehen in der Freiheit des Geschöpfes sogar ein göttliches Attribut, ein Stück Gottgleichheit. Das ist atemberaubend.

EIN STARKES TEAM

Jesus sagt: „Ohne mich könnt ihr nichts vollbringen" (Joh 15,5). Wohlgemerkt, er sagt nicht: Ohne mich könnt ihr nur wenig zustande bringen, sondern: Nichts. Schon beim Psalmisten heißt es: "Wenn nicht der Herr das Haus baut, müht sich jeder umsonst, der daran baut. Wenn nicht der Herr die Stadt bewacht, wacht der Wächter umsonst" (Ps 127,1). „Der Mensch ist nicht stark aus eigener Kraft" (1 Sam 2,9). Ohne Gott geht nichts, solo vermögen wir nichts. Nie vergesse ich, wie mein alter Professor sich vor jeder Vorlesung am Katheder hinkniete und betete: „Herr, komm unseren Handlungen mit deinen Eingebungen zuvor und begleite sie mit deiner Hilfe, damit all unser Beten und Tun von dir seinen Anfang nehme und durch dich vollendet werde". Eine beeindruckende Szene – mit der Botschaft: Keine Wissensvermittlung ohne Gott. Was immer wir tun: Ob zuhause, in der Schule, am Arbeitsplatz ..., die Losung lautet: Nichts ohne Ihn. Daher breiten ja auch fromme Muslime in den Betrieben, ja selbst auf den Straßen ihre Gebetsteppiche aus, um Allah anzurufen. Wie oft meinen wir, die Dinge ohne Gott in den Griff bekommen zu können nach dem Motto: Do it yourself: Tu es selbst; selbst ist der Mann, die Frau.

Paulus hingegen führt alles, was er ist und was er Gutes tut, auf die Heilswirksamkeit der Gnade, auf Gottes Kraft zurück: „Alles vermag ich durch ihn, der mir Kraft gibt" (Phil 4,13); „Durch Gottes Gnade bin ich, was ich bin, und sein gnädiges Handeln an mir ist nicht ohne Wirkung geblieben" (1 Kor 15,10). Aber wenn er auch alles der Gnade zuschreibt, so betont er doch, dass er sich nicht passiv verhalten, sondern mit der Gnade mitgewirkt hat: „Mehr als sie alle habe ich mich abgemüht – nicht ich, sondern die Gnade Gottes zusammen mit mir" (ebd.). An dieser Stelle werden sehr schön und prägnant zugleich sowohl die Priorität der Gnade als auch die Kooperation mit der Gnade akzentuiert. Gott wirkt in uns, aber nicht ohne uns. Hier greift das fundamentale Rechtfertigungsprinzip: „Der dich ohne dich gemacht hat, macht dich ohne dich nicht gerecht". „Gott steht vor unserm Herzen Tag und Nacht und klopft an und will eingelassen sein (vgl. Offb 3,20), damit er uns selig machen könne" (Johann Michael Sailer). Wenngleich Gott es ist, „der in euch das Wollen und das Vollbringen bewirkt" (Phil 2,13), kommt es dennoch darauf an, dass der Mensch mit Gott kooperiert. Hier wird deutlich, dass Gott uns Menschen nicht als Marionetten und Exekutivorgane seines Willens, sondern als freie Wesen erschaffen hat. Als solch freie Kreaturen sollen wir zusammen mit dem Schöpfer am Auf- und Ausbau der Schöpfung mitwirken. Gott hat den Menschen zum Mit-Schöpfer (Kon-kreator) und Mitarbeiter bestimmt. Der Schöpfer tut nicht alles alleine – obwohl er es könnte –, vielmehr lädt er den Menschen zum Mittun ein, und zwar nicht nur in der Schöpfungs-, sondern auch in der Erlösungsordnung, wenn Paulus dazu aufruft: „Müht euch mit Furcht und Zittern um euer Heil!" (Phil 2,12b). Die Allmacht Gottes manifestiert sich gerade darin, dass Gott nicht alles selbst macht, sondern den Menschen einbezieht. Gott schaltet nicht aus, sondern ein. Verweigert der Mensch sein Mittun, besteht die Gefahr, dass aus dem Kosmos, der schön geordneten Welt, ein Chaos, ein heilloses Durcheinander wird. Mit der Kooperation des Menschen mit Gott steht und fällt das Wohl der Welt und das Heil des Menschen.

Ohne Gott können wir nichts, aber „mit Gott werden wir Großes vollbringen" (Ps 60,14; 108,14; vgl. Ps 44; Phil 2,13); „Mit dir erstürme ich Wälle, mit meinem Gott überspringe ich Mauern" (Ps 18,30); „Große Kraft gibt mir der Herr" (1 Sam 2,1); „Gott, der Herr, ist meine Kraft. Er macht meine Füße schnell wie die Füße der Hirsche und lässt mich schreiten auf den Höhen" (Hab 3,19). In dieser Zuversicht hat einst David den Goliat besiegt. Wie oft zeigt es sich, dass die Kleinen, Schwachen, Ohnmächtigen, die scheinbar Chancenlosen sehr wohl den Kampf mit den Übermächtigen aufnehmen und gewinnen können. Gerade die jüngste Geschichte beweist, dass der Aufstand der Unterdrückten gegen politische Machtapparate zum Erfolg führen kann, und zwar ohne Anwendung von Gewalt. In der Kraft des Glaubens ließen sich auch andere Probleme lösen und Krisen meistern.

Ohne Christus schwächeln wir, ja sind wir Nichtskönner: „Ohne mich könnt ihr nichts vollbringen" (Joh 15,5). Wenn wir aber mit Christus, ohne den es kein Heil gibt („denn es ist uns Menschen kein anderer Name unter dem Himmel gegeben, durch den wir gerettet werden sollen": Apg 4,12), zusammenwirken, dann sind wir gemeinsam ein starkes Team.

YES WE CAN

"Yes, we can" – Wer erinnert sich nicht an diesen Wahlkampf-Slogan des amerikanischen Präsidenten Barack Obama: Ja, wir können, wir können es schaffen. Aber die Frage ist: Können wir wirklich alles? Sind wir tatsächlich Alleskönner?

Jesus knüpft erfolgreiches Tun an eine entscheidende Bedingung: Die Verbindung mit ihm: „Ich bin der Weinstock, ihr seid die Reben. Wer in mir bleibt und in wem ich bleibe, der bringt reiche Frucht; denn getrennt von mir könnt ihr nichts vollbringen" (Joh 15,5). Ohne mich geht nichts. Das bezieht sich nicht nur auf unser Handeln, sondern auch auf unser Sein, will heißen: <u>Ohne Christus sind wir nichts</u>:

• <u>Ohne</u> Christus wüssten wir nichts von und über uns selbst. Der Mensch ist nicht das Produkt einer blinden Evolution, sondern Geschöpf und Ebenbild Gottes; denn „alles (also auch der Mensch) ist durch ihn (Christus) und auf ihn hin geschaffen" (Kol 1,16); sowohl kausal als auch final sind wir auf Christus, auf Gott bezogen. Ohne Christus wäre nur eine lineare Sicht des Lebens möglich (d. h. wir würden anfangen zu leben, um auf einen toten Punkt zuzulaufen, der ins Nichts mündet); aber mit und in Christus bekommt unsere Existenz eine zirkulare, kreisförmige Struktur: Von Gott her und wiederum auf Gott hin. Viele lehnen diesen Transzendenzbezug, den Glauben an eine das irdische Dasein transzendierende (überschreitende) Wirklichkeit (Gott) ab. Eine über-natürliche Realität leugnend, geht man sozusagen in innerweltliche Klausur und schließt sich hier auf Erden ein.

Laut einer repräsentativen Umfrage schließt fast die Hälfte aller Deutschen ein Weiterleben nach dem Tode aus; selbst viele Christen glauben nicht mehr an die Auferstehung, sie dürften sich nach Paulus eigentlich gar nicht mehr Christen nennen (siehe 1 Kor 15,12-20).

• <u>Ohne</u> <u>den auferstandenen Christus</u> wäre unser Leben ein Auslaufmodell, bar jeglicher Perspektive einer personalen Weiterexistenz nach dem Tode.

• <u>Ohne</u> Christus, ohne Gott, fällt der Mensch auf sich selbst zurück und verfällt der Selbstverabsolutierung mit der Folge, dass Gott abgelöst wird von Ersatzgöttern, Stars und Idolen, und zwar auf allen Ebenen der Gesellschaft. Der Mensch will sich selbst zu Gott machen und imitiert damit die Ursünde, den Stolz des ersten Menschen (vgl. Gen 3,5). Er will Herr über Leben und Tod, Lebensanfang und Lebensende, ja sogar Schöpfer werden (siehe die diversen fragwürdigen Experimente in der Gentechnologie und Embryonenforschung).

• <u>Ohne</u> Christus auf sich selbst gestellt, weiß der Mensch auch nicht um den letzten Sinn, um das Woher und Wohin seines Daseins. Ohne den Glauben an Christus, der uns eine die irdische Existenz transzendierende Realität erschlossen hat, taumelt der Mensch in ein Sinnvakuum. Abgrundtiefe Orientierungslosigkeit und Perspektivlosigkeit sind denn auch untrügliche Symptome unserer säkularen (verweltlichten) Gesellschaft. Übrigens: In einer solchen Sinnleere keimt Gewalt auf. Wer nicht weiß, wozu er da ist, dreht irgendwann durch und bricht sich mit Brachialgewalt Bahn. Hier sind gewaltige Erziehungsdefizite, auch gravierende religionspädagogische Ausfälle zu beklagen, so wenn Kinder und Jugendliche nichts mehr von Gott als Ursprung und Ziel des Lebens erfahren, nichts mehr vom Menschen als Geschöpf und Ebenbild Gottes hören. „Gewalt ist die inhumane Frucht von Erziehungsprogrammen, in denen Gott nicht vorkommt" (Papst Johannes Paul II.). Es gibt einen ursächlichen Zusammenhang zwischen der Beziehung zu Gott und derjenigen zum Mitmenschen. Nicht von ungefähr folgt in der Bibel auf den Sündenfall prompt der Brudermord: Kain erschlägt Abel. Das Nein zu Gott (= Sünde, = Ab-sonderung von Gott) mündet unweigerlich ein in ein Nein zum Mitmenschen. Wo Gott ausgebootet wird, erleidet der Mensch Schiffbruch, da wird der Mensch unmenschlich, da wird auch eine Gesellschaft inhuman. Ohne Gott, ohne Christus werden die elementarsten Menschenrechte, vor allem das Recht auf Leben, mit Füßen getreten.

Ohne Christus sind wir nicht nur nichts, sondern vermögen wir auch nichts, können wir die Gesellschaft nicht gestalten, geschweige denn verändern. Das bedeutet dann aber auch umgekehrt: Mit Christus können wir etwas bewirken, ja Paulus sagt sogar: „Alles vermag ich durch ihn, der mir Kraft gibt" (Phil 4,13), oder wie Martin Luther in wunderschöner Alliteration übersetzt: „Alles vermag ich durch ihn, der mich mächtig macht".

Christus gibt uns die Kraft, für ihn und seine Frohe Botschaft Zeugnis abzulegen in einer verweltlichten Welt und Gesellschaft. Wir Christen dürfen nicht abtauchen oder uns in ein Getto zurückziehen. Wir dürfen uns nicht der puren Passivität und einem Dolce far niente (Süßen Nichtstun) hingeben. Wir dürfen nicht in einen religiösen Dornröschenschlaf fallen und uns hier auf Erden wie in einem Wartesaal zur Ewigkeit ausruhen; vielmehr haben wir in dieser Welt eine aktive Rolle zu spielen, mitzumischen. Das Evangelium ist kein Schlafpulver, sondern dynamische Heilsenergie, die uns zum karitativen Einsatz für eine bessere Welt antreibt. Christus gibt uns die Kraft, beim Aufbau einer gerechten, sozialen und humanen Gesellschafts- und Wirtschaftsordnung mitzuwirken. Christus gibt uns die Kraft, in einer säkularen Gesellschaft christliche Positionslichter und Akzente zu setzen und in der Öffentlichkeit einen Mentalitätswandel, ein neues Wertebewusstsein herbeizuführen.

Christus gibt uns die Kraft, für das *christliche Menschenbild* einzutreten:

Weil Geschöpf und Ebenbild Gottes, ist jeder Mensch ein personales Wesen, ein In-di-vi-duum, eine unteilbare Existenz. Jeder Mensch ist ein Unikat, also kein Molekül ökonomischer Prozesse, sondern eine Person mit einer unantastbaren Würde. Diese Würde gründet im Transzendenzbezug des Menschen, nämlich in dessen Hinordnung auf Gott; letztlich aber ist sie verankert in der Menschwerdung Gottes, wodurch Gott sich mit jedem einzelnen Menschen solidarisiert, ja identifiziert (vgl. Mt 25,40).

Von daher darf der Mensch nicht rein funktional bewertet werden, d. h. proportional zum Anteil am Bruttosozialprodukt; vielmehr liegt die Würde des Menschen in seinem Mensch*sein*. Der Mensch ist wertvoll, weil er ein Mensch ist.

In und mit Christus besitzt jeder Mensch – ob geboren oder ungeboren, jung oder alt, schön oder hässlich, gesund oder krank, fit oder gebrechlich, behindert oder nicht behindert, erfolgreich oder erfolglos – eine unverlierbare Würde.

Mit Christus werden wir es schaffen, einen Bewusstseinswandel herbeizuführen und eine neue Sensibilität zu wecken für Wert und Schutz des menschlichen (geborenen und ungeborenen) Lebens. Manchmal hat man ja den Eindruck, als habe bei uns der Tierschutz Priorität vor dem Schutz menschlichen Lebens.

Mit Christus werden wir es schaffen, Ehe und Familie als Fundament und Keimzelle der Gesellschaft auch für die Zukunft zu sichern. Leider ist die Familie durch die zunehmend rechtliche Gleichstellung alternativer Lebensgemeinschaften in ihrer Substanz bedroht.

Mit Christus werden wir es schaffen, die Welt der Wirtschaft vom christlichen Menschenbild her zu erneuern. Der Markt braucht Werte, Ethik und Moral. Im Zentrum einer Sozialen Marktwirtschaft hat der Mensch zu stehen. Turbokapitalismus degradiert den Menschen zu einem reinen Produktionsfaktor; der Wert des Menschen definiert sich aber nicht aus der Ökonomie, sondern aus seiner Würde vor Gott.

Lassen wir uns nicht vom Virus der Resignation und vom Bazillus der Müdigkeit anstecken. Sagen wir nicht: Wir können nichts verändern, wir können nichts bewegen, wir schaffen das nicht, wir sind zu wenige. Wenige vermögen viel, wenn sie nur wollen, im positiven wie im negativen Sinne; positiv: Ganze zwölf (!) Apostel haben das riesige Römerreich mit dem Evangelium Christi durchdrungen und verändert (und zwar ohne die modernen sozialen Kommunikationsmittel wie Film, Funk, Fernsehen, Radio, Internet, Facebook etc.); negativ: Der Kern der Baader/Meinhof-Gruppe, eine Handvoll Leute, hat jahrelang die Republik in Atem gehalten. Denken wir also nicht quantitativ, sondern qualitativ. Christus hat uns ja nicht gesagt: „Ihr seid die Masse", sondern: „Ihr seid das Salz der Erde" (Mt 5,13). Schon eine Prise Salz genügt, um die ganze Speise zu würzen. Bereits 3,5 Prozent Salzgehalt reichen aus, um alle Weltmeere vor der Fäulnis zu bewahren. Judas Makkabäus bekennt: „Der Sieg im Kampf liegt nicht an der Größe des Heeres, sondern an der Kraft, die vom Himmel kommt" (1 Makk 3,19). Der Psalmist pflichtet ihm bei: „Denn sie gewannen das Land nicht mit ihrem Schwert, noch verschaffte ihr Arm ihnen den Sieg; nein, deine Rechte war es, dein Arm und dein leuchtendes Angesicht" (Ps 44,4).

Mit Christus können wir alles, ohne Christus können wir nichts. Ohne Christus sind wir Nichtskönner, aber mit Christus sind wir Alleskönner: Yes, we can.

FROHE BOTSCHAFT IM KIRCHENJAHR

Chagall, Marc; Dein Wort ist meinem Fuß eine Leuchte; © VG Bild-Kunst, Bonn 2011

ADVENT

Chagall, Marc; Maria mit dem Kind; © VG Bild-Kunst, Bonn 2011

ADVENT

Adventszeit nennen wir die vorweihnachtliche Saison. Advent bedeutet Ankunft. Was oder wer da ankommen soll, hat viele Namen. Der Erwartungshorizont ist groß.

Kinder wie Erwachsene warten auf schöne Geschenke oder andere Überraschungen. Eheleute und Partner, deren Beziehung in eine schwere Krise geraten ist, hoffen auf einen Ausweg, eine tragfähige Lösung. Viele Eltern und Kinder erwarten eine Kehrtwende in ihren belasteten Beziehungen. Junge Leute warten auf Ausbildungsplätze, Berufschancen, überhaupt Zukunftsperspektiven. Arbeitslose erhoffen sich einen Job. Menschen in sozialem und finanziellem Elend, die am Rande des Existenzminimums leben, halten Ausschau nach besseren Zeiten. Wieder andere hoffen auf sichere Renten und ein gut funktionierendes Gesundheitssystem. Kranke sehnen sich nach Genesung, Gefangene nach Entlassung. Sportvereine, deren Tabellenposition bedrohlich ist, warten auf einen Umkehrtrend. Alte und einsame Menschen erwarten Trost und Zuwendung. (Solche Zuwendung muss aber einen personalen Charakter haben, mit einem Scheck oder anderen materiellen Dingen allein ist es nicht getan. Durch großzügige finanzielle Hilfe zur Advents- und Weihnachtszeit lassen sich die im Laufe des Jahres begangenen Unterlassungssünden nicht kompensieren. Wie oft müssen Supergeschenke zu Weihnachten als Alibis für fehlende Hilfsbereitschaft das Jahr hindurch herhalten!) Ferner: Groß ist die Sehnsucht vieler Menschen nach Glück und Geborgenheit, oftmals mehr als nach Geld und Reichtum. Die Welt wartet auf Frieden und globale Gerechtigkeit: Wann endlich kommen der Irak, Afghanistan, das Heilige Land, die arabische Welt und viele andere Krisenherde zur Ruhe? Wann finden alle Völker den Zugang zu den Ressourcen der Erde?

Auffallend ist, dass sich solche Erwartungen und Einstellungen immer nur auf „irgendetwas" beziehen (Geschenke, Hilfe, Trost, Gesundheit, sichere Zukunft, soziale Sicherheit, Erfolg, Glück, Frieden). Christlicher Advent bedeutet aber, nicht nur auf irgendeine Sache zu warten, sondern auf eine Person, ja auf Gott selbst, der in diese Welt kommen will und dem wir die Tür unseres Herzens öffnen sollen nach dem Aufruf des Psalmisten: „Ihr Tore, hebt euch nach oben, hebt euch, ihr uralten Pforten, denn es kommt der König der Herrlichkeit" (Ps 24,7); „Macht hoch die Tür, die Tor macht weit, es kommt der Herr der Herrlichkeit" (Adventslied).

Zwar ist die Ankunft Gottes in der Welt schon vor zweitausend Jahren heilsgeschichtliche Realität geworden, damals, als Jesus in Betlehem geboren wurde – insofern warten wir im Advent auf das Kommen eines bereits Gekommenen, was vielen paradox erscheinen mag – ; entscheidend ist aber doch, dass Gottes Advent auch in uns Wirklichkeit wird. Worauf es ankommt, ist, dass Gott bei uns ankommt. Angelus Silesius sagt: „Wäre Christus tausendmal geboren, aber nicht in uns, so wär'n wir ewiglich verloren".

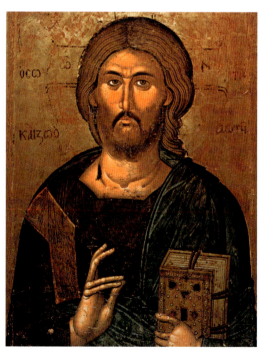

Christus der Erlöser und Lebensspender; Ikone 1394 ;
Buch-& Kunstverlag Maria Laach, Nr. 5095

Viele Menschen verlangen zum Beweis dafür, dass es Gott gibt, nach seiner erneuten Ankunft und Menschwerdung; letzteres wäre aber ein völlig überflüssiges und unsinniges Duplikat. Gottes damalige Ankunft ist ein einmaliges Heilsereignis von universaler Bedeutung, das alle Menschen aller Zeiten angeht. Gott ist für das Heil aller Menschen, ob sie vor oder nach Christus oder während sei ner Erdentage gelebt haben, Mensch geworden. Freilich wird Christus einmal wiederkommen, dann allerdings nicht in menschlicher Armseligkeit, sondern in Hoheit und Macht. Gottes erstes Kommen erfolgt in Niedrigkeit, seine Wiederkunft jedoch in Herrlichkeit; dieser zweite glorreiche Advent am Ende der Welt wird seinen ersten Advent majestätisch bestätigen. Wenn der letzte Vorhang des Weltgeschehens fällt, wird alle Welt „den Menschensohn mit großer Macht und Herrlichkeit auf den Wolken des Himmels kommen sehen" (Mt 24,30); „Siehe, er kommt mit den Wolken, und jedes Auge wird ihn sehen..., der ist und der war und der kommt": Offb 1,7.8). Auf diesen Advent sind Zeit und Geschichte, ja die gesamte Entwicklung ausgerichtet. Der kommende Christus ist der Punkt Omega der Evolution, der Zielpunkt der Welt- und Heilsgeschichte; denn er ist „das Alpha und das Omega, der Erste und der Letzte, der Anfang und das Ende" (Offb 22,13); ja „alles ist durch ihn und auf ihn hin geschaffen" (Kol 1,16). Das Erscheinen Jesu Christi am Ende der Tage wird zu einem Superadvent werden, zu einem Event, wie noch nie eins war. „Wohl denen, die auf ihn warten" (Jes 30,18).

DOPPELTER ADVENT

Wir stehen im Advent. Advent heißt Ankunft. Auf wen oder was warten wir? Christen warten auf das Weihnachtsfest, auf das Kommen des Gottessohnes in die Welt. Zur Vorbereitung dieses Festes feiern wir insgesamt vier Adventssonntage, theologisch betrachtet gibt es aber eigentlich nur einen ersten und einen zweiten Advent, nämlich die zweifache Ankunft Christi.

Der erste Advent, die erste Ankunft Gottes in der Welt, ereignete sich schon vor zweitausend Jahren. Damals kam Gott in die Welt und wurde ein Mensch, um als Mensch unter Menschen zu leben. Er kam, um unser Leben zu teilen, ohne Wenn und Aber, mit allen Konsequenzen: „Er war Gott gleich, hielt aber nicht daran fest, wie Gott zu sein, sondern er entäußerte sich und wurde wie ein Sklave und den Menschen gleich. Sein Leben war das eines Menschen" (Phil 2,6.7). Der unsterbliche Gott wurde ein sterblicher Mensch: „Er erniedrigte sich und war gehorsam bis zum Tod, bis zum Tod am Kreuz" (Phil 2,8). Gott wollte uns in allem gleich sein: „Wir haben ja nicht einen Hohenpriester, der nicht mitfühlen könnte mit unserer Schwäche, sondern einen, der in allem wie wir in Versuchung geführt worden ist, aber nicht gesündigt hat" (Hebr 4,15). Weil Gott Mensch geworden ist, hat er sich mit allen Menschen solidarisiert, ja identifiziert. Deshalb begegnet uns Gott in jedem Menschen, besonders in den Ärmsten der Armen: „Was ihr für einen meiner geringsten Brüder (und Schwestern) getan habt, das habt ihr mir getan" (Mt 25,40). Die selige Mutter Teresa, genannt der „Engel von Kalkutta", hat einmal gesagt: „In der Eucharistie empfangen wir Jesus in der Gestalt des Brotes, in den Leidenden sehen, berühren wir ihn".

Gott ist also schon einmal gekommen, Gott ist schon da, der erste Advent ist bereits Geschichte. Nun halten wir Ausschau nach Gottes zweitem Advent, nach seiner zweiten Ankunft, um „seinen Sohn vom Himmel her zu erwarten, Jesus, den er von den Toten auferweckt hat und der uns dem kommenden Gericht Gottes entreißt" (1 Thess 1,10); „Unsere Heimat aber ist im Himmel. Von dorther erwarten wir auch Jesus Christus, den Herrn, als Retter" (Phil 3,20). Der Mensch gewordene Gottessohn, der in allem unser Bruder geworden ist, der sich vor zweitausend Jahren zu unserem Heil auf unsere armselige Ebene herabgelassen hat, ebenderselbe wird einmal wiederkommen als glorreicher König des Himmels und der Erde: „Von nun an werdet ihr den Menschensohn zur Rechten der Macht sitzen und auf den Wolken des Himmels kommen sehen" (Mt 26,64). So heißt es ja auch in der Eucharistiefeier: "Deinen Tod, o Herr, verkünden wir und deine Auferstehung preisen wir, bis du kommst in Herrlichkeit"; „Er wird wiederkommen in Herrlichkeit", bekennen wir im Credo.

Die Adventszeit hat demnach einen doppelten Charakter: Sie ist einerseits Vorbereitungszeit auf die weihnachtlichen Hochfeste, an denen wir des ersten Kommens des Gottessohnes zu den Menschen gedenken. Andererseits lenken wir in dieser Zeit unseren Blick auf die zweite Ankunft Christi am Ende der Zeiten. In diese Richtung zielt auch der Wahlspruch des früheren Bischofs von Münster Dr. Reinhard Lettmann: "Christo tuo venienti occurrentes": „Deinem kommenden Christus entgegeneilend", indem wir „sehnsüchtig auf sein Erscheinen warten" (2 Tim 4,8). Unter beiden Aspekten ist die Adventszeit eine Zeit froher Erwartung.

Advent heißt also in seiner doppelten Bedeutung: „Schon da" und „Noch nicht". Gott ist schon da, weil er als Mensch bereits gekommen ist; aber in triumphaler Machtmanifestation ist er noch nicht erschienen. Dieser zweite Advent steht noch aus. So gibt es einen doppelten Advent Gottes in der Welt: Eine erste Ankunft in Niedrigkeit (als sterblicher Mensch) und eine zweite Ankunft in Herrlichkeit (als unsterblicher König). Zwischen dem ersten und zweiten Advent des Herrn, zwischen dem „Schon da und noch nicht" besteht eine dynamische Spannungseinheit, die Paulus so beschreibt: „Die Gnade Gottes ist erschienen, um alle Menschen zu retten (= Hinweis auf die erste Ankunft Christi), ... während wir auf die selige Erfüllung unserer Hoffnung warten: auf das Erscheinen der Herrlichkeit unseres großen Gottes und Retters Christus Jesus" (= Hinweis auf dessen zweite Ankunft) : Tit 2,11.13.

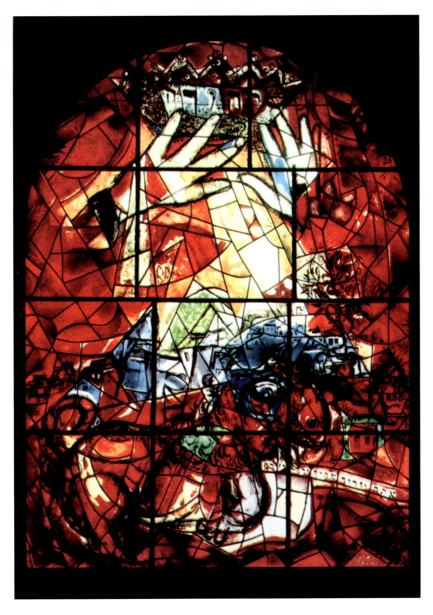

Chagall, Marc; Stamm Juda; © VG Bild-Kunst, Bonn 2011

STRASSENBAU

Vor der Commerzbank in Vechta kann man eine Skulptur bewundern, die den stadtbekannten Straßenfeger Martin darstellt. „Straßenfeger" ist im wahrsten Sinne des Wortes ein adventlicher Beruf. Wenn Johannes der Täufer, Vorläufer und Wegbereiter Jesu, ruft: „Bereitet dem Herrn den Weg! Ebnet ihm die Straßen!" (Lk 3,4), dann meint er nämlich genau dies: Fegt alles weg, was dem Kommen Gottes in diese Welt im Wege ist. Wege bereiten, Straßen ebnen, Straßen reinigen, Straßen fegen – das sind allesamt adventliche Aktivitäten.

Straßen machen Geschichte. Sie spielen in Film und Fernsehen eine bedeutende Rolle. Namen wie „La Strada" (= Die Straße, ein berühmter Fellini-Film), Lindenstraße, Sesamstraße, Hafenstraße, Die Straßen von San Francisco etc. stehen für viele. Straßen sind darüber hinaus markante Merkmale vieler Städte: Die „Champs-Elysées" in Paris, der Kurfürstendamm (Kudamm) in Berlin, die Königsallee (Kö) in Düsseldorf oder die „Via della Conciliazione" (= Versöhnungsstraße) in Rom gelten als weltberühmte Prachtstraßen. Elegante Autobahnen, etwa die Autostrada del sole (= Sonnenstraße) in Italien, dokumentieren die geniale Konstruktionskunst ihrer Planer, ganz zu schweigen von den Weltraumbahnen, die der Mensch inzwischen zu ziehen vermag.

Wir können nicht nur Straßen bauen, sondern auch Straßen verschönern. So entwickeln wir u.a. in der Straßenbeleuchtung immer mehr kreative Phantasie. Eine perfekte Lichtertechnik sorgt für glitzernde Weihnachtsromantik und verwandelt triste Straßen in zauberhafte Alleen. Strahlende Tannenbäume vermitteln ein anheimelndes Flair und Fluidum und wecken ein festliches Feeling.

Um Straßenbau und Straßenverschönerung geht es auch in der adventlichen Botschaft Johannes des Täufers: „Bereitet dem Herrn den Weg! Ebnet ihm die Straßen! Jede Schlucht soll aufgefüllt werden, jeder Berg und Hügel sich senken. Was krumm ist, soll gerade werden, was uneben ist, soll zum ebenen Weg werden" (Lk 3,4.5). Dieser Appell richtet sich nicht an eine Straßenbaufirma, sondern an uns selbst: Baut eine Straße für Gott, damit dieser in unsere Welt kommen kann. Räumt alles weg, was die Ankunft Gottes blockiert. Ebnet Gott einen Weg in unsere säkularisierte (verweltliche) Gesellschaft, in der Gott mehr und mehr auf allen Ebenen von Ersatzgöttern abgelöst wird. Es ist eine beispiellose Verabsolutierung des Menschen im Gange, der sich selbst zu Gott und zum Herrn über Lebensanfang und Lebensende machen möchte und selber Schöpfer werden will, wie dies diverse gentechnologische Experimente beweisen.

Für Gott eine Straße bauen heißt aber immer auch eine Straße für die Menschen bauen, weil Gott sich durch seine Menschwerdung mit jedem Menschen solidarisiert, ja identifiziert hat (vgl. Mt 25,40). Dann aber bedeuten die Worte: „Bereitet dem Herrn den Weg": Öffnet eure verbarrikadierten Herzen, damit die Not leidenden Menschen dort Zugang finden können. Hebt die Straßensperren für die Mitmenschen auf! Entfernt die Sperrschilder: Keine Einfahrt, kein Zutritt! Kommt heraus aus der Sackgasse der Selbstsucht, aus dem Engpass der Engstirnigkeit, aus der Klausur der Kleinherzigkeit! Wie oft bewegen wir uns im egoistischen Kreisverkehr, indem wir nur und ausschließlich um uns selbst kreisen, statt die Ausfahrtstraßen zum Nächsten zu befahren. Zerschlagt alle Egozentrik! Wir vermögen Weltraumstraßen zu bauen, aber die Straße zum Mitmenschen gleich nebenan hier auf der Erde zu ebnen, gelingt uns oftmals nicht. Wie oft lassen wir Hilfe suchende Menschen ausrutschen auf dem Eisparkett unserer Herzenskälte, auf den spiegelglatten Straßen unserer kühlen Reaktionen oder legen ihnen Stolpersteine in den Weg – ganz im Gegensatz zum Aufruf des Adventspropheten Jesaja: „Baut, ja baut eine Straße und räumt die Steine beiseite!" (Jes 62,10). So vieler Räumkommandos bedarf es, damit Gott und die Mitmenschen bei uns ankommen können. So viele

Planierarbeiten sind erforderlich, um die Worte des Täufers umzusetzen: „Was krumm ist, soll gerade werden; was uneben ist, soll zum ebenen Weg werden" (Lk 3,5). Begradigt eure krummen Wege! Verlasst die Irr- und Abwege!

Konkretionen: Der Adventsruf „Bereitet dem Herrn den Weg" ist beispielsweise ein adventlicher Appell an Eheleute und Partner, immer wieder nach Wegen zu einem besseren gegenseitigen Verständnis zu suchen und bei Zwistigkeiten eine „Via della Conciliazione" (= Versöhnungsstraße) zu bauen. Vielleicht würde dann in Deutschland nicht jede dritte, fast schon jede zweite Ehe geschieden.

„Bereitet dem Herrn den Weg" ist ferner eine Aufforderung, dem ungeborenen Leben zu dienen. Wer werdendem menschlichen Leben den Weg in die Welt verwehrt, verweigert sich letztlich der Geburt Christi, der gesagt hat: „Wer ein Kind in meinem Namen aufnimmt, nimmt mich auf" (Lk 9,48). Der leise Tod der Abtreibung führt auf eine Via mala (= schlechte Straße), auf einen Weg in den Abgrund.

„Bereitet dem Herrn den Weg" ist ein Aufruf an Eltern und Erzieher, Kindern und Jugendlichen religiöse und ethische Grundwerte, verlässliche Orientierungsdaten, überhaupt Lebenssinn zu vermitteln, damit sie nicht auf die schiefe Bahn geraten.

„Bereitet dem Herrn den Weg" ist ein Appell an die Politik, den jungen Menschen Wege ins Berufsleben zu ebnen, Ausbildungsplätze zu schaffen, insgesamt der Jugend Zukunftsperspektiven zu eröffnen, arbeitslosen Menschen eine Beschäftigungsstraße zu pflastern und – was angesichts der demografischen Entwicklung immer dringlicher wird – die alten Menschen auf ihrem Weg nicht allein zu lassen.

„Bereitet dem Herrn den Weg" ist generell ein Adventsappell an die Politiker, innenpolitisch die Wege zu einer gerechten, sozialen und humanen Gesellschaftsordnung und außenpolitisch die Straßen zu einer weltweiten Friedensordnung zu bauen.

„Bereitet dem Herrn den Weg" ist aber vor allem ein Appell an uns alle, Gott bei und in uns selbst ankommen zu lassen. Weihnachten steht vor der Tür. Gott will in unsere Lebensstraße einbiegen. Er will das Vakuum unserer Seele, unsere innere Leere, mit Freude, Hoffnung und Zuversicht auffüllen. Er will uns emporheben aus den Tälern der Traurigkeit, den Niederungen der Niedergeschlagenheit, aus dem Dunkel der Depressionen und dem Abgrund unserer gefallenen Existenz. Deshalb kommt alles darauf an, dass er bei uns ankommt. Es darf sich nicht das Wort des Evangelisten bewahrheiten: „Er kam in sein Eigentum, aber die Seinen nahmen ihn nicht auf" (Joh 1,11). Bauen wir Gott und dem Nächsten eine Straße! Betätigen wir uns als adventliche Menschen, sprich als Straßenbauer, Straßenreiniger, Straßenfeger. Martin lässt grüßen.

Straßenfeger Martin; Entwurf: Maria J. Huneck

ADVENT HEISST AUSSCHAU HALTEN

Diagnostiziert man die Grundbefindlichkeit unserer Gesellschaft, so tritt auf breiter Front eine erschreckende Orientierungs- und Perspektivlosigkeit zutage. Viele Menschen wissen nicht um den Sinn ihrer Existenz, die Frage nach dem Woher und Wohin wird zu den „Aktenzeichen XY ... ungelöst" gelegt. Die ungelöste Sinnfrage aber treibt viele in Frustration, Resignation, ja tiefe Depression.

Gott sei Dank eröffnet uns die Adventszeit eine befreiende Perspektive. Der Advent lässt uns Ausschau halten nach Gott, der in unsere Welt eintritt und unser Leben teilt. Er kommt, um uns herauszuholen aus den tiefsten Dimensionen unseres Daseins, aus Angst und Hoffnungslosigkeit, aus seelischer und leiblicher Not, ja sogar aus dem Tod. Der Advent lässt auf jemanden hoffen, der den Menschen personales Heil schenkt und sich ihrer existenziellen Not annimmt. Gibt es eine schönere Aussicht?

Leider halten viele Leute Ausschau nach anderen Ufern. Sie suchen ihr Heil in fragwürdigen Lebensphilosophien, Ideologien, Weltanschauungen oder Pseudoreligionen, bei Sektenführern und falschen Propheten oder greifen nach alternativen Heilsangeboten wie Reinkarnationslehre, Esoterik, New-Age oder Scientology. Sie setzen auf Selbsterlösung nach der Devise: Nimm Erlösung selbst in die Hand; Selbst ist der Mann / die Frau. Diese Menschen erwarten das Heil nicht von oben, sondern von unten und lassen somit aufklärerische Ideen fröhliche Urständ feiern. Selbsterlösung und Selbstbefreiung aber führen zwangsläufig in eine Sackgasse. Wer meint, sich selbst heilen zu können, kommt alsbald zur Erkenntnis, dass

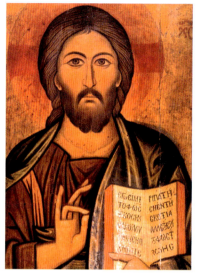

Christus-Ikone; Kreta, 16. Jh.; Buch- & Kunstverlag Maria Laach, Nr. 5736

er das gar nicht kann. Selbsterlösungslehren gründen in Selbstüberschätzung, Selbstverabsolutierung und Stolz.

Advent hingegen bedeutet Aus-sich-Ausbrechen, Sich-Öffnen, Aufschauen, Nach-oben-Blicken, eben Ausschau halten nach dem, der uns das Heil bringen will. Jesus Christus, der Mensch gewordene Sohn Gottes, schenkt uns dieses Heil. Als Johannes der Täufer, Vorläufer und Wegbereiter Jesu, diesen fragte: „Bist du der, der kommen soll, oder müssen wir auf einen anderen warten?" (Mt 11,3), gab Jesus zur Antwort: „Blinde sehen wieder und Lahme gehen; Aussätzige werden rein und Taube hören; Tote stehen auf und den Armen wird das Evangelium verkündet" (Mt 11,5). Damit beweist er sich als Heiland, der die Menschen in der Totalität ihrer Existenz, einschließlich des Todes, heilt, erlöst und rettet. Und zwar ist Jesus der alleinige und ausschließliche Retter: „In keinem anderen ist das Heil zu finden. Denn es ist uns Menschen kein anderer Name unter dem Himmel gegeben, durch den wir gerettet werden sollen" (Apg 4,12). Er sagt von sich: „Ich bin der Weg und die Wahrheit und das Leben; niemand kommt zum Vater außer durch mich" (Joh 14,6); nur „Einer ist Mittler zwischen Gott und den Menschen: Der Mensch Christus Jesus" (1 Tim 2,5). Dazu ist er in die Welt gekommen, um durch seine Menschwerdung, seinen Tod und seine Auferstehung allen Menschen ein unvergängliches Leben zu erwirken. Wer sich an Christus hält, findet einen Ausweg aus aller Not und Verzweiflung.

Der Psalmist schenkt uns eine adventliche Optik: „Wir schauen aus nach dir" (Ps 33, 22). Wer nach einem anderen ausschaut, wartet vergebens.

HELLER ALS 100.000 LICHTER

Die Tage werden schlagartig kürzer. Viele fürchten die früh einsetzende Finsternis, bei nicht wenigen greift die Dunkelheit sogar die Psyche an. Aber mehr noch als unter der Finsternis der Nacht leiden zahlreiche Menschen unter den dunklen Schatten, die auf ihr Leben fallen: Schatten der Orientierungs- und Perspektivlosigkeit, Schatten der Sinnlosigkeit, Schatten der Enttäuschung, Krankheit, Einsamkeit und des Todes.

Der Adventsprophet Jesaja drückt die Gemütslage vieler aus: „Wir hoffen auf Licht, doch es bleibt finster; wir hoffen auf den Anbruch des Tages, doch wir gehen im Dunkeln. Wir tasten uns wie Blinde an der Wand entlang und tappen dahin, als hätten wir keine Augen. Wir stolpern am Mittag, als wäre schon Dämmerung, wir leben im Finstern wie die Toten" (Jes 59,9.10). Aber derselbe Prophet zeichnet auch eine optimistische Perspektive: „Das Volk, das im Dunkeln lebt, sieht ein helles Licht; über denen, die im Land der Finsternis wohnen, strahlt ein Licht auf" (Jes 9,1). Mit dieser adventlichen Optik öffnet er unsere Augen für Gott, der in diese Welt kommen will. Der Mensch gewordene Gott Jesus Christus ist „das wahre Licht, das jeden Menschen erleuchtet" (Joh 1,9). Er ist die Spur im Dunkel des Lebens, der Lichtblick in allen Lebenslagen; denn er ist „das Licht der Welt" (Joh 8,12). Ohne ihn „sitzen wir in Finsternis und im Schatten des Todes" (Lk 1,79), mögen noch so viele Lichter auf den Weihnachtsmärkten und Straßen brennen. Wenn wir aber den Spuren Christi folgen, der den Tod überwunden und uns von den tödlichen Banden befreit hat, werden wir „nicht in der Finsternis umhergehen, sondern ... das Licht des Lebens haben" (Joh 8,12).

Gott kommt, um uns herauszuholen aus den tiefsten Tiefen unseres Daseins, letztlich aus dem Tod. Er ist das Licht am Ende des Todestunnels. Wer sich an ihn hält, sieht wieder Land: Neuland.

Die Erschaffung der Lichter am Himmel; Mosaik; 12./13. Jh. Kathedrale, Monreale

Der Schauspieler Manfred Krug sagte einmal in einem „Tatort": „Das Leben ist manchmal wie ein Caravan ohne Räder"; er hob damit auf Situationen ab, in denen man nicht mehr weiß, wie man vorankommen und wie es weiter gehen soll. Auf der Suche nach Sinn und Orientierung kämen wir weiter, wenn wir umkehrten und uns abwendeten vom Glauben an ein Universum ohne Gott. Kehren wir um zu Gott, der an Weihnachten bei uns ankommen will. Im Licht des Mensch gewordenen Gottes gibt es immer einen Ausweg, selbst aus der finstersten Schlucht menschlicher Existenz. Richten wir unseren Blick auf Gott. Das ist adventliche Weitsicht. In einem alten Adventslied heißt es: „O klare Sonn, du schöner Stern, dich wollten wir anschauen gern; O Sonn, geh auf, ohn deinen Schein in Finsternis wir alle sein". Alle Advents- und Weihnachtslichter strahlen die Botschaft aus: „Mein Gott macht meine Finsternis hell" (Ps 18,29); denn die Sonne des Mensch gewordenen Gottessohnes strahlt heller als 100.000 Lichter.

– Advent –

WEIHNACHTEN

Foto: privat (Marianne Janssen)

DER WUNDERBARE TAUSCH

„**E**r war Gott gleich, hielt aber nicht daran fest, wie Gott zu sein, sondern er entäußerte sich und wurde wie ein Sklave und den Menschen gleich. Sein Leben war das eines Menschen" (Phil 2,6.7).

Weihnachten bedeutet: Gott verlässt das Land seiner himmlischen Herrlichkeit und steigt herab in die Niederungen irdischen Daseins, in das tiefe Tal menschlicher Existenz, um unser Elend zu teilen. Dabei kommt er nicht bloß die halbe Treppe zu uns herunter, sondern er begibt sich ganz nach unten, bis er bei uns angekommen ist. Ohne Wenn und Aber ist Gott Mensch, also einer von uns geworden mit allen Implikationen und Konsequenzen einschließlich der Sterblichkeit. Während der Mensch sich ständig erhöht, erniedrigt sich Gott. Der Mensch will nach oben und macht sich groß; Gott will nach unten und macht sich klein. Der Mensch will wie Gott sein (vgl. Gen 3,5; Jes 14,13.14: „Ich ersteige den Himmel; dort oben stelle ich meinen Thron auf, über den Sternen Gottes; ... Ich steige weit über die Wolken hinauf, um dem Höchsten zu gleichen"), Gott will wie ein Mensch sein. Der Mensch will Schöpfer sein (gentechnologische Experimente belegen dies) und sich zum Herrn über Lebensanfang und Lebensende machen, Gott hingegen will wie ein Geschöpf sein. Der Hybris, dem Stolz des ersten Adam (vgl. Gen 3,5), setzt Christus, der zweite Adam, die Kenosis (Demut) diametral entgegen. Der im Himmel thront, liegt als Kind in der Krippe.

In der Inkarnation (der Begriff leitet sich ab von „caro" = Fleisch, Inkarnation = Fleischwerdung/Menschwerdung; vgl. Joh 1,14: „Und das Wort ist Fleisch geworden") Gottes vollzieht sich ein wunderbarer Tausch, ein Rollentausch, eine wechselseitige Teilhabe: Gott wird ein Knecht, damit wir Knechte und Mägde zu Söhnen und Töchtern Gottes werden. „Gott ist ein Menschenkind geworden, damit wir Kinder Gottes werden können" (Papst Leo der Große). Der Sohn Gottes wird Mensch, damit wir Menschen seine Brüder und Schwestern und damit zu Söhnen und Töchtern Gottes werden. Durch den Sohn Gottes von Natur aus werden alle Menschen Söhne und Töchter Gottes durch Adoption. Durch den Sohn Gottes, der für uns Mensch geworden ist, werden wir mit Gott versöhnt, das heißt genau genommen „versohnt", nämlich als Söhne und Töchter von Gott adoptiert, an Kindes statt angenommen: „Als ... die Zeit erfüllt war, sandte Gott seinen Sohn, geboren von einer Frau ..., damit wir die Sohnschaft erlangen. Weil ihr aber Söhne seid, sandte Gott den Geist seines Sohnes in unser Herz, den Geist, der ruft: Abba, Vater. Daher bist du nicht mehr Sklave, sondern Sohn; bist du aber Sohn, dann auch Erbe; Erbe durch Gott" (Gal 4,4-7).

Gott wird Mensch, damit der Mensch vergöttlicht wird. Gott nimmt unsere Menschennatur an, damit wir teilhaben an seiner Gottheit. Der, der den Menschen erschuf, nimmt menschliches Leben an und schenkt uns sein göttliches Leben. Gottes Sohn führt sich in unsere Welt ein, „um uns zu Gott hinzuführen" (1 Petr 3,18). Er kam in unsere Niedrigkeit und Armseligkeit, weil er uns „zur Herrlichkeit führen wollte" (Hebr 2,10). Gott kommt auf die Erde, damit der Mensch in den Himmel kommen kann. Er wurde ein Gast auf dieser Erde, damit wir seine Hausgenossen im himmlischen Reich werden. Der Unendliche wird endlich, damit wir Endlichen zur Unendlichkeit gelangen. Der Ewige kommt in die Zeit, damit wir Zeitlichen verewigt werden. Gott hat sich eingrenzen lassen in die kurze Spanne menschlichen Lebens, damit wir Menschen Anteil erhalten an der Unbegrenztheit göttlichen Lebens. Er ist Mensch geworden in der Zeit, damit wir leben in Ewigkeit. Der Unsterbliche wird sterblich, damit wir Sterblichen unsterblich werden. Gott steigt ab, damit der Mensch aufsteigt. Er ist uns ähnlich geworden, damit wir ihm ähnlich werden.

Selbstverständlich bleibt Gott auch nach seiner Menschwerdung Gott und damit unendlich, ewig, unsterblich; aber er wollte freiwillig (!) ein endlicher, zeitlicher, sterblicher Mensch werden. „Das, was er war (Gott), blieb er; das, was er nicht war (Mensch), wurde er" – lautet ein patristisches Axiom, eine Erklärung der Theologen der Frühzeit. „Gott ist ein ganzer Mensch geworden und hat nichts an der Natur geändert, nur die Sünde ausgenommen (vgl. Hebr 4,15), die nicht zur natürlichen Ausstattung des Menschen gehört ... Dasselbe Wort, das seiner Natur nach ganz Gott ist, ist auch der Natur nach ganz Mensch geworden, wobei keine der beiden Naturen fehlt, weder die göttliche, durch die das Wort Gott ist, noch die menschliche, durch die es Mensch geworden ist" (Maximus Confessor).

„Weihnachtsmann über Bord" lautet der Titel eines Films. Der Weihnachtsmann gehört in der Tat über Bord. Denn das, was wir an Weihnachten feiern, ist nicht das Werk eines Weihnachtsmannes oder irgendeiner Märchengestalt, sondern die unfassbare Heilstat Gottes, der die Menschen unendlich liebt: „Wegen uns Armen sandte der Vater den Sohn" (Augustinus). Paulus drückt diese göttliche Liebe so aus: „Denn ihr wisst, was Jesus Christus, unser Herr, in seiner Liebe getan hat: Er, der reich war, wurde euretwegen arm, um euch durch seine Armut reich zu machen" (2 Kor 8,9). „Er, der andere reich macht, wird selbst ein Bettler; denn die Armut meines Fleisches nimmt er auf sich, damit ich den Reichtum seiner Gottheit empfange" (Gregor von Nazianz). Augustinus beschreibt diesen Heilsaustausch folgendermaßen: „So wirkte er an uns durch die wechselseitige Teilhabe das Wunder des Austausches. Unser war, wovon er starb, sein ist, wovon wir leben werden". Gott macht also das Unsrige zum Seinigen und das Seinige zum Unsrigen. Gott tauscht mit den Menschen. Ein wunderbarer Tausch. An diesen wunderbaren Tausch sollten wir denken, wenn wir untereinander den Wunsch austauschen: Frohe Weihnachten!

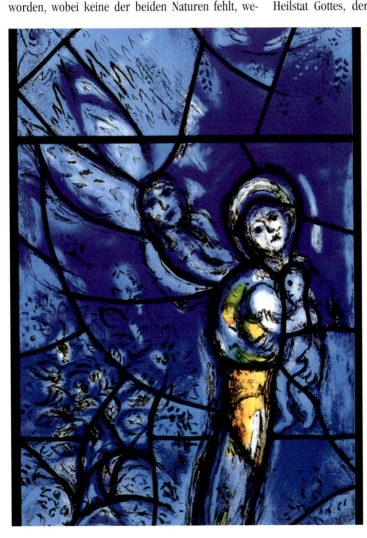

Chagall, Marc; Maria mit dem Kind; © *VG Bild-Kunst, Bonn 2011*

VON DER PRO-EXISTENZ (FÜR-SEIN) ZUR CUM-EXISTENZ (MIT-SEIN)

Als Mose im brennenden Dornbusch den Herrn fragte: Wer bist du?, antwortete dieser: Ich bin Jahwe, das heißt „Ich bin der ‚Ich-bin-da'" (Ex 3,14). Diese Selbstoffenbarung Gottes aber ist weit entfernt von einer rein philosophischen, metaphysischen Aussage über das Dasein Gottes; denn Gott offenbart sich hier – das ergibt sich aus dem Gesamtzusammenhang – nicht nur als einer, der da ist, sondern darüber hinaus – und das ist das entscheidende Element – als der ‚Ich-bin-da-*für-euch*'. Expressis verbis findet sich diese Formulierung bei Hos 1,8. Gott existiert nicht nur, er pro-existiert. Die Existenz Gottes ist primär eine Pro-existenz, will heißen: Das Da-sein Gottes ist vor allem ein Für-sein. Dass Gott da ist, dass er existiert, ist nur die halbe Wahrheit; die volle Wahrheit lautet: Gott ist nicht bloß da, sondern er ist da für die Menschen. Die Kernaussage der Frohen Botschaft ist nicht so sehr die Tatsache, dass es Gott gibt, als vielmehr die Heilstatsache, dass dieser Gott für uns da ist. Jahwe manifestiert sich als „Gott für uns".

Alles, was Gott sagt oder tut, geschieht unter dem Leitmotiv „Pro nobis": Für uns. Dieses Für-sein Gottes zieht sich wie ein roter Faden durch die gesamte Heilsgeschichte. Ihren Höhepunkt erreicht Gottes Pro-existenz in der Menschwerdung. Für uns Menschen und um unseres Heiles willen ist Gott vom Himmel herabgestiegen. Es war Gott nicht genug, nur *für* die Menschen dazusein, vielmehr wollte er darüber hinaus auch *mit* den Menschen sein. In der Menschwerdung wird Jahwe (der „Ich-bin-da-*für*-euch") zum Immanuel (der „Ich-bin-da-*mit*-euch"), wird der „Gott für uns" zum „Gott mit uns". Johannes drückt dieses Mitsein Gottes so aus: „Und das Wort ist Fleisch geworden und hat unter uns gewohnt" (Joh 1,14), wörtlich: sein Zelt aufgeschlagen. In der Inkarnation (Menschwerdung, wörtlich: Fleischwerdung, vgl. Joh 1,14) kulminiert die Pro-existenz Gottes in der Cum-existenz: Gottes Für-sein gipfelt im Mit-sein. Im Immanuel „immaniert" sich Gott, was besagt: Gott wird – bei aller Wahrung seiner Transzendenz, d.h. seiner weltüberschreitenden Gottheit – weltimmanent, innerweltlich. Gott bleibt nicht „außen vor", sondern ist wirklich „in", nämlich in der Welt, bei den Menschen: „Meine Freude ist es, bei den Menschen zu sein" (Spr 8,31); „Seht, die Wohnung Gottes unter den Menschen! Er wird in ihrer Mitte wohnen, und sie werden sein Volk sein; und er, Gott, wird bei ihnen sein" (Offb 21,3).

Gott steigt nicht aus, sondern steigt ein in die Dimensionen von Raum und Zeit, in unsere Welt, in unser Leben. Der unendliche, unbegrenzte Gott unterwirft sich den engen Grenzen menschlicher Existenzweise, dabei immer aber Gott bleibend. Er zeigt den Menschen nicht die kalte Schulter, posiert nicht in einer neutralen Zuschauerrolle, sondern stellt sich ganz und gar auf unsere Seite, setzt sich mit jedem von uns gleich und erklärt sich mit jedem einzelnen Menschen solidarisch (vgl. Mt 25,40).

Im Verbum incarnatum (Fleisch gewordenen Wort) ist Gott *für immer* unser aller Bruder geworden. Er hat nicht bloß vorübergehend unsere menschliche Natur angenommen – etwa für ein kurzes Intermezzo von 33 Erdenjahren –, um sie dann wieder abzustreifen; vielmehr hat er sie ein für alle Mal mit seiner göttlichen Natur verbunden. Es handelt sich also nicht um eine transitorische Inkarnation (vorübergehende Menschwerdung), sondern um deren bleibende Tatsache. Gottheit und Menschheit sind nun für immer untrennbar vereint. Diese Synthese ist ein einmaliger heilsgeschichtlicher Tatbestand; sie ist die Maximalform, die je ein Bund Gottes mit den Menschen erreicht hat.

Die Menschwerdung Gottes ist eine *Real*inkarnation, will heißen, dass Gott wirklich Mensch geworden ist mit allen Implikationen und Konsequenzen. Konkret bedeutet dies: Das Mit-sein Gottes mit den Menschen schließt auch ein Mit-sein in Leiden und Tod ein. Der Sohn Gottes wurde „in allem seinen Brüdern gleich" (Hebr 2,17); „Wir haben ja nicht einen Hohenpriester, der nicht mitfühlen könnte mit unserer Schwäche" (Hebr 4,15); Er hat „Fleisch und Blut angenommen, um durch seinen Tod den zu entmachten, der die Gewalt über den Tod hat, nämlich den Teufel, und um die zu befreien, die durch die Furcht vor dem Tod ihr Leben lang der Knechtschaft verfallen waren" (Hebr 2,14.15). Spätestens hier gipfelt die Pro-existenz (Für-sein) Gottes in einer Cum-existenz (Mit-sein).

Musizierender Engel; Melozzo da Forli; 1480; Fresko; Basilica Santi Apostoli, Roma; Pinacoteca Vaticana, Roma

EINER VON UNS

Wenn wir von einem Menschen sagen: Er ist „einer von uns", so drücken wir damit dessen Gleichsein, Gemeinschaft und Solidarität mit uns aus. Auf wen trifft diese Charakterisierung mehr zu als auf Gott selbst? Obwohl er Gott ist, scheut er sich nicht, unter uns Menschen zu sein: „Er war Gott gleich, hielt aber nicht daran fest, wie Gott zu sein, sondern er entäußerte sich und wurde wie ein Sklave und den Menschen gleich. Sein Leben war das eines Menschen; er erniedrigte sich und war gehorsam bis zum Tod, bis zum Tod am Kreuz" (Phil 2,6-8). Gott ist einer von uns geworden. Er hat sich in seiner Menschwerdung so sehr uns angeglichen, dass er „in allem seinen Brüdern gleich" (Hebr 2,17) geworden ist; „.... der in allem wie wir in Versuchung geführt worden ist, aber nicht gesündigt hat" (Hebr 4,15).

Dies ist das große Geheimnis, ja das absolute Highlight der Heilsgeschichte: Der Unsichtbare („Niemand hat Gott je gesehen": Joh 1,18) wird sichtbar; der unsichtbare Gott ist nicht ohne Gesicht geblieben; vielmehr hat er in Jesus, seinem Mensch gewordenen Sohn, ein menschliches Antlitz bekommen: „Er ist das Ebenbild des unsichtbaren Gottes" (Kol 1,15). Der Unbegreifliche wird greifbar, der

Foto: privat (Marianne Janssen)

Unnahbare nahbar, der Unzugängliche („er wohnt in unzugänglichem Licht": 1 Tim 6,16) zugänglich, der Unantastbare tastbar, der Unfassbare fassbar, wie Johannes sagt: „Was von Anfang an war, was wir gehört haben, was wir mit unseren Augen gesehen, was wir geschaut und was unsere Hände angefasst haben, das verkünden wir: das Wort des Lebens" (1 Joh 1,1). Gott lässt sich anfassen, das ist nicht zu fassen. Gott hat uns gegenüber keine Berührungsängste, im Gegenteil: Er ist auf unmittelbare Tuchfühlung zu den Menschen gegangen. Der Evangelist Johannes drückt es so aus: „Und das Wort ist Fleisch geworden und hat unter uns gewohnt" (Joh 1,14). Im Fleisch/Mensch gewordenen Wort, nämlich Jesus Christus, ist Gott uns buchstäblich auf den Leib gerückt und in unser Fleisch und Blut eingegangen: „Da nun die Kinder Menschen von Fleisch und Blut sind, hat auch er in gleicher Weise Fleisch und Blut angenommen" (Hebr 2,14).

Wir brauchen also keine religiösen Klimmzüge zu machen, um zu Gott zu kommen. Er selbst hat sich zu uns herabgelassen. Gott ist nicht in unerreichbarer Transzendenz, in einer diese Welt übersteigenden Wirklichkeit geblieben, sondern hat mitten unter uns sein Zelt aufgeschlagen, wie man Joh 1,14 exakt übersetzen müsste.

Gott ist wahrhaft und wirklich Mensch geworden mit allen Konsequenzen. Der von Natur aus leidensunfähige Gott wurde – freiwillig! – ein leidensfähiger Mensch, um für uns leiden zu können. Der „von Haus aus" unsterbliche Gott wurde ein sterblicher Mensch, um für uns sterben zu können und dadurch die Sterblichkeit des Menschen in Unsterblichkeit umzuwandeln. Durch seinen Tod und seine Auferstehung hat er unseren Tod getötet. Unerlässliche Voraussetzung für diese grandiose Heilstat war und ist aber, dass Gott einer von uns geworden ist: „Denn wäre der neue Mensch nicht ‚in die Gestalt des Fleisches gesandt worden, das unter der Macht der Sünde steht' (Röm 8,3), hätte er nicht unseren alten Menschen angenommen, wäre er, der gleichen Wesens mit dem Vater ist, nicht auch gleichen Wesens mit der Mutter geworden und hätte er nicht unsere Natur zu der seinigen gemacht – er, der allein ohne Sünde ist –, so wären alle Menschen unter dem Joch des Teufels (und damit des Todes) gefangen. Wir hätten keinen Anteil an dem Triumph des Siegers, wenn der Sieg ohne unsere Natur gekommen wäre" (Papst Leo der Große). „Das Wort Gottes, der Sohn Gottes, Jesus Christus, unser Herr, ... wurde sichtbar und körperlich, um den Tod zu besiegen" (Irenäus v. Lyon); „Nichts an ihm war fähig, für uns zu sterben, hätte er nicht von uns Fleisch angenommen. So konnte der Unsterbliche sterben, so wollte er den Sterblichen Leben schenken. Zuerst nahm er das Menschsein an, um dann den Menschen Anteil zu geben an seinem (göttlichen) Sein. Wir hatten als Menschen nichts, das uns Leben gewährleistet, er besaß als Gott nichts, das ihm Tod gebracht hätte. So wirkte er an uns durch die wechselseitige Teilhabe das Wunder des Austausches. Unser war, wovon er starb, sein ist, wovon wir leben werden" (Augustinus). Nur dadurch, dass Gott Mensch geworden ist und damit unsere sterbliche Natur angenommen hat, konnte er für alle sterben, um „durch den Tod seines sterblichen Leibes" (Kol 1,22) für alle den Tod zu vernichten. Er hat „Fleisch und Blut angenommen, um durch seinen Tod den zu entmachten, der die Gewalt über den Tod hat, nämlich den Teufel, und um die zu befreien, die durch die Furcht vor dem Tod ihr Leben lang der Knechtschaft verfallen waren" (Hebr 2,14.15); „Da nämlich durch einen Menschen der Tod gekommen ist, kommt durch einen Menschen auch die Auferstehung der Toten. Denn wie in Adam alle sterben, so werden in Christus alle lebendig gemacht werden" (1 Kor 15,21.22). Der todbringende erste Adam wird vom lebenbringenden zweiten Adam, wie Christus auch genannt wird, abgelöst. Und dieser Christus ist „einer von uns".

LIEBE MACHT ERFINDERISCH

Wenn sich dieses Sprichwort je bewahrheitet, dann an Weihnachten. Unsagbar, wozu Gottes Liebe fähig ist. Sie ist so ideenreich, dass sie die Grenzen unserer Phantasie sprengt: Der ewige Gott wird aus Liebe zu uns ein zeitlicher Mensch, der Unsichtbare lässt sich sehen, der Unsterbliche wird sterblich, der Unfassbare fassbar: „Was von Anfang an war, was wir gehört haben, was wir mit unseren Augen gesehen, was wir geschaut und was unsere Hände angefasst haben, das verkünden wir: das Wort des Lebens. Denn das Leben wurde offenbart; wir haben gesehen und bezeugen und verkünden euch das ewige Leben, das beim Vater war und uns offenbart wurde" (1 Joh 1,1.2).

So wird die Menschwerdung Gottes zum Schnittpunkt von Ewigkeit und Zeit, Unendlichkeit und Endlichkeit, Unbegrenztheit und Begrenztheit, Unsterblichkeit und Sterblichkeit, zum Berührungspunkt von Himmel und Erde. Dieses Heilsereignis ist nicht mehr zu „toppen". Wir brauchen keine komplizierten Reflexionen anzustellen darüber, ob und wie wir nach Gott greifen, geschweige denn ihn begreifen können; er selbst greift nach uns, wir brauchen uns nur von den Händen des Kindes von Betlehem ergreifen zu lassen.

Wer ist Gott, wo ist Gott, was ist Gott? – so fragen viele Menschen, wenn sie in einer säkularisierten Welt überhaupt noch nach ihm fragen. Gott selbst hat die große Unbekannte aufgelöst: Er ist kein kaltes, abstraktes, philosophisches Prinzip, sondern jemand, dessen Herz in einem Kinde schlägt. In seinem Mensch gewordenen Sohn ist Gott unser aller Bruder geworden, der sich mit jedem Menschen solidarisiert, ja identifiziert (vgl. Mt 25,40: „Was ihr für einen meiner geringsten Brüder (und Schwestern) getan hat, das habt ihr mir getan"). Ein wahres Weihnachtswunder!

Angesichts des vielfältigen Elends in der Welt vermögen viele die Liebe Gottes zu den Menschen nicht zu erkennen. Dabei ist Gottes Sohn selber e-lend-ig geworden; er hat im wahrsten Sinne des Wortes das „Land" seiner Herrlichkeit verlassen und unser Elend geteilt: „Er war Gott gleich, hielt aber nicht daran fest, wie Gott zu sein, sondern ... wurde den Menschen gleich" (Phil 2,6f); „Er, der reich war, wurde euretwegen arm, um euch durch seine Armut reich zu machen" (2 Kor 8,9).

Die Menschwerdung Gottes, Topereignis der Heilsgeschichte, bedarf der ständigen Erinnerung. Bei vielen Menschen ist das eigentliche Geheimnis der Weihnacht in Vergessenheit geraten. Nur 40 Prozent aller deutschen Kinder wissen um das Wesen der Weihnacht. Was Wunder, wenn man weiß, dass inzwischen jeder vierte Deutsche nicht mehr getauft ist. Das Christkind wird abgelöst vom Weihnachtsmann, der sich überall tummelt: In Kaufhäusern, auf Straßen, Märkten, Schiffen, in Zügen und Flugzeugen, sogar im Rotlichtmilieu. Weihnachten wird auf ein romantisches Wintermärchen reduziert. Wir brauchen eine neue Antenne für die wunderbare Weihnachtsbotschaft: Gott wird Mensch. Da kann man nur sagen: Liebe macht erfinderisch.

Laute spielender Engel; Detail aus : Stefan Lochner († 1451), Maria im Rosenhag

NEUJAHR

Gott begleitet dich; Christel Holl; Rastatt 2010; Beuroner Kunstverlag

ALLZEIT GUTE FAHRT

Jeder Jahresbeginn ist der Auftakt zu einer neuen Etappe unserer Bootsfahrt über das Meer des Lebens. Niemand kann exakt prognostizieren, wie die Schifffahrtslinie verlaufen wird. Die Reiseroute liegt im Dunkeln.

Wir können die Fahrt nur meistern, wenn wir uns am Kompass dessen orientieren, der seit seiner Menschwerdung mit uns an Bord gegangen ist. Es ist Gott selbst, der sozusagen mit uns in einem Boot sitzt. Er ist der Immanuel, der „Gott-mit-uns", unser Reisebegleiter, ja er selbst ist „der Weg, die Wahrheit und das Leben" (Joh 14,6). Der Mensch gewordene Gottessohn Jesus Christus ist der Steuermann, der das Boot unseres Lebens sicher vorbeidirigiert an der „Skylla und Charybdis" (sie bildeten auf den Irrfahrten des Odysseus eine besonders riskante Gefahrenzone) der vielfältigen Gefahren unseres Lebens, vorbei auch an Verzweiflung und Hoffnungslosigkeit, ja an allen Klippen der Kleinmütigkeit und Angst.

Auch wenn es manchmal den Anschein hat, als seien wir mutterseelenallein, hilflos Wind und Wellen des Lebens ausgesetzt, ist Er doch bei uns: „Seid gewiss: Ich bin bei euch alle Tage bis zum Ende der Welt" (Mt 28,20). Diese Gewissheit befreit uns vom Virus der Zukunftsangst und vom Bazillus des Pessimismus und der Resignation. Mitten über dem Abgrund des Meeres unseres Lebens strahlt der Weihnachtsstern, der alle Nacht und Finsternis erleuchtet; denn „durch die barmherzige Liebe unseres Gottes wird uns besuchen das aufstrahlende Licht aus der Höhe, um allen zu leuchten, die in Finsternis sitzen und im Schatten des Todes, und unsre Schritte zu lenken auf den Weg des Friedens" (Lk 1,78.79). So kann der Apostel sagen: „Ist Gott für uns, wer ist dann gegen uns?... Was kann

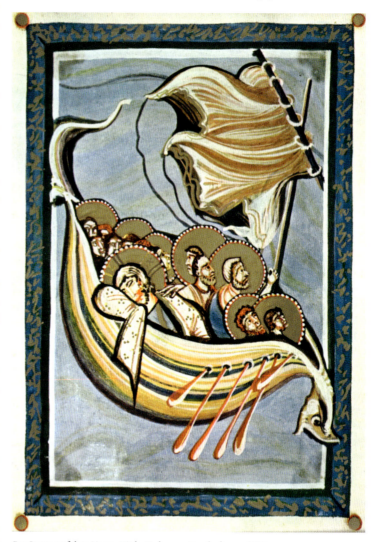

Der Sturm auf dem Meere; Hitda-Codex aus Meschede, um 1020

uns scheiden von der Liebe Christi? Bedrängnis oder Not oder Verfolgung, Hunger oder Kälte, Gefahr oder Schwert? ... Weder Tod noch Leben, weder Engel noch Mächte, weder Gegenwärtiges noch Zukünftiges, weder Gewalten der Höhe oder Tiefe noch irgendeine andere Kreatur können uns scheiden von der Liebe Gottes, die in Christus Jesus ist, unserem Herrn" (Röm 8, 31.35.38.39). Etwas von diesem unerschütterlichen paulinischen Optimismus sollten wir in uns tragen. Dann wird die Fahrt über die See des Lebens gelingen, auch wenn sie in eine ungewisse Zukunft führt.

Seit Gott selbst in die Zeit gekommen, ein zeitlicher Mensch geworden ist (vgl. Gal 4,4: „Als aber die Zeit erfüllt war, sandte Gott seinen Sohn"), liegt alle Zeit: Vergangenheit, Gegenwart und Zukunft in seinen Händen. So ist die Menschwerdung Gottes *der* Lichtblick in der Finsternis und Ungewissheit der Zeit.

Der lange Schatten des Unbekannten im vor uns liegenden Jahr lässt viele Menschen in astrologischen Prophezeiungen und anderen prognostischen Medien nach Orientierung suchen. Unsere Fahrt ins neue Jahr steht aber nicht unter irgendwelchen Sternen, sondern unter dem Stern von Betlehem. Wenn wir zu ihm aufschauen, wird die Reise nicht zu einer Fahrt ins Unheimliche; denn der Mensch gewordene Gott selbst bedient die Navigationsinstrumente unseres Lebensbootes und bestimmt dessen Kurs. Er ist es, der unser persönliches Leben, ja die ganze Welt lenkt und leitet.

In diesem Sinne wünschen wir einander für das neue Jahr „Allzeit Gute Fahrt".

VIER JAHRESZEITEN

Tree; © Ivan Kmit – Fotolia.com

„Dein ist der Tag, dein auch die Nacht, hingestellt hast du Sonne und Mond. Du hast die Grenzen der Erde festgesetzt, hast Sommer und Winter geschaffen" (Ps 74,16.17)

HERBST

Der Herbst zeigt zwei Gesichter: Zum einen leuchtet er als „Goldener Oktober" in der unvergleichlichen bunten Farbenpracht der Blätterbäume; zum anderen signalisiert die dritte Jahreszeit das Sterben in der Natur, wie es der Dichter R. M. Rilke anschaulich und tiefsinnig zugleich beschrieben hat: „Die Blätter fallen, fallen wie von weit, als welkten in den Himmeln ferne Welten".

Herbstlaub spiegelt die faszinierende Schönheit der Schöpfung, auch wenn es sich um einen Verwelkungs- und Auflösungsprozess handelt. Die Herbstfärbung zeigt sich in verschiedenen Formen: Gelb durch Zerfall des Chlorophylls, wodurch die zurückbleibenden Karotinoide sichtbar werden; Rot infolge Färbung des Zellsafts durch Anthocyane; die Bräunung absterbender Blätter entsteht durch Auftreten wasserlöslicher brauner Farbstoffe. Ein Spaziergang durch den sonnendurchfluteten Herbstwald ist wie eine göttliche Offenbarung: „Seit Erschaffung der Welt wird seine (Gottes) unsichtbare Wirklichkeit an den Werken der Schöpfung mit der Vernunft wahrgenommen" (Röm 1,20). Nicht nur die Naturapostel, sondern jeder, der an Herbsttagen die Augen öffnet – etwa beim Betrachten der blutroten Farben auf der seidenen Haut der Blätter –, kann diese Erfahrung machen.

Die malerischen, bunten Herbstfarben lassen einerseits die kreative Phantasie des Schöpfers erkennen, andererseits sind die fallenden Blätter Symptome einer verwelkenden Wirklichkeit, wie die Schrift sagt: „Wie eine Buchrolle rollt sich der Himmel zusammen, sein ganzes Heer welkt dahin" (Jes 54,4). „Verwehtes und verwelktes Laub" (Ijob 13,25; Jer 8,13) erinnert an Verfall und Tod. Der herannahende Novembermonat mit seinen vielen Totengedenktagen (Allerheiligen, Allerseelen, Volkstrauertag, Buß- und Bettag, Totensonntag) verstärkt noch diesen Tatbestand der Vergänglichkeit. Nicht von ungefähr macht diese Jahreszeit viele Menschen depressiv.

Ein sich vom Frühling bis hin zum Herbst spannender Bogen symbolisiert Entstehen und Vergehen, Anfang und Ende. Aber im Ende verbirgt sich bereits ein Neuanfang, im Tod der Natur liegt der Keim neuen Lebens, im Herbst schlummert schon der Frühling: Neugeburt und Wiedergeburt. In der Schrift heißt es: „Wenn das Weizenkorn nicht in die Erde fällt und stirbt, bleibt es allein; wenn es aber stirbt, bringt es reiche Frucht" (Joh 12,24).

Von daher bedeutet auch der Tod des Menschen nicht das Ende, sondern den Anfang eines neuen Lebens. Hier hat die Natur Modell- und Symbolcharakter. So wie im Sterben der Natur bereits das neue Leben aufkeimt, so ist auch das biologische Finale, der Tod des Menschen, das Tor zum Leben. Repräsentativen Umfragen zufolge glaubt über die Hälfte der Deutschen nicht mehr an ein personales Weiterleben nach dem Tode; ihrer Meinung nach lebt man allenfalls in der Erinnerung weiter. Der Tod – so sagen sie – führt ins Nichts. Dem hält der christliche Glaube entgegen, dass Gottes Sohn für alle Menschen gestorben und von den Toten auferstanden ist, um allen ein neues Dasein zu erwirken. Die Vorstellung von einem Weiterleben in der bloßen Erinnerung greift zu kurz, weil sie der Sehnsucht des Menschen nach dauerhafter personaler Existenz nicht gerecht wird. Augustinus formuliert es so: „Auf dich hin, o Gott, hast du uns erschaffen, und unruhig ist unser Herz, bis es ruht in dir". Der Mensch ist von Gott her und auf Gott hin finalisiert (vgl. Kol 1,16), das heißt, er ist ausgerichtet auf eine unverlierbare und unvergängliche Existenz bei Gott, von dem alles Leben kommt. Weil Christus für uns alle den Tod überwunden hat (vgl. 2 Kor 5,15), fallen wir im Tode nicht ins Nichts, sondern in die Arme des lebendigen und lebendigmachenden Gottes. Ohne diesen Glauben gleicht der Herbst des Lebens einem Todesrennen, fällt all unsere Hoffnung zusammen wie ein Kartenhaus. Wer jedoch an den Auferstandenen glaubt, der „ist wie ein Baum, der am Wasser gepflanzt ist... : seine Blätter bleiben grün" (Jer 17,8). Alle, die in christlicher Hoffnung davon überzeugt sind, dass auf den Herbst des Lebens ein ewiger Frühling folgen wird, sind mit Bäumen zu vergleichen, von denen es heißt: „Ihr Laub wird nicht welken" (Ez 47,12). Gott hat uns ein völlig neues, und zwar dauerhaftes Dasein zugesagt, mögen die Blätter draußen in der Natur noch so sehr verwelken und verfallen.

WINTER

Ähnlich wie Sommer und Herbst hat auch der Winter einen bipolaren Charakter. Die Zweipoligkeit lässt sich vernehmen an dem unterschiedlichen Echo, das „Väterchen Frost" auslöst: Einerseits hört man die Klagen der Autofahrer, für welche die in spiegelglatte Eisbahnen verwandelten Straßen zum Stress werden; andererseits jubeln die Schlittschuh- und Schlittenfahrer, für die ein Wintermärchen wahr wird. Zugefrorene Seen werden zu Magneten des Wintertourismus. Des einen Leid ist des anderen Freud.

Es gibt auch einen Kälteeinbruch, eine Eiszeit unabhängig von der Wintersaison. Ein solch frostiges Klima stellt sich z.B. dann ein, wenn die Beziehungen unter den Menschen zu erfrieren drohen, ob zwischen Eheleuten, Partnern, Freunden, Nachbarn, Arbeitskollegen, Schülern, Politikern oder unter ganzen Völkern und Staaten. Eiszeit herrscht auch dann, wenn wir Hilfe suchende Menschen auf dem Eisparkett unserer kühlen Reaktionen ausrutschen lassen. Und zeugt es nicht von eisiger Herzenskälte, wenn alte Menschen ohne triftigen Grund auf das Abstellgleis des Altenheims abgeschoben werden? Ferner herrschen eisige Temperaturen: Wo man in der Familie kaum mehr miteinander spricht, wo die elterliche Wohnung auf Kost und Logis reduziert wird – da wird das Zuhause zu einer kalten Heimat. Da erfriert man in Kaltherzigkeit.

Die vereisten Kontakte unter den Menschen tauen nur auf durch eine geistige Herztransplantation, wie der Prophet sagt: „Ich schenke ihnen ein anderes Herz ... Ich nehme das Herz von Stein aus ihrer Brust und gebe ihnen ein Herz von Fleisch" (Ez 11,19). Nur unter der Sonne Gottes schmilzt das Eis, das die zwischenmenschlichen Beziehungen zum Erstarren bringt. Erst wenn diese Eisfläche aufgetaut und völlig verschwunden ist, kann man zu Recht singen: „Der Winter ist vergangen".

KRANK – GESUND

*Heilung des Aussätzigen; Echternach, um 1040; Bibliotheque Royale, Brüssel;
Buch- & Kunstverlag Maria Laach, Nr. 5610*

WELTTAG DER KRANKEN

(11. FEBRUAR: GEDENKTAG UNSERER LIEBEN FRAU IN LOURDES)

Heute ist Welttag der Kranken. Weltweit wird aller Kranken gedacht, ob sie an physischen oder psychischen Gebrechen oder an beiden laborieren.

60 Prozent der heutigen Krankheiten sind nach Auskunft der Ärzte so genannte Leiderkrankungen, will heißen: Sie haben ihre Ursache in einer gestörten Seele, einem instabilen Innenleben, einer fehlenden inneren Balance. Organische Erkrankungen gelten vielfach als Symptome seelischer Leiden und psychischer Störungen. Nicht umsonst sagt der Volksmund: „Das ist mir auf den Magen geschlagen", „dem ist eine Laus über die Leber gekrochen", „der spuckt Gift und Galle" u.ä. Der Mensch ist eine leib-seelische Einheit, er hat eine psychosomatische Konstitution. Von daher kommt es zu Wechselwirkungen zwischen körperlichem und seelischem Befinden.

Menschen leiden mitunter mehr an der Seele als am Leib. Jesus hat darum gewusst. Er „heilte viele, die an allen möglichen Krankheiten litten" (Mk 1,34), aber er ließ es nie bei der körperlichen Heilung bewenden. Was die Menschen brauchen, ist das erlösende und befreiende Wort: „Deine Sünden sind dir vergeben" (Lk 5,20). Besonders deutlich wird dies bei der Heilung des Gelähmten: Zunächst vergibt Jesus ihm die Sünden und erst danach hilft er ihm auf die Beine: „Steh auf, nimm deine Tragbahre, und geh nach Hause!" (Lk 5,24). Sündenvergebung hat Priorität. Jesus belässt es nicht bei einem Herumkurieren an Symptomen, vielmehr geht er der Krankheit auf den Grund. Das soll nicht heißen, zwischen jeder Krankheit und Sünde bestünde ein zwingender ursächlicher Zusammenhang; aber krank im eigentlichen Sinne ist, wer an Sünde (= Ab-sonderung von Gott) krankt. So hat der Heilungsvorgang eine Innenseite (Sündenvergebung) und eine Außenseite (Heilung der körperlichen Lähmung). Jesus macht keine Halbheiten, es geht ihm immer um das Heil des ganzen Menschen. Er heilt ihn in der Totalität seiner Existenz; daher schließt die endgültige Heilung des Menschen auch die Erlösung und Auferweckung des Leibes ein: „Wir erwarten ... Jesus Christus, den Herrn, als Retter, der unseren armseligen Leib verwandeln wird in die Gestalt seines verherrlichten Leibes" (Phil 3,21; vgl. Röm 8,23).

Viele Patienten verzweifeln an ihrer Krankheit, sie erscheint ihnen absurd; andere hingegen finden durch ihre Krankheit zu einem neuen Lebenssinn, zu einer veränderten Einstellung gegenüber dem, was im Leben wichtig ist, und setzen andere Prioritäten. Krankheiten haben ambivalente Wirkungen: Sie können einerseits gläubige Menschen an Gottes Liebe zweifeln lassen, andererseits aber auch Atheisten zu Gläubigen machen. Die Schrift sagt: „Wir wissen, dass Gott bei denen, die ihn lieben, alles (!) – also auch eine Krankheit – zum Guten führt" (Röm 8,28).

HEILUNG DES BLINDGEBORENEN

(JOH 9, 1- 41)

Vor einigen Jahren hatte ein Stromausfall in New York dramatische Folgen: In der Stadt wurde es stockdunkel, Menschen blieben in Aufzügen stecken, saßen in U-Bahnen fest und gerieten in Panik. In vielen Krankenhäusern konnte nicht operiert werden, weil die Notaggregate und Akkumulatoren den Stromausfall nicht zu kompensieren vermochten, Babys in Brutkästen waren bedroht.

Ein geradezu apokalyptisches Szenario würde sich auftun im Falle eines Sonnenlichtausfalls: Innerhalb von acht Minuten wäre es auf unserer Erde stockfinster, unser Globus würde binnen zwanzig Minuten zu einem Eisklumpen erstarren.

Neben der kosmischen Finsternis gibt es auch die existenzielle Nacht, die Dunkelheit im Leben. Es sind die vielen dunklen Schatten, die auf unser Leben fallen: Schatten der Angst, der Einsamkeit, Verzweiflung, Enttäuschung, Erfolglosigkeit, Schatten der Krankheit und des Todes. Oft haben wir das Gefühl, als hätten wir keinen Durchblick mehr: „Wir tasten uns wie Blinde an der Wand entlang und tappen dahin, als hätten wir keine Augen" (Jes 59,10).

Einer Studie von Augenmedizinern zufolge leiden immer mehr Menschen an Augenerkrankungen. Die Zahl der Brillenträger wächst ständig, vor allem bei Kindern. Ob sie zu viel fernsehen oder zu lange vor dem PC sitzen? Das menschliche Auge ist eines der feinsten, empfindlichsten, kompliziertesten und wichtigsten Organe. Es bildet sich beim Embryo mit als erstes aus. Ohne dieses sensible Organ würde unsere Medienwelt weitgehend zusammenbrechen. Fernsehen, Film, Presse, Computer, Internet, Facebook etc. setzen auf das Auge. Wir leben in einem visuellen Zeitalter.

Es sei dahingestellt, was schlimmer ist: Nicht sehen oder nicht hören zu können. Immerhin hat Jesus auf die Frage nach seiner Sendung als erstes geantwortet: „Blinde sehen wieder" (Lk 7,22). Er muss gewusst haben, was es heißt, nicht sehen zu können.

Das Evangelium von der Heilung des Blindgeborenen (Joh 9,1 - 41) richtet unseren Blick auf Jesus, der gekommen ist, uns vielfältig Blinde sehend zu machen. Nicht umsonst sagt er so oft von sich: „Ich bin das Licht der Welt" (Joh 8,12); „Ich bin das Licht, das in die Welt gekommen ist" (Joh 12,46; vgl. 1,9). Christus ist gewissermaßen der geistige Augenarzt, der unsere innere Sehkrankheit diagnostiziert: „Das Auge gibt dem Körper Licht. Wenn dein Auge gesund ist, dann wird dein ganzer Körper hell sein. Wenn aber dein Auge krank ist, dann wird dein ganzer Körper finster sein" (Mt 6,22f).

Wenn wir uns bei ihm einem Sehtest unterziehen, werden wir die vielen Gesichter und Formen unserer geistigen Blindheit und seelischen Finsternis erkennen:

• Die einen leiden am *grauen* Star: Sie sehen alles grau in grau, haben keinen Durchblick mehr durch die Finsternis ihrer Orientierungslosigkeit und Perspektivlosigkeit, durch den Nebel vielfältiger Leiderfahrungen. Und für das, was nach dem Tode kommt, sehen sie sogar schwarz; mit dem Tod bricht ihrer Meinung nach die schwarze Nacht des Nichts an. Sie sind wie blinde Passagiere auf dem Lebensschiff; ihr Leben gleicht einem Blindflug, da sie weder um das Woher noch um das Wohin wissen.

• Die anderen leiden am *grünen* Star: Ihr Gesichtsfeld verengt sich zunehmend, sodass sie nur und ausschließlich die äußere Umweltbedrohung im Blick haben, jedoch auf die geistig/moralische Umweltzerstörung durch die Erosion sittlicher Grundwerte kein Auge werfen. Welch einäugige Optik und Doppelmoral!

• Wieder andere laborieren an *Kurzsichtigkeit*: Sie verkürzen ihren Blickwinkel, indem sie nur das Leben hier auf Erden in der kurzen Zeitspanne zwischen Geburt und Tod, in den Dimensionen von Raum und Zeit, in den Brennpunkt rücken. Aus ihrer Sicht ist das Leben ein Auslaufmodell.

• Viele leiden an *Übersichtigkeit:* Sie sehen nur sich selbst und über-sehen die Not ihrer Mitmenschen.

• *Auf einem Auge blind* ist, wer nur die Fehler seiner Mitmenschen unter die Lupe nimmt, sein eigenes Versagen aber geflissentlich ausblendet. Ein jugoslawisches Sprichwort lautet: „Die Augen sehen alles – nur sich selbst nicht". Jesus fragt: „Warum siehst du den Splitter im Auge („Brunnen" müsste es genau übersetzt heißen) deines Bruders, aber den Balken in deinem Auge (Brunnen) bemerkst du nicht?" (Mt 7,3). Bei der Kritik an anderen sehen wir vieles durch die subjektive Brille. Vielleicht hat uns der liebe Gott aber zwei Augen gegeben, damit wir auch mal ein Auge zudrücken können. Die Devise muss lauten: Vieles sehen, noch mehr über-sehen.

• *Auf einem Auge blind* ist ferner, wer nur von anderen Versöhnungs- und Kompromissbereitschaft verlangt, selbst aber rot sieht und blindwütig um sich schlägt. Ebenso ist auf einem Auge blind, wer auf der großen Weltbühne Abrüstung fordert, zu Hause aber schwere Geschütze gegen seine Familienangehörigen oder Nachbarn auffährt.

• Bei anderen wiederum macht die *Liebe blind*: Sie malen eine harmonische Partnerschaft in rosaroten Farben, in ihrer Blauäugigkeit aber sind sie blind gegenüber der damit verbundenen Verantwortung füreinander.

• *Verblendet* sind auch jene Medien, welche die Frau aus rein biologischer Optik zum Blickfang und Sexualobjekt degradieren.

• *Viele lassen sich blenden* oder Sand in die Augen streuen von den Irrlichtern falscher Ideologien, Philosophien, Religionen, Sekten und Weltanschauungen.

• *Blind ist auch die Politik*, wenn sie einerseits Alarm schlägt wg. des Kindermangels in Deutschland, andererseits aber ein Gesetz beschließt, das bis zum Ablauf einer bestimmten Frist Abtreibungen erlaubt, ganz zu schweigen von Spätabtreibungen.

• *Mit Blindheit geschlagen* sind Parteien, die ihre eigenen Programme und Positionen aufgeben, nur um an die Macht zu kommen bzw. sich an der Macht zu halten.

• *Verblendet* sind jene Politiker, die den Migranten beim Einbürgerungstest Fragen abstrusester Art stellen, die sie selber kaum beantworten können.

So sind wir in vielerlei Hinsicht *seh-krank, mit Blindheit geschlagen*; die Augen unserer Seele sind

Blindenheilung; Beate Heinen, 1971; © Buch-& Kunstverlag Maria Laach, Nr. 4835

getrübt. Jesus stellt aber nicht nur die Diagnose, er bietet auch die Therapie an. Theophilus von Antiochien sagt: „Wenn du willst, kannst du geheilt werden. Vertrau dich dem Arzt an. Er wird den Augen deiner Seele den Star stechen". Augustinus formuliert es so: „Wir sind blind geboren von Adam her und brauchen jenen, der uns sehend macht. Er heilt unser Auge durch die Gnade wie mit einer Salbe".

Die moderne Augenmedizin kann bahnbrechende Erfolge vorweisen. Mit Hilfe von Laserstrahlen werden Staroperationen durchgeführt, auch durch künstliche Linsen wird vielen Patienten wieder Klarsicht vermittelt. Nicht minder bedürfen aber auch die verschiedenartigen Erkrankungen unseres inneren Auges im übertragenen Sinne einer Operation, einer *geistigen Netzhauttransplantation*, neuer geistiger Brillengläser oder Kontaktlinsen, damit wir Gott und die Menschen mit neuen Augen sehen lernen. Jesus Christus allein vermag unsere zahlreichen Sehkrankheiten, unsere seelische Verblendung und Blindheit des Herzens zu heilen. Er verscheucht die vielen dunklen Schatten, die auf unser Leben fallen, selbst die dunklen Schatten des Todes, weil er selber als Mensch gewordener Gott den Tod erlitten, diesen aber auch überwunden hat.

Weil Gott als „Licht ... in die Welt gekommen ist" (Joh 12,46), erscheint alles, auch das Dunkle, Schwarze und Schwere, in einer neuen Optik, in einem neuen Licht. In Ihm, dem „Licht der Welt" (Joh 8,12), gibt es stets einen Hoffnungsschimmer, einen Silberstreif am Horizont des Lebens, ein Licht am Ende des Tunnels, auch des Todestunnels.

Der griechische Philosoph Plato war fasziniert vom Logos, der den ganzen Kosmos erhellt; aber dieser Logos war nur eine Idee, wenngleich eine glänzende Idee. Für uns Christen aber ist das Licht der Welt kein kaltes, abstraktes, philosophisches Prinzip, sondern eine Person, die uns liebend anschaut: Jesus Christus, unser aller Bruder. Würde Er, „das wahre Licht, das jeden Menschen erleuchtet" (Joh 1,9), ausfallen, käme es zur allergrößten Katastrophe der Menschheit. Ein Stromausfall oder ein Sonnenlichtausfall wäre nichts dagegen. Ohne Christus, das Licht der Welt, würde unser Leben für immer ausgelöscht, aber mit ihm gelangen wir zum ewigen Licht. Christus ist das Wort Gottes, der wahre und einzige Logos, der unser Leben logisch, sinnvoll, lichtvoll macht.

„HÖCHSTES GUT?"

„Gesundheit – höchstes Gut?", so lautete das Leitthema einer „Woche für das Leben", die auf Initiative der katholischen Deutschen Bischofskonferenz und der evangelischen Kirche in Deutschland zurückgeht.

Gesundheit ist ein zentrales Element, wenn nicht der entscheidende Faktor menschlichen Wohlbefindens. Sagt nicht der Volksmund: „Gesundheit ist das größte Kapital"? „Hauptsache gesund" heißt denn auch der Titel einer ganzen Fernsehserie. Viele Menschen machen die Gesundheit zur Maxime ihres Lebens, mitunter stilisieren sie jene sogar zu einer religiösen Lebensphilosophie hoch. Nicht von ungefähr melden Wellnesscenter und Fitnessstudios Hochkonjunktur. Gesundheit, Jugendlichkeit und Schönheit haben so etwas wie Kultstatus.

Dank einer effizienten modernen medizinischen Versorgung ist inzwischen ein hoher Gesundheitsstandard erreicht worden mit der erfreulichen Konsequenz, dass die Menschen immer älter werden. Dennoch haben die Ärzte nicht alle Krankheiten im Griff. So klammern sich viele Schwerkranke an von der Forschung in Aussicht gestellte Heilungschancen. Von der embryonalen Stammzellenforschung erhofft man sich z.B. die Überwindung von Alzheimer und Parkinson. Allerdings wurde bis heute kein einziger Beweis erbracht dafür, dass nur embryonale Stammzellen (zu deren Gewinnung übrigens ein menschliches Leben getötet und damit Leben gegen Leben ausgespielt wird) den angeblichen Erfolg bringen. Von der Präimplantationsdiagnostik (PID) erwartet man eine Reduzierung von Geburten mit Behinderungen oder von Fehlgeburten und nimmt dabei eine Selektion, eine Auswahl von lebenswerten und lebensunwerten Embryonen, in Kauf. Ferner: Vom Klonen verspricht man sich eine ständige Verlängerung beziehungsweise Erneuerung des Daseins oder eine Verewigung der Jugend. Bio- und Gentechnik jagen dem Phantom eines „homo perfectus" nach, eines vollkommenen Menschen, der körperlich und geistig absolut „spitze" ist, ausgestattet mit einer optimalen physischen Konstitution sowie einem maximalen Intelligenzquotienten. Forschungsvorhaben dieserart suggerieren die Illusion einer demnächst völlig leidlosen Gesellschaft, ohne physische, psychische und mentale Gebrechen.

Solche Projekte lassen sich von einem Menschenbild leiten, bei dem Wohlgefühl und exzessiver Jugendwahn als Leitlinien dominieren und das vorwiegend durch folgende Attribute und Merkmale charakterisiert ist: Gesund, fit, jung, schön, attraktiv. In diesem Kriteriensystem haben Kranke, Gebrechliche, Behinderte und Alte keine Chance.

Gesundheit ist ein hohes Gut; es stellt sich jedoch die Frage, ob sie das höchste Gut, das Maximum schlechthin ist. Gesundheit zum höchsten Kriterium eines gelungenen und erfüllten Lebens zu deklarieren, bleibt fragwürdig. Es gibt viele Kranke, die ein sinnvolleres Leben führen als so manche(r) Gesunde. Krankheiten wird es immer geben trotz Fitness, Sport, gesunder Ernährung, Biovital oder anderer lebenserhaltender und – regenerierender Mittel und Maßnahmen; und wenn die eine Krankheit besiegt ist, folgt die nächste. Entscheidend ist, dass auch die Kranken und Gebrechlichen einen Platz in unserer Gesellschaft haben und nicht an deren Rand gedrängt werden.

Hinter dem Bemühen um Gesundheit steckt die uralte Sehnsucht der Menschheit nach einem dauerhaften Leben. Diese Sehnsucht ist schon unter biologischem Aspekt innerweltlich nicht zu stillen. Sie kann nur erfüllt werden durch den auferstandenen Christus, der uns nicht irgendein, sondern das neue, eigentliche, ewige Leben schenkt, über das der Tod keine Macht mehr hat (vgl. Röm 6,9). Christus ist „das Leben" (Joh 14,6). Er hat uns eine heile Welt versprochen: „Der Tod wird nicht mehr sein, keine Trauer, keine Klage, keine Mühsal. Denn was früher war, ist vergangen" (Offb 21,4). Und diese heile Welt ist keine Utopie mehr, sondern schon Realität, weil sie im Auferstandenen bereits begonnen hat. Er ist nicht nur gekommen, Kranke gesund zu machen (vgl. Mt 4,23: Er „heilte im Volk alle Krankheiten und Leiden"), vielmehr will er jedem Menschen das endgültige Heil schenken, indem er sogar vom Tode heilt. Diese selbst den Tod besiegende Liebe des Heilandes erweist sich als das höchste Gut.

ÖSTERLICHE BUSSZEIT

Kreuz von San Damiano; 11./12. Jh.; Basilica di Santa Chiara, Assisi

FASTENZEIT

Mit dem Aschermittwoch beginnt die Quadragesima: Die vierzigtägige Fastenzeit, auch österliche Bußzeit genannt. Jesus sagt: „Wenn ihr fastet, macht kein finsteres Gesicht wie die Heuchler. Sie geben sich ein trübseliges Aussehen, damit die Leute merken, dass sie fasten" (Mt 6,16). Wohlgemerkt: Hier wird nicht das Fasten als solches infrage gestellt. Es gehört zum Grundverhalten aller, die Gott ernstnehmen, seien sie Juden, Hindus, Moslems oder Christen.

Fasten ist für viele ein Begriff aus der Mottenkiste antiquierter, überholter Moral- und Askesevorstellungen, die nicht mehr in die heutige Zeit passen. Fasten ist allenfalls dann up to date, wenn es medizinisch verordnet wird zur Verbesserung der physischen Verfassung, oder wenn man sich aus kosmetischer Motivation einer Schlankheitskur unterzieht.

Fasten im ursprünglichen Sinn ist ein unentbehrlicher Schlüssel zur Überwindung des Bösen in uns und um uns her. Es ist der Weg zur Gewinnung der inneren Freiheit und zum Freiwerden für andere. Was der hl. Pfarrer von Ars einem resignierenden Mitbruder mit auf den Weg gegeben hat, bleibt aktuell: „Es genügt nicht, zu predigen und Vereine zu gründen. Haben Sie schon gefastet für Ihre Gemeinde?" Eine Frage an uns alle!

Papst Johannes Paul II. sagt dazu: „Das Fasten ist ein unersetzliches Training, um in den Wettkämpfen des Geistes den Sieg davonzutragen". Fasten bietet die Möglichkeit zu einem geistigen Konditionstraining, um den Grad an innerer Freiheit zu testen. Wer bewusst und freiwillig auf eine Sache verzichtet, die er sich eigentlich erlauben dürfte, stärkt seine Willenskraft und wird so innerlich frei. Wir sind ja in vielerlei Hinsicht Sklaven der Speisekarte dieser Welt und Gewohnheitskonsumenten geworden – davon loszukommen, fällt oft schwer. Hier ist hartes Training gefordert. Goethe sagt: „Nur der Verzicht bringt Frieden".

Fasten ist also kein Selbstzweck; es geht dabei auch nicht um pharisäische Beachtung bestimmter Paragraphen und Vorschriften, sondern um Freiwerden vom Egoismus. Fasten heißt: Absehen von sich selbst; Fasten ist ein anderes Wort für selbstlose Liebe. Beim Propheten Jesaja lesen wir: „Ist das ein Fasten, wie ich es liebe, ein Tag, an dem man sich der Buße unterzieht: wenn man den Kopf hängen lässt, so wie eine Binse sich neigt, wenn man sich mit Sack und Asche bedeckt? ... Nein, das ist ein Fasten, wie ich es liebe: die Fesseln des Unrechts zu lösen, die Stricke des Jochs zu entfernen, die Versklavten freizulassen, jedes Joch zu zerbrechen, an die Hungrigen dein Brot auszuteilen, die obdachlosen Armen ins Haus aufzunehmen, wenn du einen Nackten siehst, ihn zu bekleiden und dich deinen Verwandten nicht zu entziehen" (Jes 58, 5-7). Wenn dem so ist, dann trägt das Fasten nicht das einseitige Gesicht eines Freitagsopfers (kein Fleisch zu essen, obwohl Fisch schmackhafter als Fleisch sein kann); dann hat Fasten so viele Gesichter wie es Menschen gibt, die auf unsere Liebe warten.

KEHRUM!

„Kehrt um, und glaubt an das Evangelium!"(Mk 1,15) – diese Worte stellt Jesus an den Anfang seiner Verkündigung. Sein Aufruf steht als Losungswort über der gesamten Fastenzeit beziehungsweise Österlichen Bußzeit, die am Aschermittwoch beginnt. Im griechischen Text lautet der Imperativ: Metanoeite. Das Wort heißt wörtlich übersetzt: Ändert euren Sinn; ändert total eure Meinung über euch selbst; im weiteren Sinne könnte man auch sagen: Erkennt, was danach ist, was nach diesem irdischen Leben kommt, was dahinter ist, was hinter der vergänglichen Welt liegt. Insofern erlangt der Aufruf die Bedeutung: Erkennet das Ziel! Jesus ermahnt den sündigen Menschen, der sich von Gott abgesondert hat(Sünde leitet sich ab von Ab-sondern), das eigentliche Ziel seines Lebens neu ins Auge zu fassen, sich auf seine ewige Bestimmung zu besinnen und danach auszurichten.

Es geht bei der Umkehr also nicht nur um die Abkehr vom Bösen, sondern um die bewusste Hinkehr zu Gott als Ursprung und Ziel unseres Lebens. Umkehr hat demnach sowohl eine moralische Komponente(Reue über die Sünden und entsprechende Buße) als auch einen perspektivischen Aspekt: Sie zielt nämlich auf eine Neupositionierung in der Lebensgestaltung. Jesus will den Sünder zur Heimkehr zu Gott bewegen: „Weißt du nicht, dass Gottes Güte dich zur Umkehr treibt?"(Röm 2,4).

Heimkehren kann aber nur jemand, der spürt, dass er seine Heimat verlassen, der Heimweh nach seiner Herkunft, seinem Zuhause hat wie der verlorene Sohn, der zu seinem Vater zurückkehrt(vgl. Lk 15,11-32).

Appelle zur Umkehr finden sich in der Bibel allenthalben, u.a. hier: „Denk daran, Jakob, und du, Israel, dass du mein Knecht bist. Ich habe dich geschaffen, du bist mein Knecht; Israel, ich vergesse dich nicht. Ich fege deine Vergehen hinweg wie ein Wolke und deine Sünden wie Nebel. Kehr um zu mir; denn ich erlöse dich"(Jes 44,21.22); „Kehr zurück, Israel"(Jer 3,12); „Kehrt um zu mir…, dann kehre ich um zu euch"(Sach 1,3; vgl. Dtn 30,2-3a); „Kehrt doch um von euren heillosen Wegen und von euren heillosen Taten"(Sach 1,4); „Kehrt um, wendet euch ab von all euren Vergehen! … Kehrt um, damit ihr am Leben bleibt"(Ez 18,30.32); „Mach also Ernst und kehr um!"(Offb 3,19).

„Kehrum" heißt ein Dorf in meiner Heimat am Niederrhein; aber mehr noch als der Name einer Gemeinde ist „Kehrum" ein bibeltheologischer Imperativ: Kehrum zu Gott! Umkehr aber setzt Einkehr voraus: Einkehr bei sich selbst, Nachdenken über sich selbst und über das Verhältnis zu Gott und den Mitmenschen. Wer ehrlich sein Gewissen erforscht, jeden Abend eine geistige „Tagesschau" ansieht, das heißt den vergangenen Tag Revue passieren lässt und über das reflektiert, was er getan oder auch nicht getan hat, der wird registrieren, dass manches einer Revision und Kurskorrektur bedarf.

Unser Leben braucht Neuausrichtung und Neuorientierung, sonst wird es zu einer Fahrt ins Blaue. „Quidquid agis, prudenter agas, et respice finem" – lautet ein alter Weisheitsspruch: Was immer du tust, handle klug und bedenke das Ende/Ziel. Christus ist „das Alpha und das Omega, der Erste und der Letzte, der Anfang und das Ende"(Offb 12,13). Wenn wir ihn in den Blick nehmen, ihn als unser letztes Ziel erkennen und an-erkennen, dann wird unsere Umkehr nicht im Gericht enden: „Denn Gott hat uns nicht für das Gericht seines Zorns bestimmt, sondern dafür, dass wir durch Jesus Christus, unseren Herrn, das Heil erlangen"(1 Thess 5,9).

Manchmal kämen wir weiter, wenn wir umkehrten.

ZWISCHEN ASCHERMITTWOCH UND OSTERN

Das, was uns am Aschermittwoch bei der Austeilung des Aschenkreuzes gesagt wird, ist alles andere als eine frohe Botschaft: „Bedenke, Mensch, dass du Staub bist und zum Staub zurückkehrst". Wen kann das schon erfreuen, ein „Pulvis-wesen" (pulvis = Staub), eine staubige Existenz zu sein? Wenn der Mensch nur ein staubiges Wesen ist, das den „Staub des Todes" (Ps 22,16) in sich trägt, dann hat der Psalmist recht: „Was ist der Mensch, dass du an ihn denkst, des Menschen Kind, dass du dich seiner annimmst?" (Ps 8,5); „Herr, was ist der Mensch, dass du dich um ihn kümmerst, des Menschen Kind, dass du es beachtest? Der Mensch gleicht einem Hauch, seine Tage sind wie ein flüchtiger Schatten" (Ps 144,3.4). Und im Buch Kohelet heißt es: „Was die einzelnen Menschen angeht, dachte ich mir, dass Gott sie herausgegriffen hat und dass sie selbst (daraus)erkennen müssen, dass sie eigentlich Tiere sind. Denn jeder Mensch unterliegt dem Geschick und auch die Tiere unterliegen dem Geschick. Sie haben ein und dasselbe Geschick. Wie diese sterben, so sterben jene. Beide haben ein und denselben Atem. Einen Vorteil des Menschen gegenüber dem Tier gibt es da nicht. Beide sind Windhauch. Beide gehen an ein und denselben Ort. Beide sind aus Staub entstanden, beide kehren zum Staub zurück" (Koh 3,18-20). Schon in der Schöpfungsgeschichte wird der Mensch so negativ charakterisiert: „Staub bist du, zum Staub musst du zurück" (Gen 3,19). Allenthalben ist davon die Rede: „Du lässt die Menschen zurückkehren zum Staub und sprichst: Kommt wieder, ihr Menschen" (90,3; vgl. Ijob 10,9; 34,15); „Denn er weiß, was wir für Gebilde sind; er denkt daran: Wir sind nur Staub. Des Menschen Tage sind wie Gras, er blüht wie die Blume des Feldes. Fährt der Wind darüber, ist sie dahin; der Ort, wo sie stand, weiß von ihr nichts mehr" (Ps 103,14-16); „Alle Menschen sind aus Lehm geformt, aus Staub ist der Mensch gemacht" (Sir 33,10); „Er warf mich in den Lehm, sodass ich Staub und Asche gleiche" (Ijob 30,19). Wird in all diesen Aussagen nicht ein pessimistisches, ja geradezu materialistisches Menschenbild gezeichnet? Was da „menscht", ist ein armseliges, hinfälliges, gebrechliches, staubiges, sterbliches Wesen.

Andererseits sagt die Schrift aber auch: „Dann sprach Gott: Lasst uns Menschen machen als unser Abbild, uns ähnlich... Gott schuf also den Menschen als sein Abbild; als Abbild Gottes schuf er ihn" (Gen 1,26f). Und derselbe Psalmist, der den Menschen als ein hin- und anfälliges Geschöpf bezeichnet (vgl. Ps 8,5: „Was ist der Mensch, dass du an ihn denkst?"), überschüttet dieses Wesen mit Lob und Ehre: „Du hast ihn nur wenig geringer gemacht als Gott, hast ihn mit Herrlichkeit und Ehre gekrönt. Du hast ihn als Herrscher eingesetzt über das Werk deiner Hände, hast ihm alles zu Füßen gelegt: All die Schafe, Ziegen und Rinder und auch die wilden Tiere, die Vögel des Himmels und die Fische im Meer, alles, was auf den Pfaden der Meere dahinzieht" (Ps 8,6-9).

Zwiespältiger lässt sich der Mensch nicht beschreiben. Er ist Gott unähnlich und ähnlich zugleich: Unähnlich, weil ein gebrechliches, staubiges und sterbliches Geschöpf; ähnlich, weil eine Geistperson, die nach dem Bild Gottes geschaffen ist und den Lebensatem Gottes in sich trägt (vgl. Gen 2,7). Als leib/seelisch/geistiges Wesen ist der Mensch trotz aller Gebrechlichkeit das Topexemplar der Schöpfung.

Erst recht mit Blick auf Ostern darf man bei der Feststellung der Gebrechlichkeit, Sterblichkeit und staubigen Existenz des Menschen nicht stehen bleiben. Von der Auferstehung Jesu her fällt Licht auf die Situation des sterblichen Menschen. Da Jesus den Tod für uns überwunden (vgl. 2 Kor 5,15) und den Staub des Todes weggewischt hat, ist die vergängliche, hinfällige Daseinsweise nur eine Durchgangsstation. Wer die deprimierende Botschaft vom Staub- und Sterblichsein des Menschen isoliert betrachtet, überhört die frohe Botschaft von der Auferstehung. Spannen wir also einen Bogen von Aschermittwoch zu Ostern.

HEILIGE WOCHE – KARWOCHE

Chagall, Marc; Der Gottesknecht Christus; © VG Bild-Kunst, Bonn 2011

PASSION

Dieses Wort charakterisiert die Karwoche, die ganz im Zeichen des Leidens und Sterbens Christi steht.

Für viele Menschen sind Kreuz und Leid paradoxe Phänomene und absurde Dinge. Sie sehen in dem Gekreuzigten „ein empörendes Ärgernis, ... eine Torheit" (1 Kor 1,23), vor allem dann, wenn sie selbst mit dem Kreuz konfrontiert werden. Jedes Leben wird ja irgendwo, irgendwie, irgendwann „angekreuzt", sei es durch das Kreuz einer Krankheit und Gebrechlichkeit, das Kreuz der Einsamkeit, Verlassenheit und Enttäuschung, das Kreuz des Todes oder durch die vielen Krisenkreuze: Ehekrisen, Berufskrisen, Midlifekrisen etc.

Fallen die Schatten des Kreuzes auf uns, setzen wir Gott sehr schnell auf die Anklagebank, ziehen ihn in ein Kreuzverhör und fragen ihn: Warum? Weshalb gibst du uns manchmal so schwierige „Kreuzworträtsel" auf? Hättest du nicht intervenieren können, um dieses oder jenes Schicksal zu verhindern? Der Prophet Habakuk scheint im Angesicht des Unheils Gott nur in der Zuschauerrolle zu sehen, wenn er klagt: „Deine Augen sind zu rein, um Böses mit anzusehen, du kannst der Unterdrückung nicht zusehen. Warum siehst du also den Bösen und Treulosen zu und schweigst, wenn der Ruchlose den Gerechten verschlingt?" (Hab 1,13). In der Klage des Propheten artikuliert sich die uralte Frage nach Gottes Verhalten, wenn Leid und Schmerz, Unglück und Tod die Menschen überrollen. Warum, „lieber Gott", lässt du so viel Leid zu? Die Frage geht noch weiter: Hättest du nicht eine Welt ohne Leid, einen Kosmos ohne Kreuz erschaffen können? An den Schmerzgrenzen des Lebens gerät die Beziehung zwischen Gott und Mensch ins Straucheln.

Zugegeben: Die Frage nach dem Leid ist eine der härtesten Nüsse, die Theologen zu knacken haben. Sie lässt sich letztlich nicht adäquat beantworten, selbst nicht mit diesem Argument: Wenn Gott die Welt erschaffen hat, dann muss auch das Leid – wie auch immer – einen letzten Sinn haben. Es bleiben zu viele „Aktenzeichen XY ... ungelöst". Bezüglich der Leidfrage sagte einmal Romano Guardini: „Dies wird die erste Frage sein, die ich Gott stellen werde, wenn ich bei ihm ankomme". Aber selbst Jesus hat hierzu nur Fragen: „Mein Gott, mein Gott, warum hast du mich verlassen?" (Mt 27,46) oder die andere: „Musste nicht der Messias all das erleiden, um so in seine Herrlichkeit zu gelangen?" (Lk 24,26). Er gibt keine Antwort, aber er *ist* die Antwort. Er gibt sie nicht mit Worten, sondern in der Tat: Gott bleibt nicht im Abseits als teilnahmsloser, neutraler Beobachter menschlichen Leidens. Gott hat im Leiden und Sterben seines Mensch gewordenen Sohnes selbst gelitten; er hat das Leid am eigenen Leibe, hautnah erfahren. Gott geht also nicht auf Distanz zum Leid, im Gegenteil: Er ist im wahrsten Sinne des Wortes ein sympathetischer: mitleidender, mitempfindender, mitfühlender Gott geworden: „Wir haben ja nicht einen Hohenpriester, der nicht mitfühlen könnte" (Hebr 4,15). Dabei ist sogar von einer Konvenienz des Leides die Rede: „Es war nämlich Gottes gnädiger Wille, dass er für alle den Tod erlitt. Denn es war angemessen, dass Gott, für den und durch den das All ist und der viele Söhne (und Töchter) zur Herrlichkeit führen wollte, den Urheber ihres Heils durch Leiden vollendete" (Hebr 2, 9.10); „Obwohl er der Sohn war, hat er durch Leiden den Gehorsam gelernt; zur Vollendung gelangt, ist er für alle, die ihm gehorchen, der Urheber des ewigen Heils geworden" (Hebr 5, 8.9). So gibt es also doch noch eine Antwort auf die Frage nach dem Leid: Gott lässt uns im Leiden und Sterben nicht allein. Ist das nicht tröstlich? Freilich löst das nicht die Frage, weshalb es überhaupt Leid gibt, wohl aber die Frage, wie Gott zum Leid steht, nämlich: Er leidet *mit*.

Es gibt keine Religion außer der christlichen, die einen leidenden Gott verkündet. Wie kann dann in einer Talkshow behauptet werden: „Das Christentum sagt nichts Neues". Dass ein Gott leidet – und zwar freiwillig (!) – um das Heil der universalen Mensch-

Geheiligt werde dein Name; Christel Holl, Rastatt; 2002; Beuroner Kunstverlag

sus hat sich keiner Tricks bedient, als ob er kraft seiner Gottheit die Schmerzen ausgeschaltet, eliminiert und nicht empfunden hätte. Er hat die ihm zugefügten Leiden und Wunden wirklich gespürt und seine Gottheit nicht gegen seine Menschheit ausgespielt; denn „obwohl er Gott gleich war, hielt er nicht daran fest, wie Gott zu sein, sondern er entäußerte sich und wurde wie ein Sklave und den Menschen gleich. Sein Leben war das eines Menschen; er erniedrigte sich und war gehorsam bis zum Tod, bis zum Tod am Kreuz" (Phil 2,6-8). Jesus Christus hat *wirklich* gelitten.

Vergessen wir aber eines nicht: Das Kreuz ist nur eine Durchgangsstation. Weil Gottes Sohn durch Leiden und Tod hindurchgegangen ist und den Tod sieghaft überwunden hat, gibt es auch eine Wiederkehr vom Tod, eine Auferstehung der Toten. Deshalb ist das Kreuz nicht nur ein Denkmal des Leidens, ein Dokument der Erniedrigung und Ohnmacht, sondern auch und weit mehr ein Symbol des Sieges. Durch Leiden, Kreuzestod und Auferstehung hat Jesus „die Schlüssel zum Tod" (Offb 1,18) erhalten, uns aus dem Gefängnis des ewigen Todes befreit und so das Heaven's Gate, das Himmelstor, aufgeschlossen.

heit willen, ist ein noch nie dagewesener Tatbestand, ein absolutes Novum, ein religionsgeschichtliches Unikat, ein einmaliger Vorgang.

Übrigens: Das Leiden des Mensch gewordenen Gottessohnes war eine *Real*passion: Ein wirkliches Leiden, kein Scheinleiden, keine Pseudopassion. Je-

PASSION

Das Kreuz ist zum Symbol des christlichen Glaubens geworden. Tragen wir es nicht nur als Amulett oder sonstige Dekoration, sondern als Monitor, der uns daran erinnern soll, was Gott für uns getan hat, als er am Kreuze starb. Halten wir das Kreuz hoch in Ehren und schämen wir uns seiner nicht. Fußballspieler, die sich vor dem Spiel bekreuzigen, verdienen Respekt. Den Segen von oben zu holen ist allemal besser als beispielsweise auf das Maskottchen des 1. FC. Köln, einen Geißbock, zu setzen.

Verehren wir mit der Kirche das Kreuz: „O crux ave, spes unica": O heiliges Kreuz, sei gegrüßt, du einzige Hoffnung! Beten wir mit der Kirche: „Herr, unser Gott, im Ärgernis des Kreuzes hast du deine unerforschliche Weisheit kundgetan. Lass uns die verborgene Herrlichkeit des Leidens Christi erkennen, damit wir niemals an seinem Kreuz irre werden, sondern allezeit uns im Kreuze rühmen" (Oration zur Vesper am Freitag der 2. Woche des Stundengebetes). Um mit Leid und Schmerz in all ihren Variationen fertig zu werden, hilft das zuversichtliche Gebet: „Im rechten Gebet schmelzen die Schmerzen wie Schnee in der Sonne" (Hl. Johannes Maria Vianney, Pfarrer von Ars).

Wenn wir mit Kreuz und Leid konfrontiert werden, lasst uns „auf Jesus blicken, den Urheber und Vollender des Glaubens; er hat angesichts der vor ihm liegenden Freude das Kreuz auf sich genommen, ohne auf die Schande zu achten, und sich zur Rechten von Gottes Thron gesetzt" (Hebr 12,2). Darum sagt Paulus: „Ich bin überzeugt, dass die Leiden der gegenwärtigen Zeit nichts bedeuten im Vergleich zu der Herrlichkeit, die an uns offenbar werden soll" (Röm 8,18); „Denn die kleine Last unserer gegenwärtigen Not schafft uns in maßlosem Übermaß ein ewiges Gewicht an Herrlichkeit" (2 Kor 4,17).

Mag uns der Sinn des Leids verborgen bleiben, letztlich offenbart sich das Kreuz als ein Zeichen des Triumphes.

ZWEI PASSIONEN

Mit dem Palmsonntag beginnt die Karwoche, in der wir des Leidens und Sterbens Christi, des Mensch gewordenen Gottessohnes, gedenken.

Johann Sebastian Bach hat die Leidensgeschichte Jesu in zwei großen musikalischen Kompositionen interpretiert. Im Mittelpunkt der *Matthäuspassion* steht der leidende, geschlagene, erniedrigte Messias crucis (Messias des Kreuzes). Schon der Eingangschor stellt den gekreuzigten Christus vor Augen: „Kommt, ihr Töchter, helft mir klagen. Seht ihn wie ein Lamm ... Sehet ihn aus Lieb und Huld Holz zum Kreuze selber tragen". Die letzten Worte des Christus des Kreuzes lauten: „Gott, mein Gott, warum hast du mich verlassen?". Die Leidens- und Klagelieder gipfeln in dem Schlusschor: „Wir setzen uns mit Tränen nieder".

Demgegenüber setzt die *Johannespassion* einen völlig anderen Akzent, der bereits im Eingangschor hörbar wird: „Herr, unser Herrscher, dessen Ruhm in allen Landen herrlich ist. Zeig uns durch deine Passion, dass du zu aller Zeit, auch in der größten Niedrigkeit, verherrlicht worden bist". Der Jesus der Leidensgeschichte nach dem Evangelisten Johannes bleibt auch in der Passion das erhabene, unantastbare, unangreifbare göttliche Wort. Diese Souveränität des Gottessohnes wird schon in der Verhaftungsszene transparent. Jesus fragt die Häscher: „Wen sucht ihr? Sie antworteten ihm: Jesus von Nazaret. Er sagte zu ihnen: Ich bin es. Da wichen sie zurück und fielen zu Boden" (Joh 18,4-6). Den majestätischen Sohn Gottes kann man nicht so ohne weiteres anpacken und gefangen nehmen. Die Soldaten fallen um. Der Komponist setzt dieses Umfallen in herrliche Kadenzen (cadere = fallen) um. Auch in allen anderen Phasen der Passion manifestiert sich die Erhabenheit des Leidenden. So gleicht die Kreuzigungsszene einer einzigen Erhöhung und Inthronisation: „Sie kreuzigten ihn und mit ihm zwei andere, auf jeder Seite einen, in der Mitte Jesus" (Joh 19,18). Die Mitgekreuzigten fungieren sozusagen als Thronassistenten des im Zentrum aufgerichteten und erhöhten Christkönigs. Charakteristisch für diesen sieghaft Leidenden sind seine letzten Worte: „Es ist vollbracht". Bach widmet diesem Wort eigens eine Arie: „Der Held aus Juda siegt mit Macht". Die Johannespassion verifiziert eindrucksvoll Jesu Wort: „Niemand entreißt es (mein Leben) mir, sondern ich gebe es aus freiem Willen hin. Ich habe Macht, es hinzugeben, und ich habe Macht, es wieder zu nehmen" (Joh 10,18).

Triumph des Kreuzes; Apsismosaik (Detail) 12. Jh.; Basilica di San Clemente, Roma; Buch- & Kunstverlag Maria Laach, Nr. 4408

Auf solche Weise erhalten Leiden und Sterben Jesu zwei völlig verschiedene musikalische Interpretationen, die aber beide ganz und gar legitim sind. Die Matthäuspassion sagt uns: Gott hat als Mensch wahrhaft gelitten und ist wirklich gestorben. Dies ist von größter existenzieller Bedeutung für alle, die mit Leid und Tod konfrontiert werden. Gott lässt uns in Leid und Tod nicht allein; vielmehr leidet er mit. Gott ist im wahrsten Sinne des Wortes ein sympathetischer: mitleidender, mitfühlender Gott. Neben der Verkündigung der Passion Jesu erklingt aber auch eine andere Botschaft, und die kommt in der Johannespassion zu Gehör: Jesus hat das Leiden sieghaft überwunden und im Tode triumphiert. Leid ist nie nur Leid, sondern anfängliche Herrlichkeit. Die Qualen des Leidens sind die Initialen der Verherrlichung. Jesus selbst hat sein Leiden und Sterben als Verherrlichung definiert. Unmittelbar vor seiner Passion spricht er: „Vater, die Stunde ist da. Verherrliche deinen Sohn" (Joh 17,1; vgl. 12,23); seine Kreuzigung versteht er als Erhöhung: „Und ich, wenn ich über die Erde erhöht bin, werde alle zu mir ziehen. Das sagte er, um anzudeuten, auf welche Weise er sterben werde" (Joh 12,32.33). Für Jesus sind Leiden und Tod Synonyme für Erhöhung und Verherrlichung. Passion ist gleichbedeutend mit Glorifikation. Von daher ist jeder Schmerz schon vom Triumph Jesu gekennzeichnet. Zwei grandiose Passionen.

„DEUTSCHLAND SUCHT DEN SUPERSTAR"

(GRÜNDONNERSTAG)

Fußwaschung; Evangeliar Ottos III., Reichenau; um 1000; Bayerische Staatsbibliothek, München

Dieses Thema war und ist der Dauerbrenner eines bestimmten Fernsehkanals. Die Jagd nach einem Spitzenplatz im Showgeschäft hat Hochkonjunktur. Tausende träumen davon, eines Tages ein Star oder zumindest ein Sternchen zu werden, einmal ganz oben, im Rampenlicht der Medien zu stehen, Karriere zu machen.

Aufsteigen – so lautet heute die Devise auf allen Ebenen des privaten und öffentlichen Lebens. Das Buch von Heinz Fallada mit dem Titel „Ein Mann will nach oben" spricht Bände. Selbst die Apostel waren nicht immun gegen das Virus der Profilierungssucht. Vom Gerangel um die Nummer Eins ist nicht nur einmal die Rede (vgl. Mk 9,33-37; Mt 18,1-5; Lk 9,46-48; 22,24). Jesu Verhalten hingegen steht in diametralem Gegensatz zu solchen Ambitionen, es markiert den großen Kontrapunkt zum Aufstiegsdenken: „Er war Gott gleich, hielt aber nicht daran fest, wie Gott zu sein, sondern er entäußerte sich und wurde wie ein Sklave und den Menschen gleich. Sein Leben war das eines Menschen, er erniedrigte sich und war gehorsam bis zum Tod, bis zum Tod am Kreuz" (Phil 2, 6-8). Das ist die Antwort Gottes auf das Streben des ersten Menschen nach Gottgleichheit (vgl. Gen 3,5). Der Mensch will wie Gott sein, Gott will wie ein Mensch sein. Der Mensch will Schöpfer werden und sich zum Herrn über Leben und Tod, über Lebensanfang und Lebensende machen (siehe die diversen Gentests), Gott hingegen macht sich zu einem gebrechlichen und sterblichen Geschöpf. Der Mensch macht sich groß, Gott macht sich klein. Der Hybris, dem Stolz des ersten Adam, setzt Christus, der zweite Adam, die Kenosis (wörtlich: Entleerung), Demut entgegen. Diese Selbsterniedrigung ist die Reaktion Gottes auf alle Selbstverabsolutierung und Selbstverherrlichung des Menschen, auf dessen Sucht nach autonomer Existenz und Erstplatzierung.

Christus, der Knecht Gottes, ruft uns zu: „Wer bei euch groß sein will, der soll euer Diener sein, und wer bei euch der Erste sein will, soll der Sklave aller sein. Denn auch der Menschensohn ist nicht gekommen, um sich dienen zu lassen, sondern um zu dienen ..." (Mk 10,43-45). Er selbst leistet sogar Sklavendienste an den Menschen und gibt ihnen ein Beispiel, indem er seinen Freunden die Füße wäscht. Daraus folgt die Mahnung des Apostels Petrus: „Dient einander als gute Verwalter der vielfältigen Gnade Gottes, jeder mit der Gabe, die er empfangen hat" (1 Petr 4,10). „Eine Kirche, die nicht dient, dient zu nichts", sagte der französische Bischof Gaillot. Der Papst trägt den Ehrentitel: „Servus servorum": Knecht der Knechte. Seit jüngster Zeit versuchen die Päpste, wenigstens zeichenhaft diesem Titel gerecht zu werden, indem sie jeweils am Gründonnerstag den Armen der Stadt Rom eine Suppe reichen; aber viel zu oft im Laufe der Kirchengeschichte war „Servus servorum" leider nur ein Titel, der nicht in die Praxis umgesetzt worden ist. Die Kirche kann ihre Glaubwürdigkeit nur dann wiedergewinnen, wenn sie sich auf die unaufgebbare Einheit von Eucharistie und Caritas, von Liturgie und Diakonie, Gottesdienst und Dienst am Menschen neu besinnt.

Christi Karriere war Dienst am Menschen. Der Begriff „Karriere" leitet sich ab vom lateinischen „carrus", zu Deutsch: Wagen. Mit Jesus Karriere machen heißt: Wie ein Wagen die Lasten anderer auf sich zu laden, andere mitzutragen entsprechend dem Pauluswort: „Einer trage des anderen Last" (Gal 6,2). Mit Jesus Karriere machen bedeutet: Sich nicht auf Kosten anderer zu profilieren, indem wir diese vor unseren Karren spannen, sondern anderen, die festsitzen, zu helfen, ihren Karren aus dem Dreck zu ziehen. Mit Jesus Karriere machen besagt, sich nicht aufs hohe Ross zu setzen, sondern von diesem herunterzukommen.

Karriere im Reiche Gottes machen die so genannten „Stillen im Lande". Es sind diejenigen, die sich uneigennützig für die Mitmenschen einsetzen, ohne dies an die große Glocke zu hängen, ohne viel Aufhebens davon zu machen, ohne dabei auf Honorierung zu spekulieren. Nur ein solches soziales Engagement ist authentisch. Wie viel Eigenliebe, Drang nach Anerkennung und Ruhmsucht verbergen sich mitunter unter dem Deckmantel der Nächstenliebe! Manche tun nach außen hin Gutes, befinden sich dabei aber voll auf dem Egotrip. Was sagt Jesus: „Wenn du Almosen gibst, soll deine linke Hand nicht wissen, was deine rechte tut" (Mt 6,3).

Jesus Christus ist den Weg der Demut – das Wort führt sich zurück auf Dienmut = Mut zum Dienen – gegangen. Gerade dadurch, dass er sich erniedrigt und klein gemacht hat, ist er erhöht worden: „Er erniedrigte sich und war gehorsam bis zum Tod, bis zum Tod am Kreuz. – Darum hat ihn Gott über alle erhöht und ihm den Namen verliehen, der größer ist als alle Namen, damit alle im Himmel, auf der Erde und unter der Erde ihre Knie beugen vor dem Namen Jesu und jeder Mund bekennt: Jesus Christus ist der Herr – zur Ehre Gottes, des Vaters" (Phil 2,8-11). Durch seine am Kreuz gipfelnde Selbsterniedrigung ist er zum „Jesus Christ Superstar" geworden, wie ihn ein weltbekanntes Musical definiert. Diesen Superstar braucht man nicht mehr zu suchen.

OH HAPPY DAY

(KARFREITAG)

Chagall, Marc; Engel mit Opferlamm; © VG Bild-Kunstverlag, Bonn 2011

„Oh happy day" lautet der Titel eines weltbekannten afroamerikanischen Gospelsongs. Was kaum jemand weiß: Der Name dieses religiösen Liedes ist vom Geheimnis des Karfreitags inspiriert. Wie kann man aber einen Tag glücklich preisen, an dem Gottessohn am Kreuz gestorben ist? Nun, die Begründung folgt: Oh happy day when Jesus brought my sins away: Glücklich der Tag, an dem Jesus meine Sünden wegbrachte. Es ist ein Loblied auf „das Lamm Gottes, das die Sünde der Welt hinwegnimmt"(Joh 1,29). Da ist einer, der die Sündenschuld einer ganzen Welt trägt und sich für sie kreuzigen lässt.

In unserer Alibigesellschaft haben wir für alles und jedes Fehlverhalten eine Entschuldigung parat. Ja, es gibt einen regelrechten Exkulpierungstrend, einen Zug der Zeit, sich von Schuld(culpa) freizusprechen. Die Vorgehensweise hat Methode, Schuld haben immer nur die anderen: Elternhaus, Erziehung, erbgenetische Faktoren, Milieueinflüsse, Schule, Gesellschaft, Staat, Kirche. Wenn beispielsweise in der Fußballbundesliga der sportliche Erfolg ausbleibt, muss ein Sündenbock her, und der ist schnell gefunden, nämlich der Trainer, das schwächste Glied in der Vereinskette. So werden in schöner Regelmäßigkeit die Trainer geschasst. Was im Sport abläuft, geschieht tausendfach auf anderen Ebenen des öffentlichen Lebens, etwa in der Politik, wenn ein Minister, der versagt hat, seinen Staatssekretär als Bauernopfer in den einstweiligen Ruhestand versetzt. Es ist das sattsam bekannte Ritual, wie Pilatus seine eigenen Hände in Unschuld zu waschen und die Hypothek der Schuld auf andere abzuwälzen.

Im Zentrum des Karfreitags wird eine diametral entgegengesetzte Botschaft verkündet: Einen gibt es, der die Schuld nicht bei anderen ablädt, sondern bei sich selbst auflädt; der die Schuld nicht bei anderen sucht, vielmehr die ganze Last auf seine Schultern legt und wegschleppt. Er sucht keine Alibis, sondern springt für alle in die Bresche und nimmt alles auf seine Kappe: „Er wurde durchbohrt wegen unserer Verbrechen, wegen unserer Sünden zermalmt. Zu unserem Heil lag die Strafe auf ihm … Der Herr lud auf ihn die Schuld von uns allen. Wie ein Lamm, das man zum Schlachten führt, und wie ein Schaf angesichts seiner Scherer, so tat auch er seinen Mund nicht auf. Er wurde vom Land der Lebenden abgeschnitten und wegen der Verbrechen seines Volkes zu Tode getroffen. Bei den Ruchlosen gab man ihm sein Grab, bei den Verbrechern seine Ruhestätte, obwohl er kein Unrecht getan hat und kein trügerisches Wort in seinem Mund war. Doch der Herr fand Gefallen an seinem zerschlagenen (Knecht), er rettete den, der sein Leben als Sündopfer hingab ... Mein Knecht, der gerechte, macht die vielen gerecht; er lädt ihre Schuld auf sich ... Denn er trug die Sünden von vielen und trat für die Schuldigen ein" (Jes 53,5-12); „Er hat den Schuldschein, der gegen uns sprach, durchgestrichen und seine Forderungen, die uns anklagten, aufgehoben. Er hat ihn dadurch getilgt, dass er ihn an das Kreuz geheftet hat" (Kol 2,14). Wohlgemerkt: Das tut jemand – und das ist das Unerhörte und Unglaubliche –, der nichts verbrochen, der „keine Sünde begangen hat" (1 Petr 2,22). Obwohl er selbst nichts auf dem Kerbholz hatte, hat er „unsere Sünden mit seinem Leib auf das Holz des Kreuzes getragen" (1 Petr 2,24). Gott hat „den, der keine Sünde kannte, für uns zur Sünde gemacht" (2 Kor 5,21). Christus hat als Lamm Gottes die Altlasten unserer Sündenschuld auf sich geladen, damit wir entlastet vor Gott bestehen können.

Im alten Volk Israel wurde einmal im Jahr ein Bock ausgesucht, auf den das Volk alle seine Sünden abwälzen konnte. Dann jagte man den Sündenbock in die Wüste und fühlte sich so von Schuld befreit. Christus aber, das wahre Gotteslamm, trägt nicht nur die Sünden eines Volkes weg, sondern deportiert die moralischen Verfehlungen aller Menschen: „Er ist die Sühne für unsere Sünden, aber nicht nur für unsere Sünden, sondern auch für die der ganzen Welt" (1 Joh 2,2; vgl. Jes 53,6: „Der Herr lud auf ihn die Schuld von uns allen; siehe auch die Verse 11 und 12). Das Lamm Gottes ist die Mülldeponie, die den Abfall der gesamten sündigen Menschheit aufnimmt. Christus, der Sündenlose, hat sich zum Sündenbock der universalen Menschheit gemacht.

Dieser Tatbestand, dass der Sündenlose für die Sünden aller sühnt, ist ein Paradebeispiel für Solidarität, das seinesgleichen sucht. Der Sühnetod Jesu ist ein einmaliger, beispielloser Vorgang, ein religionsgeschichtliches Unikat. Er zählt zu den wichtigsten Glaubwürdigkeitskriterien der christlichen Religion. Gerade am Kreuzestod des für die Schuldigen sterbenden unschuldigen Gottessohnes lässt sich die Glaubwürdigkeit des Christentums festmachen. Wenn gefragt wird, weshalb man an den Gott der Christen glauben soll, so ist einer der entscheidenden Gründe, wenn nicht *das* entscheidende Motiv: Der Gott, den die Christen verehren, trägt selber die Schuld der Menschen. Diese Frohe Botschaft geht gerade vom Karfreitag aus und deshalb ist es mehr als legitim, diesen Tag einen glücklichen Tag zu nennen: Oh happy day, when Jesus brought my sins away.

WER SOLL DAS BEZAHLEN?

(KARFREITAG)

Alles ist käuflich, sagt man. Für Geld ist alles zu haben, mit Geld kann man sich alles erlauben und alle großen und kleinen Wünsche erfüllen: Schöne Häuser, schnelle Autos, schicke Mode, Traumreisen, Abwechslungen. Geld regiert die Welt.

Aber die Frage bleibt: Ist wirklich *alles* käuflich? Zum Beispiel die Gesundheit? „Was nützt es einem Menschen, wenn er die ganze Welt gewinnt, dabei aber sein Leben einbüßt?" (Mt 16,26). Was hat ein Steinreicher von seinem Vermögen, wenn er krank und bettlägerig ist? Nicht umsonst sagt der Volksmund: „Gesundheit ist das beste Kapital". Aber auch Gesunde müssen erkennen: Das letzte Hemd hat keine Taschen; man kann nichts mitnehmen. Dies wird auch durch die Schrift bestätigt: „Lass dich nicht beirren, wenn einer reich wird und die Pracht seines Hauses sich mehrt; denn im Tod nimmt er das alles nicht mit, seine Pracht steigt nicht mit ihm hinab" (Ps 49,17.18); „Denn wir haben nichts in die Welt mitgebracht, und wir können auch nichts aus ihr mitnehmen" (1 Tim 6,7).

Und „was nützt es einem Menschen, wenn er die ganze Welt gewinnt, dabei aber sein Leben einbüßt? Um welchen Preis kann ein Mensch sein Leben zurückkaufen?" (Mt 16,26). Wie kann er sich aus dem Tod freikaufen? Was kostet das Leben als solches? Hier handelt es sich um einen Preis, den keiner von uns – und wär er Multimillionär – zahlen kann. Es gibt keine Währung der Welt, keine Lebensversicherung, die das Leben als solches garantiert. Das Leben ist unbezahlbar. Wenn es um das Leben geht, sind wir alle, wie es in der Fachsprache der Banker heißt, insolvent: nicht flüssig, zahlungsunfähig. Da ist keiner von uns auf der Habenseite, da stehen wir alle im Soll.

Der Preis für das Leben ist für jeden von uns, ob arm oder reich, zu hoch: „Loskaufen kann doch keiner den andern noch an Gott für ihn ein Sühnegeld zahlen – für das Leben ist jeder Kaufpreis zu hoch –, damit er auf ewig weiterlebt und niemals das Grab schaut. Denn man sieht: Weise sterben; genauso gehen Tor und Narr zugrunde, sie müssen andern ihren Reichtum lassen ... Der Mensch bleibt nicht in seiner Pracht" (Ps 49,8-11.13). Auf einer Abbildung von vier Totenschädeln stand geschrieben: „Wer war der Tor, wer Weiser, wer Bettler und wer Kaiser?"

Chagall, Marc; Der Gottesknecht Christus;
© VG Bild-Kunstverlag, Bonn 2011

Aber Gott sei Dank haben wir einen Gläubiger: Jesus Christus. Er hat die große Lebensversicherung für uns abgeschlossen, allerdings nicht für das zeitliche Leben hier auf Erden, sondern für eine ewige Existenz im Himmel. Er hat das neue Leben mit dem Preis seines Lebens für uns erkauft: „Als aber die Zeit erfüllt war, sandte Gott seinen Sohn, geboren von einer Frau und dem Gesetz unterstellt, damit er die freikaufe, die unter dem Gesetz stehen, und damit wir die Sohnschaft erlangen" (Gal 4,4.5). Er hat uns, die wir Geiseln in der Hand des Todes waren, mit dem Lösegeld seines Lebensopfers freigekauft: „Denn der Menschensohn ist ... gekommen, um ... sein Leben hinzugeben als Lösegeld für viele" (Mk 10,45; vgl. Mt 20,28); „Er hat sich als Lösegeld hingegeben für alle" (1Tim 2,6), wie dies schon der Psalmist vorausgesagt hat: „Gott wird mich loskaufen aus dem Reich des Todes" (Ps 49,16).

Der gekreuzigte Christus ist der „Lösepreis der Welt" und „aller Sünden Lösegeld" (aus den Hymnen der Karwoche): „Ihr wisst, dass ihr ... nicht um einen vergänglichen Preis losgekauft wurdet, nicht um Silber oder Gold, sondern mit dem kostbaren Blut Christi" (1 Petr 1,18.19). Gottes Sohn ist unbezahlbar, weil er für uns bezahlt hat mit seinem Blut, dem großen, ja allergrößten Preis: „Um einen teuren Preis seid ihr erkauft worden" (1 Kor 6,20; 7,23). Weil *wir* den Preis für das wahre Leben nicht zahlen konnten, hat er, der das Leben selber ist (vgl. Joh 11,25), für uns geblutet mit dem Preis seines Lebens: „Daran haben wir die Liebe erkannt, dass Er sein Leben für uns hingegeben hat" (1 Joh 3,16). Das ist Gottes Antwort auf die Frage: Wer soll das bezahlen?

OSTERN

Auferstehung Christi; Matthias Grünewald (1475 - 1528); Isenheimer Altar (Ausschnitt);
Musée d' Unterlinden, Colmar

nicht trauert wie die anderen, die keine Hoffnung haben. Wenn Jesus – und das ist unser Glaube – gestorben und auferstanden ist, dann wird Gott durch Jesus auch die Verstorbenen zusammen mit ihm zur Herrlichkeit führen" (1 Thess 4,13.14); „Er hat uns mit Christus auferweckt und uns zusammen mit ihm einen Platz im Himmel gegeben" (Eph 2,6); „Mit Christus wurdet ihr in der Taufe begraben, mit ihm auch auferweckt" (Kol 2,12).

Hätte Jesus vor der Macht des Todes kapitulieren müssen, dann wären auch wir selbst verloren und betrogen: „Ist Christus nicht auferweckt worden, dann ist unsere Verkündigung leer und euer Glaube sinnlos ..., nutzlos ...; und auch die in Christus Entschlafenen sind dann verloren. Wenn wir unsere Hoffnung nur in diesem Leben auf Christus gesetzt haben, sind wir erbärmlicher daran als alle anderen Menschen" (1 Kor 15,14.17-19). Wäre Christus nicht auferweckt worden, hätte dies fatale Folgen, ja tödliche Konsequenzen auch für uns: Wir müssten alle Hoffnung begraben, unser Lebensschiff liefe am Ende auf ein Todesriff. Christi Auferstehung aber lässt uns mit dem hl. Petrus jubeln: „Gepriesen sei der Gott und Vater unseres Herrn Jesus Christus: Er hat uns in seinem großen Erbarmen neu geboren, damit wir durch die Auferstehung Jesu Christi von den Toten eine lebendige Hoffnung haben und das unzerstörbare, makellose und unvergängliche Erbe empfangen, das im Himmel für euch aufbewahrt ist" (1 Petr 1,3.4); „Durch ihn (Christus) seid ihr zum Glauben an Gott gekommen, der ihn von den Toten auferweckt und ihm die Herrlichkeit gegeben hat, sodass ihr an Gott glauben und auf ihn hoffen könnt" (1 Petr 1,21).

Ostern ist das Fest des Sieges über den Tod. Mit dieser Botschaft steht und fällt der christliche Glaube. Um so schwerer wiegt, dass sogar viele Christen (!) nicht mehr an Ostern glauben, sie dürften sich nach den Worten des Apostels gar nicht mehr Christen nennen (siehe 1 Kor 15,14.17-19). Der Osterglaube ist das A und O, Fundament, Dreh- und Angelpunkt christlicher Existenz. Deshalb ist Ostern auch

Ostern – Neue Schöpfung; Beate Heinen, 1996; © Buch- & Kunstverlag Maria Laach, Nr. 4752

das höchste Fest im Kirchenjahr, es rangiert noch vor Weihnachten. Wenn an Weihnachten die heiligste Nacht gefeiert wird, so an Ostern die herrlichste Nacht, in der der Tod ward umgebracht. Denn wäre Christus nur geboren und nicht vom Tod erstanden, so wär'n wir allesamt verloren und lägen noch in Todesbanden; wir hätten unseren Hals immer noch in der Schlinge des Todes.

Wer nicht mehr an die Auferstehung Jesu als Unterpfand unserer eigenen Auferstehung glaubt, muss sich fragen lassen, was er an Ostern eigentlich feiert. Wer Ostern auf ein Frühlingsfest reduziert, bei dem der Osterhase als Maskottchen herhalten muss, hat sich um Lichtjahre vom Festgeheimnis dieses Tages entfernt. Es geht an Ostern um Leben und Tod, ja um den Sieg des Lebens über den Tod: „Tod und Leben kämpften einen wundersamen Zweikampf, der Fürst des Lebens starb und herrscht nun lebend" (Ostersequenz). Und deshalb gibt es auch ein Weiterleben nach dem Tode, was im Übrigen der Definition von Schöpfung entspricht. Erschaffen heißt nämlich: Schaffen und Erhalten. Gott schafft also nicht, um zu vernichten: „Denn Gott hat den Tod nicht gemacht und hat keine Freude am Untergang der Lebenden. Zum Dasein hat er alles geschaffen" (Weish 1,13.14); „Du schonst alles, weil es dein Eigentum ist, Herr, du Freund des Lebens" (Weish 11,26). Es wäre auch die größte Absurdität, würde Gott den Menschen, sein eigenes Geschöpf, auslöschen. Ostern liefert den Beweis, dass Gott „nicht ein Gott von Toten, sondern von Lebenden" (Mk 12,27) ist. Jesus hat den Tod besiegt; sein Sieg ist unser aller Sieg und Präzedenzfall.

CHRISTI HIMMELFAHRT

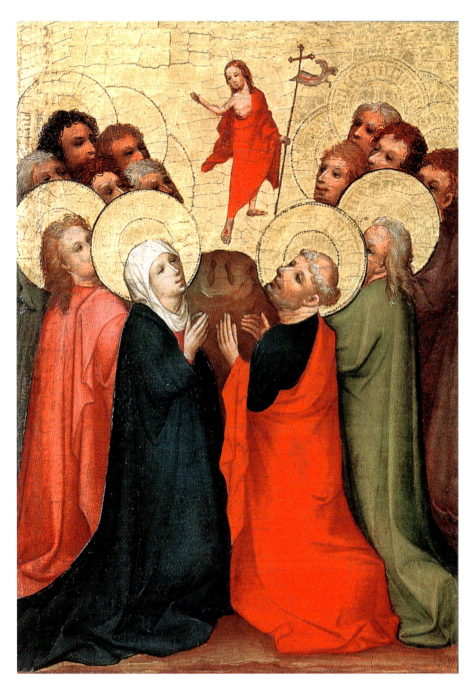

Himmelfahrt Christi; Gotischer Flügelaltar (Detail); Kölner Malerschule; um 1400; Kirchsahr, Dorfkirche;
© *Buch- & Kunstverlag Maria Laach, Nr. 4638*

CHRIST FUHR GEN HIMMEL

Der heutige Festtag verkündet uns: Jesus Christus ist dorthin zurückgekehrt, woher er gekommen ist: „Vom Vater bin ich ausgegangen und in die Welt gekommen; ich verlasse die Welt wieder und gehe zum Vater" (Joh 16,28). So schließt sich der Kreis. Er ist wieder „zu Hause"; nämlich dort, wo er immer schon war: In der Herrlichkeit, die er beim Vater hatte, bevor die Welt war (vgl. Joh 17,5). Der vor aller Zeit existiert, „der Gott ist und am Herzen des Vaters ruht" (Joh 1,18), der als ewiges Wort Fleisch/Mensch geworden ist und unter uns gewohnt hat (vgl. Joh 1,14), ebenderselbe kehrt heim. „Denn niemand ist in den Himmel hinaufgestiegen außer dem, der vom Himmel herabgestiegen ist: der Menschensohn" (Joh 3,13).

Ausgang von Gott und Heimgang zu Gott markieren die beiden Pole der Erniedrigung und Erhöhung Jesu. Die Himmelfahrt bildet den Höhepunkt der Verherrlichung Christi: Er, der über Sünde und Tod triumphiert hat, wird nun als himmlischer Herr und König inthronisiert. Zu ihm spricht der Vater: „Setze dich mir zur Rechten und ich lege dir deine Feinde als Schemel unter die Füße" (Ps 110,1); „Wir haben einen Hohenpriester, der sich zur Rechten des Thrones der Majestät im Himmel gesetzt hat" (Hebr 8,1; vgl. Kol 3,1).

Aber Jesus kehrt nicht alleine zurück zum Vater: Weil er als Gottmensch in die Herrlichkeit des Himmels Einzug hält, hat er die menschliche Natur mitgenommen. Er hat diese buchstäblich in den Himmel versetzt und sie endgültig und für immer in Gott verankert. In seiner Menschheit hat Christus uns alle gleichsam als „Reisegepäck" mitgeführt: „Du zogst hinauf zur Höhe, führtest Gefangene mit" (Ps 68,19), sagt der Psalmist. Er, der die Menschen in seiner Erlöserliebe „eingefangen" und durch seinen Tod und seine Auferstehung aus der Gefangenschaft der Sünde sowie aus dem Kerker des Todes befreit hat, legt sie sozusagen als seine „Beute" dem Vater ans Herz. Paulus formuliert es so: „Ihr wart tot infolge eurer Verfehlungen und Sünden. Ihr wart einst darin gefangen … Gott aber, der voll Erbarmen ist, hat uns, die wir infolge unserer Sünden tot waren, in seiner großen Liebe, mit der er uns geliebt hat, zusammen mit Christus wieder lebendig gemacht. Aus Gnade seid ihr gerettet. Er hat uns mit Christus Jesus auferweckt und uns zusammen mit ihm einen Platz im Himmel gegeben" (Eph 2,1.2.4-6). Und da Jesus uns durch seine Menschwerdung zu seinen Brüdern und Schwestern gemacht hat, dürfen auch wir zusammen mit ihm zu seinem himmlischen Vater „Vater" sagen. So sagt denn der Auferstandene zu Maria aus Magdala: „Ich gehe hinauf zu meinem Vater und zu eurem Vater, zu meinem Gott und zu eurem Gott" (Joh 20,17). Jesus sagt zu Gott „Vater", weil er der Sohn Gottes von Natur aus ist; wir Menschen dürfen Gott mit „Vater" anreden, weil wir Söhne und Töchter Gottes durch Adoption sind. Durch den Sohn sind wir „versöhnt", das heißt mit Gott versöhnt worden, sodass wir Menschenkinder nun Gotteskinder, Söhne und Töchter Gottes sind. – Das ist die Gabe, die der erhöhte Herr dem Vater im Himmel mitbringt.

Christ fuhr gen Himmel, aber er lässt die Seinen nicht im Stich: „Ich werde euch nicht als Waisen zurücklassen, sondern ich komme wieder zu euch" (Joh 14,18). Seine Zusage gilt: „Seid gewiss: Ich bin bei euch alle Tage bis zum Ende der Welt" (Mt 28,20). Er ist in den Himmel gegangen, um uns dort eine Wohnung zu bereiten: „Im Haus meines Vaters gibt es viele Wohnungen: Wenn es nicht so wäre, hätte ich euch dann gesagt: Ich gehe, um einen Platz für euch vorzubereiten? Wenn ich gegangen bin und einen Platz für euch vorbereitet habe, komme ich wieder und werde euch zu mir holen, damit auch ihr dort seid, wo ich bin" (Joh 14,2.3). Er will uns für immer bei sich haben: „Vater, ich will, dass alle, die du mir gegeben hast, dort bei mir sind, wo ich bin. Sie sollen meine Herrlichkeit sehen, die du mir gegeben hast, weil du mich schon geliebt hast vor der Erschaffung der Welt" (Joh 17,24).

Von daher ist unser endgültiges Zuhause dort, wo Christus ist: „Ihr seid mit Christus auferweckt; darum strebt nach dem, was im Himmel ist, wo Christus zur Rechten Gottes sitzt" (Kol 3,1); „Unsere Heimat ist im Himmel. Von dorther erwarten wir auch Jesus Christus, den Herrn, als Retter, der unseren armseligen Leib verwandeln wird in die Gestalt seines verherrlichten Leibes" (Phil 3,20.21). Auf diesen Punkt ist unser Leben ausgerichtet. Diese Ausrichtung und Dynamik erfahren wir in jeder Eucharistiefeier, in der wir den Tod des Herrn verkünden und seine Auferstehung preisen, bis er kommt in Herrlichkeit, um uns heimzuholen in eine „Wohnung von Gott, ein nicht von Menschenhand errichtetes ewiges Haus im Himmel" (2 Kor 5,1). „Diese Wohnung im Himmel ist es, die unserer kurzen und oft beschwerlichen irdischen Pilgerfahrt wahre Bedeutung und echten Sinn verleiht", heißt es im letzten, nur wenige Stunden vor seinem Tod (28.9.1978) unterzeichneten Dokument Papst Johannes Pauls I. Das Fest Christi Himmelfahrt lässt uns von dieser Wohnung träumen.

Viele wissen nicht mehr um das Geheimnis des heutigen Feiertages. Sie haben aus dem Fest Christi Himmelfahrt den „Vatertag" gemacht zu Ehren aller Väter, dies in Korrelation zum „Muttertag". Gleichwohl ist die Bezeichnung „Vatertag" in gewisser Weise auch theologisch korrekt; denn Jesus kehrt heim zu seinem himmlischen Vater.

Das Festgeheimnis ist in folgender Oration wunderschön zusammengefasst: „Allmächtiger, ewiger Gott, erfülle uns mit Freude und Dankbarkeit, denn in der Himmelfahrt deines Sohnes hast du den Menschen erhöht. Schenke uns das feste Vertrauen, dass auch wir zu der Herrlichkeit gerufen sind, in die Christus uns vorausgegangen ist, der in der Einheit des Heiligen Geistes mit dir lebt und herrscht in alle Ewigkeit".

ZUR POSITIONIERUNG DER CHRISTEN

„Wo ist dein Zuhause?" – wird in einem alten Schlager gefragt. Eine Antwort gibt uns der erhöhte und zur Rechten Gottes sitzende Jesus Christus. Unser eigentliches, definitives Zuhause ist dort, wo Christus ist, wie er selbst gesagt hat: „Ich werde euch zu mir holen, damit auch ihr dort seid, wo ich bin" (Joh 14,3). Deshalb verkündet auch der Apostel Paulus: „Unsere Heimat ist im Himmel" (Phil 3,20). Unsere irdische Existenz ist nur der Prolog, die Ouvertüre, der Auftakt zu einem endgültigen Zuhause bei Gott. Wir sind „Fremde und Gäste auf Erden" (Hebr 11,13); „Denn wir haben hier keine Stadt, die bestehen bleibt, sondern wir suchen die zukünftige" (Hebr 13,14).

Andererseits sind wir mitten in die Welt hinein gestellt, wenn Jesus sagt: „Wie du mich in die Welt gesandt hast, so habe auch ich sie in die Welt gesandt" (Joh 17,18). Demnach besteht die Konsequenz aus unserer Berufung zu einem Leben in der Ewigkeit keineswegs in einer exklusiven Jenseitsorientierung, im Gegenteil: Der erhöhte Herr sendet uns mitten in die irdische Wirklichkeit hinein und ruft uns zu einem missionarischen und sozial-karitativen Engagement in der Welt auf. Christen befinden sich buchstäblich in göttlicher Mission.

Von daher ist in der Zeit zwischen Himmelfahrt und Wiederkunft Christi kein Platz für Passivität, für ein „Dolce far niente" (Süßes Nichtstun), als ob wir einfach die Hände in den Schoß legen, gleichsam in einen religiösen Dornröschenschlaf fallen, in einen See der Träume eintauchen und uns in dieser Welt sozusagen wie in einem Wartesaal zur Ewigkeit ausruhen dürften. Christen haben hier auf Erden mitzumischen, eine aktive Rolle zu spielen und beim Auf- und Ausbau einer humanen, sozialen und gerechten Gesellschaftsordnung mitzuwirken; andernfalls bekäme Marx im Nachhinein noch Recht, der Religion als Opium fürs Volk deklariert hatte. Der Schöpfer hat uns zu Mit-Schöpfern (Kon-kreatoren) berufen, um mit ihm bei der Entfaltung und Gestaltung der Schöpfung zu kooperieren.

Christen sind demnach gefordert, bei aller Hinorientierung auf das Jenseits die Probleme der irdischen Welt nicht aus dem Blick zu verlieren. Eine rein auf den Himmel fokussierte Optik wäre Verrat am Weltauftrag der Christen. Letztere dürfen nicht ausschließlich in den Himmel starren („Was steht ihr da und schaut zum Himmel empor?": Apg 1,11) und vom Himmel träumen, sondern müssen mit beiden Beinen auf der Erde stehen. Es gibt eine unkündbare Weltverantwortung der Christen. Freilich wäre es eine Illusion, darauf zu hoffen, das Paradies auf Erden schaffen zu können; aber wir Christen müssen uns bemühen, wenn schon nicht das Optimum, so doch wenigstens ein Maximum an christlichen Überzeugungen in Staat und Gesellschaft umzusetzen. Das Reich Gottes muss auf Erden initiiert werden, und seien dessen Ausmaße noch so minimal und fragmentarisch. Der selige Papst Johannes Paul II. sagte: „Nichts von dem, was durch die solidarische Anstrengung aller…in einem bestimmten Augenblick der Geschichte verwirklicht werden kann und muss – auch wenn es unvollkommen und nur vorläufig ist –, um das Leben der Menschen menschlicher zu gestalten, wird verloren oder vergeblich sein… Hier auf Erden ist das Reich schon im Geheimnis da" (Enzyklika „Sollicitudo rei socialis", 48). Daraus folgt zwingend, dass die soziale Frage nicht erst im Jenseits, sondern hier und heute einer Lösung harrt. Wenn es darum geht, Menschen in Not zu helfen, haben Christen an vorderster Front zu stehen. Es gilt, die unselige Trennung von Diesseits und Jenseits zu überwinden. Das Zweite Vatikanische Konzil hat diesem verhängnisvollen Dualismus eine klare Absage erteilt, wenn es betont: „Freude und Hoffnung, Trauer und Angst der Menschen von heute, besonders der Armen und Bedrängten aller Art, sind auch Freude und Hoffnung, Trauer und Angst der Jünger Christi" (Pastoralkonstitution „Gaudium et spes", 1).

Die Urchristen waren von einer unmittelbar bevorstehenden Parusie (Wiederkunft Christi) so überzeugt, dass sie immer wieder ermahnt werden mussten, ihre irdischen Verpflichtungen nicht zu vernachlässigen. „Lasst uns nicht müde werden, das Gute zu tun" (Gal 6,9; 2 Thess 3,13), appelliert Paulus denn auch an aktives Sozialverhalten. Die Christen in heutiger Zeit bedürfen nicht weniger je neu des Weckrufs aus dem Schlaf der Sicherheit. Der Bittruf der Urkirche: „Marana tha": Unser Herr, komm! Komm, Herr Jesus! (Offb 22,20) steht nicht im Widerspruch zum: „Ite, missa est": Geht! Es ist Sendung. Von dieser Spannungseinheit zwischen Sehnsucht zum Himmel und Sendung zu den Menschen lesen wir bei Paulus: „Denn für mich ist Christus das Leben und Sterben Gewinn. Wenn ich aber weiterleben soll, bedeutet das für mich fruchtbare Arbeit. Was soll ich wählen? Ich weiß es nicht. Es zieht mich nach beiden Seiten: Ich sehne mich danach, aufzubrechen und bei Christus zu sein – um wie viel besser wäre das! Aber euretwegen ist es notwendiger, dass ich am Leben bleibe. Im Vertrauen darauf weiß ich, dass ich bleiben und bei euch allen ausharren werde, um euch im Glauben zu fördern und zu erfreuen" (Phil 1,21-25).

Fixpunkt ist und bleibt für Christen der Himmel, dem steht aber keineswegs der Sendungsauftrag hier auf Erden entgegen. Auf beides kommt es an: Auf Jesu Wiederkunft zu warten und auf den Himmel zu hoffen, zugleich aber Jesus in der Welt durch aktives Handeln zu bezeugen. Wir sagen Ja zum Himmel und Ja zur Erde. Christen sind i n der Welt, aber nicht v o n der Welt (vgl. Joh 17,15-18). Das Ziel einer ewigen Heimat bei Gott vor Augen, müssen wir uns gleichwohl vor Sakristeichristentum, Gettochristentum, Klausurmentalität und vor aller Abschottung gegen unseren innerweltlichen Auftrag hüten. Ewige Bestimmung und gleichzeitige Weltverantwortung sind kompatible Ausrichtungen und Hinordnungen. Der Christ lebt in der Spannungseinheit zwischen Erde, wo das Reich Gottes beginnt, und Himmel, wo Gottes Reich sich vollenden und wo unser endgültiges Zuhause sein wird. „Unsere Heimat ist im Himmel" (Phil 3,20), unsere Verantwortung aber auf der Erde. Christen pendeln zwischen zwei Polen: Zwischen Himmel und Erde. Diese Positionierung ist nicht paradox, sondern christliche Dialektik.

PFINGSTEN

Feuer des Geistes; Christel Holl; Rastatt 2008; Beuroner Kunstverlag

FEUER UND FLAMME

Pfingsten; Beate Heinen; © Buch- & Kunstverlag Maria Laach, Nr. 4643

„Die Kirche lebt, die Kirche ist jung" - sagte Papst Benedikt XVI. auf dem Weltjugendtag in Sydney. Aber erscheint sie nicht vielen als eine verknöcherte, verstaubte, antiquierte Institution? Ist sie nicht alles andere als ein lebendiger Organismus?

Was für eine Aufbruchstimmung herrschte dagegen am ersten Pfingsttag, dem Geburtstag der Kirche! Was geschah damals? Der Heilige Geist kommt in Feuerszungen auf die Apostel herab und verwandelt ängstliche Gestalten in furchtlose und feurige Verkünder der Botschaft Christi. Sie haben Pfingstfeuer gefangen und sind nun buchstäblich Feuer und Flamme für Gott. Sie begreifen, dass sie aufbrechen müssen, um in der Kraft des Gottesgeistes die Welt zu verwandeln, nicht mit Feuer und Schwert, sondern mit der Sprache der Liebe. Das Feuer von Pfingsten wird zum Fanal für eine Weltrevolution, die nicht mit Gewalt und Terror, sondern mit Gottes- und Nächstenliebe die Welt umwälzen will.

Pfingsten bedeutet heute nicht weniger als damals Aufbruch zur Umwandlung der Welt im Geiste Christi. Dieser flammende Pfingstappell richtet sich an alle Christen, nicht nur an die so genannte Amtskirche (Papst, Bischöfe, Priester, Diakone, Pastoralreferenten/innen), sondern an alle Getauften und Gefirmten. Kirche darf sich nicht einigeln und das Gelände außerhalb des Gotteshauses dem Weltgeist überlassen. Die Frage lautet also: Ziehen wir uns zurück oder brechen wir auf? Der Katholikentag von Mannheim im Jahre 2012 steht unter dem Leitwort: „Einen neuen Aufbruch wagen". Ein großartiges Motto, das aktueller nicht sein kann. Die Botschaft von Pfingsten lautet nicht: Rückzug, sondern missionarisches Engagement. Wir dürfen uns nicht ins Schneckengehäuse der Privatsphäre zurückrollen und uns in die Mauselöcher der Feigheit verkriechen. Ein Gettochristentum konterkariert den pfingstlichen Sendungsauftrag. Wir alle sind aufgerufen, Christentum und Kirche in der Welt präsent und transparent zu machen. „Das Evangelium darf nicht wie in einem Museum ausgestellt, sondern muss den Menschen mitgeteilt werden" (Papst Johannes Paul II.). Der Glaube ist ein kostbarer Schatz, der nicht in den Tresor eingeschlossen werden darf. Das Buch mit dem Titel „Abschied vom Christentum" konnte wohl nur deswegen geschrieben werden, weil wir Christen auf dem Terrain der Gesellschaft von der Bildfläche verschwunden sind und uns schämen, in der Öffentlichkeit zu unserer Glaubensüberzeugung zu stehen. Da sind jene Fußballspieler (etwa der Franzose Franck Ribéry) zu loben, die sich vor der Partie oder einem alles entscheidenden Elfmeter bekreuzigen. Man mag dies als Magie, Show oder irrationales Ritual abtun, ein mutiges Glaubenszeugnis ist es allemal. Als man den Aposteln einen Maulkorb verpassen wollte, entgegneten sie: „Wir können unmöglich schweigen über das, was wir gesehen und gehört haben" (Apg 4,20).

Seien wir also „mündige" Christen, die ihren Mund aufmachen, in der heutigen säkularen (verweltlichten) Gesellschaft mehr denn je.

Unsere Gesellschaft laboriert mehr und mehr an Symptomen einer fortschreitenden Säkularisierung. Um nur einige zu nennen: Gott wird abgelöst von Ersatzgöttern auf allen Ebenen der Gesellschaft. Der Mensch macht sich selbst zu Gott, zum Herrn über Lebensanfang und Lebensende. Ferner: Die Zeit der Volkskirche ist vorbei: Jeder vierte Deutsche ist nicht mehr getauft. Die Zahl der kirchlichen Eheschließungen sinkt rapide. Man spricht bereits von einer neopaganen (neuheidnischen), nachchristlichen Epoche. Wir leben zwar noch im so genannten christlichen Abendland, aber wo dominiert der Pfingstgeist? In elementaren Fragen, etwa zu Ehe, Familie oder Recht auf Leben, herrscht vielfach eine heillose Verwirrung der Geister. Manche Fernsehsendung verrät auf Anhieb, wes Geistes Kind sie ist. Wie viel unheiliger Geist ist da mitunter am Werk! Was in einigen Sendungen propagiert wird, atmet alles andere als den Geist des Evangeliums. Wer hat sich schon einmal schriftlich an die Fernsehanstalten gewandt, um sich zu beschweren, wenn fundamentale christliche und kirchliche Wertvorstellungen angegriffen, madig oder lächerlich gemacht werden (etwa in den primitiven „Lebensberatungssendungen" um die Mittagszeit)? Eine einzige Postkarte wird für dreitausend Stimmen statistisch ausgewertet! Wir dürfen nicht nur Missstände registrieren, sondern müssen auf solche auch reagieren. Das christliche Bekenntnis ist ein unentbehrliches Regulativ und Korrektiv der öffentlichen Meinung. Es gilt, gegen den Strom zu schwimmen. Freilich ist es leichter, den Weg des geringsten Widerstands zu gehen, aber ein Duckmäuserchristentum hat sich vom Geist der Urchristen um Lichtjahre entfernt. Vor unkritischer Anpassungsmentalität und blindem Konformismus mit dem Zeitgeist warnt schon Paulus: „Gleicht euch nicht dieser Welt an" - Nolite conformari huic saeculo: Röm 12,2). Opportunisten, Mitläufer, Wendehälse, Leute, die ihre Nase in den Wind halten, sind nicht gefragt. Christus fordert uns zu einer klaren Stellungnahme für oder gegen ihn auf: „Wer nicht für mich ist, ist gegen mich" (Mt 12,30). Wir kommen um einen eindeutigen Standpunkt nicht herum. Da ist kein Platz für eine religiöse Pendel- oder Schaukelpolitik. Der Christ muss Partei ergreifen, Position beziehen. Er kann nicht in die Rolle eines neutralen Zuschauers schlüpfen. Haltungen wie Ja-aber, Jain, weder pro noch contra, verbieten sich. Solche Verhaltensweisen und Einstellungen sind nichts Halbes und nichts Ganzes, sind weder Fisch noch Fleisch. Wir müssen Farbe bekennen, Flagge zeigen.

Was ist aus der Initialzündung des ersten Pfingstfestes geworden?

Hat es nicht manchmal den Anschein, als sei das Pfingstfeuer erloschen, als sei der „Ofen aus", als stünde das Christentum auf Miniflamme? Nun, am Pfingstgeist kann es nicht liegen, der Geist Gottes lebt nach wie vor in seiner Kirche. Nicht das Christentum hat versagt, sondern wir Christen versagen, die wir vielfach innerlich ausgebrannt sind und an einem religiösen „Burn-out-Syndrom" leiden. Deshalb muss uns Gottes Geist neu inspirieren und in uns die Glut der Gottes- und Nächstenliebe erneut entfachen: „Lasst euch vom Geist entflammen!" (Röm 12,11), ruft Paulus uns zu. Nicht der Geist gott- und menschenverachtender Ideologien soll uns „anmachen", sondern die Feuersglut des Pfingstgeistes: „Entflamme Sinne und Gemüt, dass Liebe unser Herz durchglüht, und unser schwaches Fleisch und Blut in deiner Kraft das Gute tut"; „Zünd an in uns des Lichtes Schein, gieß Liebe in die Herzen ein, stärk unsres Leibs Gebrechlichkeit mit deiner Kraft zu jeder Zeit" (aus „Veni Creator Spiritus"); „Komm, Heiliger Geist, erfülle die Herzen deiner Gläubigen und entzünde in ihnen das Feuer deiner göttlichen Liebe"! Nur so können wir das werden, was die Urchristen waren: Feuer und Flamme für Gott.

SIE SACHE JESU BRAUCHT BEGEISTERTE

So lautet der Titel eines modernen Kirchenliedes. Wo ist die Begeisterung der ersten Stunde geblieben, als am ersten Pfingsttag, dem Geburtstag der Kirche, der Heilige Geist auf die Apostel herabkam? Der Sturm des Gottesgeistes stieß die Türen der Klausur auf, in die sich die Apostel zurückgezogen hatten und drängte die Jünger Jesu nach draußen zum mutigen Zeugnis für Christus und sein Evangelium.

Was ist aus der Anfangseuphorie und Begeisterung der Urkirche geworden? Weshalb erleben wir Begeisterungsstürme heutzutage nur noch in Fußballstadien und Rockpalästen? Gewiss: Weltjugendtage und Kirchentage sind Highlights; da herrscht Hochstimmung, aber wie schnell verfliegt das Hoch wieder und verebbt es im Alltag. Gerade hier aber will Gottes Geist wehen.

Pfingsten bedeutet heute nicht weniger als vor 2000 Jahren Aufruf zur Weltverwandlung im Geiste des Evangeliums. Christen dürfen nicht auf Tauchstation gehen, sondern müssen ihren Glauben öffentlich und offensiv bekennen, andere Menschen mitreißen und für Gott begeistern. Zu einem solchen Einsatz qualifiziert der Heilige Geist jeden Getauften und Gefirmten und teilt dazu seine besonderen Gaben aus: „Es gibt verschiedene Gnadengaben, aber nur den einen Geist. Es gibt verschiedene Dienste, aber nur den einen Herrn. Es gibt verschiedene Kräfte, die wirken, aber nur den einen Gott: Er bewirkt alles in allen. Jedem aber wird die Offenbarung des Geistes geschenkt, damit sie anderen nützt. Dem einen wird vom Geist die Gabe geschenkt, Weisheit mitzuteilen, dem andern durch den gleichen Geist die Gabe, Erkenntnis zu vermitteln, dem dritten im gleichen Geist Glaubenskraft, einem andern – immer in dem einen Geist – die Gabe, Krankheiten zu heilen, einem andern Wunderkräfte, einem andern prophetisches Reden, einem andern die Fähigkeit, die Geister zu unterscheiden, wieder einem andern verschiedene Arten von Zungenrede, einem andern schließlich die Gabe, sie zu deuten. Das alles bewirkt ein und derselbe Geist; einem jeden teilt er seine besondere Gabe zu, wie er will" (1 Kor 12,4-11); „Wir haben unterschiedliche Gaben, je nach der uns verliehenen Gnade. Hat einer die Gabe prophetischer Rede, dann rede er in Übereinstimmung mit dem Glauben; hat einer die Gabe des Dienens, dann diene er. Wer zum Lehren berufen ist, der lehre; wer zum Trösten und Ermahnen berufen ist, der tröste und ermahne. Wer gibt, gebe ohne Hintergedanken; wer Vorsteher ist, setze sich eifrig ein; wer Barmherzigkeit übt, der tue es freudig" (Röm 12,6-8); „Jeder hat seine Gnadengabe von Gott, der eine so, der andere so" (1 Kor 7,7).

So wie Gott uns Menschen nicht nach einem Einheitsschema, nicht als Schablonen, sondern jede(n) einzelne(n) als eine einmalige „Ausgabe" mit einem unverwechselbaren Profil erschaffen hat, so beschenkt auch der Pfingstgeist jeden einzelnen mit seinen spezifischen Gaben und Talenten zum Wohle der Mitmenschen. Manche Menschen meinen, sie seien zu nichts fähig; viele leiden an Minderwertigkeitskomplexen. Dabei hat jeder etwas, was der andere nicht hat; jeder hat seine je eigene, geistgeschenkte Fähigkeit. Diese besondere Gabe muss nicht in einem genialen Verstand, maximalen IQ oder phänomenalen Gedächtnis bestehen, auch nicht in einer außergewöhnlichen Spiritualität, sie kann einfach schon in der Fähigkeit liegen, auf Menschen zuzugehen. Die Palette der Begabungen, die der Geist Gottes schenkt – man bezeichnet sie auch als Charismen –, ist vielschichtig. Jede(r) kann sich auf seine Weise vom Geist Gottes be-geist-ern lassen. Die Sache Jesu braucht Begeisterte.

Geistsendung; Reichenauer Evangelistar; um 1020; Bayerische Staatsbibliothek, München

UNIVERSALE KOMMUNITÄT

In seiner Antrittsrede beschwor der erste farbige amerikanische Präsident Barack Obama die Einheit der Nation; es dürfe nicht mehr die Rede sein von einem weißen und einem schwarzen Amerika, sondern nur noch von den Menschen der Vereinigten Staaten. Der Traum des ermordeten Bürgerrechtlers Martin Luther King von einem geeinten Amerika gehe am heutigen Tag in Erfüllung.

Einen gibt es, dem nicht nur die Einheit eines Volkes oder einer Nation, sondern die Gemeinschaft aller Menschen am Herzen liegt: Jesus Christus. In seinen Abschiedsreden vor seinem Leiden und Sterben, das er für das Heil aller Menschen auf sich nahm, formuliert er dieses Herzensanliegen gleichsam als sein Testament: „Alle sollen eins sein: Wie du, Vater, in mir bist und ich in dir bin, sollen auch sie in uns sein; ... sie sollen eins sein, wie wir eins sind" (Joh 17,21.22). Durch die Taufe werden alle Menschen mit Christus verbunden: „Denn ihr alle, die ihr auf Christus getauft seid, habt Christus (als Gewand) angelegt. Es gibt nicht mehr Juden und Griechen, nicht Sklaven und Freie, nicht Mann und Frau; denn ihr alle seid ‚einer' in Christus Jesus" (Gal 3,26-28). Also nicht mehr Spanier und Portugiesen, Deutsche und Österreicher, Kroaten und Italiener, nicht mehr Griechen und Türken, Afrikaner und Europäer, Amerikaner und Asiaten, Schwarze und Weiße, sondern Menschen aller Nationen, Hautfarben und Rassen. In Christus fallen alle Schranken und Differenzen, sogar die geschlechtlichen Unterschiede (vgl. Gal 3,28) weg. Von daher tragen alle Getauften ein Einheitskleid (siehe oben Gal 3,27; vgl. Röm 13,14; Eph 4,24); „Denn durch den einen Geist wurden wir in der Taufe alle in einen einzigen Leib aufgenommen, Juden und Griechen, Sklaven und Freie; und alle wurden wir mit dem einen Geist getränkt" (1 Kor 12,13).

In den USA gab es vor einigen Jahren einen aufsehenerregenden Skandal: Für eine mehrheitlich aus Weißen bestehende Gemeinde hatte der Bischof einen schwarzen Pfarrer berufen. Die Gemeindemitglieder waren nicht bereit, ihn zu akzeptieren und aufzunehmen. Daraufhin hat der Bischof sie kurzerhand allesamt exkommuniziert, aus der sakramentalen Gemeinschaft ausgeschlossen, bis sie begriffen hatten: Vor Gott sind alle Menschen gleich.

Christus hat mit jedem Menschen buchstäblich Blutsfreundschaft geschlossen: „Ihr wisst, dass ihr nicht um einen vergänglichen Preis losgekauft wurdet, nicht um Silber oder Gold, sondern mit dem kostbaren Blut Christi" (1 Petr 1,18.19). Weil er aber für alle sein Blut vergossen hat, hat er alle mit sich vereinigt. „Aus allen Stämmen und Sprachen, aus allen Nationen und Völkern" (Offb 5,9) formt Christus eine völlig neue Gemeinschaft unter den Menschen, eine absolut neue UNO. Am Pfingsttag wird diese völkerumspannende Gemeinschaft sichtbar: „In Jerusalem aber wohnten Juden, fromme Männer aus allen Völkern unter dem Himmel … Sie gerieten außer sich vor Staunen und sagten: Sind das nicht alles Galiläer, die hier reden? Wieso kann sie (die Apostel) jeder von uns in seiner Muttersprache hören: Parther, Meder und Elamiter, Bewohner von Mesopotamien, Judäa und Kappadozien, von Pontus und der Provinz Asien, von Phrygien und Pamphylien, von Ägypten und dem Gebiet Libyens nach Zyrene hin, auch die Römer, die sich hier aufhalten, Juden und Proselyten, Kreter und Araber, wir hören sie in unseren Sprachen Gottes große Taten verkünden" (Apg 2,5.7-11). Durch die Menschwerdung Gottes werden alle Menschen zu Schwestern und Brüdern Christi und damit zu Kindern Gottes. Der himmlische Vater macht durch seinen Mensch gewordenen Sohn alle zu seinen Söhnen und Töchtern; er adoptiert das gesamte Menschengeschlecht. Diese allumfassende, weltumspannende Gemeinschaft (vom Kolonnadenrund auf dem Petersplatz in Rom in wunderschöner Architektur dokumentiert und veranschaulicht) sucht ihresgleichen, sie sprengt alle Dimensionen menschlicher Kommunikation; denn sie ist eine universale Kommunität.

PETRI HEIL

Die Kirche leidet unter einem dramatischen Mangel an Priestern und Ordensleuten. Zwar wimmelt es in Rom und anderen Bischofsstädten (z.B. in Münster) von Klerikern - dort treten sie sich beinahe gegenseitig auf die Füße - , aber weltweit konstatieren wir einen rückläufigen Trend; in Missionsgebieten müssen die Gläubigen oft wochenlang auf einen Priester warten, der mit ihnen Gottesdienst feiert.

„Gott braucht Menschen" - lautet der Titel eines Films, der die Rolle des Priesters thematisiert. Jesus, der Mensch gewordene Gott, ist auf Menschen angewiesen, die sein Evangelium, die Frohe Botschaft, weitersagen und andere Menschen für ihn zu gewinnen suchen. Er selbst hat gleich zu Beginn seines öffentlichen Wirkens einen Kreis von Jüngern um sich geschart, die er in seinen Dienst stellte. Dabei muss er eine solche Faszination und Anziehungskraft auf die Jünger ausgeübt haben, dass sie alles liegen ließen, ihm auf der Stelle folgten und sich sogar die Uhrzeit ihrer Nachfolge merkten: „Es war um die zehnte Stunde" (Joh 1,39). Jesus beruft Menschen, die zumeist Fischer waren. Er gibt ihrem Beruf eine neue Variante, indem er ihnen ein neues Fanggebiet zuweist: „Ich werde euch zu Menschenfischern machen" (Mk 1,17).

Der Menschenfischerberuf ist aber nicht nur den Aposteln, dem Klerus, denen, die im offiziellen pastoralen Dienst stehen (Papst, Bischöfe, Priester, Pfarrer, Kapläne, Vikare, Diakone, Pastoralreferenten/innen), vorbehalten. Menschenfischer ist ein Beruf nicht nur für Kleriker. Wir alle gehören zur Besatzung des „Schiffleins Petri" (= Kirche), egal welchen Platz wir auf dem Schiff einnehmen, ob auf der Kommandobrücke oder in den unteren Etagen. Nicht alle können Papst, Kardinäle oder Bischöfe sein. Der Fuß ist ebenso wichtig wie der Kopf, die Basis (das Fußvolk) nicht minder wichtig als die Hierarchie. Paulus beschreibt die allesamt gleich wichtigen Funktionen in der Kirche, dem Mystischen Leib Christi, so: „Denn wie der Leib eine Einheit ist, doch viele Glieder hat, alle Glieder des Leibes aber, obgleich es viele sind, einen einzigen Leib bilden: So ist es auch mit Christus. Durch den einen Geist wurden wir in der Taufe alle in einen einzigen Leib aufgenommen, Juden und Griechen, Sklaven und Freie; und alle wurden wir mit dem einen Geist getränkt…So gibt es viele Glieder und doch nur einen Leib. Das Auge kann nicht zur Hand sagen: Ich bin nicht auf dich angewiesen. Der Kopf kann nicht zu den Füßen sagen: Ich brauche euch nicht. Im Gegenteil, gerade die schwächer scheinenden Glieder des Leibes sind unentbehrlich" (1 Kor 12,12.13.20).

Demnach ist jeder Dienst auf dem Kirchenschiff gleichbedeutend. Jede/r ist an seinem/ihrem Platz unentbehrlich und gefordert: „Ich bin an meinem Platz so notwendig wie der Erzengel an dem seinen", sagte der sel. Henry Card. Newman. Wir alle haben bei unserer Taufe und Firmung gleichsam den Angelschein erhalten, der uns beauftragt und befähigt, Menschen für Gott „einzufangen", zu gewinnen. Apropos: Fangen, die genauere Bibelübersetzung müsste lauten: Lebendig auffangen, in Sicherheit bringen. So viele Menschen sind es, die am Rande des Abgrunds stehen und aufgefangen werden müssen: Verzweifelte, Hoffnungslose, Verlassene.

Aber *wie* sollen wir Menschen fangen? Wie funktioniert das „fishing"? Nicht mit fragwürdigen Methoden, nicht mit plumpen Tricks und billiger Bauernfängerei, sondern in Orientierung an der Art und Weise, wie Jesus Menschen für sich eingenommen hat. Er tat es kraft der Faszination, die von seiner Person und Botschaft ausging. Sein göttliches Evangelium hat die Leute wie ein Magnet angezogen. Die Menschen sind Jesus ins Netz gegangen, weil sie sich durch seine Güte, Menschenfreundlichkeit (vgl. Tit 3,4) und Glaubwürdigkeit gewinnen ließen. Auch wir sind aufgerufen, Gottes Güte und Menschenfreundlichkeit auszustrahlen: „So soll euer Licht vor den Menschen leuchten" (Mt 5,16).

– Pfingsten –

Menschen für Gott zu „angeln" gelingt uns aber nur dann, wenn wir zuvor uns selbst von Christus haben einfangen lassen. Wir müssen zuerst ihm ins Netz gehen, bei ihm „anbeißen", wie dies der Ankerbiss, ein Symbol in den Kallistus-Katakomben in Rom, wunderschön veranschaulicht: Fische - sie symbolisieren die Gläubigen - beißen bei Christus an. Erst wenn wir seine Beute geworden sind, können wir auf Menschenfang gehen. Erfolg können wir ohnehin nur als verlängerter Arm Christi haben, wenn er sagt: „Getrennt von mir könnt ihr nichts vollbringen" (Joh 15,5).

Der Pfingstgeist treibt uns an, die Angeln und Fangarme auszuwerfen. Papst Benedikt XVI. hat einmal gesagt: „Die Kirche braucht Phantasie, um die Menschen anzusprechen". Der Heilige Geist schenke uns ebendiese schöpferische Phantasie bei der Ausübung des Menschenfischerberufs. Als wirksamste Fangmethode wird sich unser gelebter Glaube und das gute Beispiel erweisen. „Exempla trahunt", lautet ein lateinisches Sprichwort: Beispiele ziehen. Das gute Beispiel gläubiger Eltern wird seine Wirkung auf deren Kinder, die den Glauben an Gott verloren haben und nicht mehr kirchlich praktizieren, nicht verfehlen. So hat die hl. Monika durch ihr Glaubenszeugnis und inständiges Gebet die Bekehrung ihres Sohnes Augustinus mitbewirkt. Vitamin V (= Vorbild) ist das effizienteste Mittel, Menschen für Gott zu gewinnen.

Und lassen wir im Menschenfischerberuf keine Resignation aufkommen, lassen wir uns nicht vom Virus der Müdigkeit anstecken. Angler müssen Geduld, einen langen Atem haben. Der Fischerberuf ist Schwerstarbeit, ein harter, oft frustrierender Job. Petrus hat wohl nicht nur einmal eine negative Bilanz ziehen müssen, wenn er sagt: „Meister, wir haben die ganze Nacht gearbeitet und nichts gefangen. Doch wenn du es sagst, werde ich die Netze auswerfen" (Lk 5,5). Werfen wir trotz Erfolglosigkeit immer wieder die Netze aus, so wie Petrus es getan hat im Vertrauen auf Jesu Wort. Manchmal dauert es Jahre, bis wir Menschen religiös überzeugen und für Christus gewinnen können. Aber wenn jede (r) von uns auch nur *einen* Fisch, sprich Menschen, in die Maschen Gottes einfangen würde, wäre das nicht eine tolle Masche? Alsdann : Petri Heil!

DIE KIRCHE UND DIE SOZIALE FRAGE

*Bergpredigt; Evangeliar Ottos III.; Reichenau; Ende 10. Jh.;
Bayerische Staatsbibliothek, München*

Christen waren und sind immer wieder versucht, angesichts der Verheißungen des ewigen Lebens ihre Weltverantwortung zu relativieren. Schon in der urkirchlichen Zeit mussten sie dazu angehalten werden, bei aller Erwartung der Wiederkunft Christi als Auftakt zu einer neuen Welt das gesellschaftliche und karitative Engagement hier auf Erden nicht zu vernachlässigen. Paulus ermahnt sie denn auch: „Ihr aber, Brüder, werdet nicht müde, Gutes zu tun" (2 Thess 3,13).

Wenngleich der Mensch zu einer ewigen Existenz, zu einem Leben nach dem Tode in der Herrlichkeit Gottes berufen ist, darf er sich keiner exklusiven Jenseitsorientierung hingeben; vielmehr „führen uns die Verheißungen des Reiches Gottes mitten in unsere Lebenswelt hinein" (Synodentext „Unsere Hoffnung"). Daraus folgt, dass die Soziale Frage nicht erst im Jenseits, sondern hier und heute einer Lösung harrt. Wir dürfen den hier und jetzt Notleidenden nicht die Verheißungen eines nach dem Tode besseren Lebens servieren und sie mit billiger Jenseitsvertröstung abspeisen. Ein Aufschub der sozialen Verantwortung wäre eine unverantwortliche und unerträgliche Programmverschiebung, die nur diejenigen bestätigen würde, die Religion zum Opium für das Volk deklarieren.

Jesus ist zwar nicht in erster Linie ein Sozial- oder Brotmessias, aber sein Evangelium hat zweifellos sozialpolitische Konsequenzen. Man würde die Seligpreisungen der Bergpredigt (etwa diese: „Selig, die arm sind vor Gott; denn ihnen gehört das Himmelreich. Selig die Trauernden; denn sie werden getröstet werden ... Selig, die hungern und dürsten nach der Gerechtigkeit; denn sie werden satt werden": Mt 5,3.4.6) gründlich missverstehen, interpretierte man sie wegen des Futurs („werden") ausschließlich als Verheißungen zukünftiger Zustände; vielmehr sind jene Aussagen als Handlungsmaxime für gesellschaftliche und soziale Aktivitäten hier und heute zu deuten.

Wenngleich die Bergpredigt kein konkretes Sozialprogramm bietet, so lässt sie aber sehr wohl die Grundrisse und Grundprinzipien einer gerechten Gesellschafts- und Sozialordnung erkennen. Sie ist Leitlinie und zugleich Richtschnur für soziales und gerechtes Handeln, und zwar nicht nur für karitative Einsätze von Fall zu Fall, sondern für systematische Hilfe. Gewiss lässt sich das Paradies auf Erden nicht verwirklichen. Eine perfekte und gerechte Gesell-

– *Pfingsten* –

schafts - und Sozialordnung zu schaffen, wird immer eine Utopie bleiben. Aber wenn schon nicht das Optimum, so muss wenigstens ein Maximum an christlichen Sozialprinzipien in die Tat umgesetzt werden.

Im Mittelpunkt der Katholischen Soziallehre und gleichsam als deren Leitmotiv steht das christliche Menschenbild. Letzteres ist durch folgende Grunddaten charakterisiert: Der Mensch ist nicht das Produkt einer blinden Evolution, sondern Geschöpf und Ebenbild Gottes. Als Geschöpf Gottes ist er ein In-di-viduum, ein nicht dividierbares, unteilbares Wesen, ein Unikat mit einer unaufgebbaren Würde. Diese Würde gründet nicht zuletzt in der Menschwerdung Gottes. Ferner ist der Mensch ein Sozio-individuum, ein Gemeinschaftswesen. Als vernunft - und freiheitbegabtes Wesen soll der Mensch am Aufbau der Schöpfung und an der Gestaltung der Gesellschaft mitwirken.

Aus diesen anthropologischen Prämissen kristallisieren sich die drei <u>Grundprinzipien</u> der Katholischen Soziallehre heraus: *Personalität* (Würde und Wert des Einzelnen), *Solidarität* (Soziale Verantwortung des Einzelnen, Verpflichtung zur Solidarität), *Subsidiarität* (Hilfe zur Selbsthilfe, Eigenverantwortung). „Subsidium" ist ein Begriff aus der Militärsprache und meint die unterstützende Hilfe einer nachrückenden Schlachtreihe, wenn die vordere es allein nicht mehr schafft. Auf die Gesellschaft übertragen bedeutet dies: Was der Einzelne oder eine Gruppe selbst tun kann, muss er/sie auch selbst tun dürfen. Die übergeordnete Instanz hat nur die Aufgabe, unterstützend einzugreifen. So verbietet sich beispielsweise eine Bevormundung durch den Staat bei der Erziehung der Kinder, die primäres Recht der Eltern ist.

Das Zusammenleben in Staat und Gesellschaft gelingt nur dann, wenn alle drei (!) Prinzipien greifen und in einer ausgewogenen Balance zueinander stehen. So funktioniert etwa die Soziale Marktwirtschaft nur bei voller Anwendung auch des dritten Prinzips (Subsidiarität).

Das den drei zentralen Prinzipien zugrunde liegende christliche Menschenbild durchzieht wie ein roter Faden die gesamte kirchliche Sozialbotschaft, angefangen von „Rerum novarum" Papst Leos XIII. bis zu „Caritas in veritate" Benedikts XVI. Die erste große Sozialenzyklika „Rerum novarum" (Die neue Lage) aus dem Jahre 1891 – leider erst 30 (!) Jahre nach dem kommunistischen Manifest von Karl Marx (1861) erschienen –, akzentuiert die Personalität des einzelnen Menschen als Antwort auf das kollektivistische, marxistische Menschenbild, das den Menschen nur als Molekül ökonomischer Prozesse einordnet, sie greift aber auch den Wirtschaftsliberalismus und Manchesterkapitalismus an. „Quadragesimo anno" (Zum 40. Jahr nach „Rerum novarum") Pius' XI. postuliert Gesellschaftsreformen, Solidarität und Subsidiarität. „Mater et magistra" (Mutter und Lehrmeisterin) Johannes' XXIII. fordert uneingeschränkte Mitbestimmung und Beteiligung der Arbeitnehmer am Produktionsvermögen. „Populorum progressio" (Fortschritt der Völker) Pauls VI. verlangt eine globale Entwicklungspolitik als Voraussetzung für einen weltweiten sozialen Frieden. „Redemptor hominis" (Erlöser des Menschen), „Sollicitudo rei socialis" (Sorge um die soziale Sache) und „Centesimus annus" (Das 100. Jahr nach „Rerum novarum") Johannes Pauls II. rücken noch stärker den Menschen in den Fokus sozialtheologischer Reflexionen, insbesondere die Würde des einzelnen Menschen, die elementaren Menschenrechte, die Gleichwertigkeit von Arbeit und Kapital, ja sogar eine gewisse Priorität der Arbeit vor dem Kapital. Der Mensch ist das wichtigste Kapital eines Unternehmens. Die Enzyklika „Centesimus annus" kann als Quintessenz aller vorherigen Sozialenzykliken bezeichnet werden. Das Rundschreiben warnt vor einer radikalen Kapitalismusideologie und sagt ein kategorisches Nein zu einem Kapitalismus ohne Sozialpflichtigkeit. Die Lösung der Probleme darf nicht im blinden Glauben der freien Entfaltung der Marktkräfte überlassen werden. Die Sozialenzyklika „Caritas in veritate" Benedikts XVI. bietet ein Kompendium der bisherigen Grundaussagen der Katholischen Soziallehre, appliziert diese dann aber mit erstaunlicher Konkretheit an die jüngsten Entwicklungen in der Wirtschafts- und Finanzwelt. Eingehend befasst sich der Papst mit den Folgen der Globalisierung und der Wirtschafts- und Finanzkrise für das menschliche Zusammenleben. Er prangert die Missstände in den ökonomischen Systemen an und fordert eine Weltinstanz zur Steuerung der Globalisierung und Lenkung der Weltwirtschaft. Den Menschen und die Achtung der Menschenwürde deklariert er zu den obersten Prinzipien einer ethisch verantwortbaren globalen Ökonomie. Dazu bedarf es eines weltweiten Aufschwungs der Werteordnung.

Die kirchliche Sozialbotschaft lässt sich so zusammenfassen: Das marktwirtschaftliche Credo ist nicht das Heil aller Dinge; vielmehr muss der Staat die Rahmenbedingungen schaffen, die einer ebenso freien wie sozialen Marktwirtschaft dienen. „Marktwirtschaft pur" ist ein Attentat auf die soziale Gerechtigkeit. Eine freie Marktwirtschaft ohne soziale Komponenten wäre ein Rückfall in den Manchesterkapitalismus und Wirtschaftsliberalismus, die den Menschen zu einem reinen Produktionsfaktor und Molekül ökonomischer Prozesse degradieren. Der Mensch muss im Zentrum der sozialen Marktwirtschaft stehen. Eine soziale Marktwirtschaft, die Leute über 50 zum alten Eisen zählt, ist keine soziale Marktwirtschaft, sondern ein unmenschliches System.

Die Katholische Soziallehre bildet ein wichtiges Wertefundament und Gestaltungsprinzip der Gesellschaft. Die Prinzipien der Personalität, Solidarität und Subsidiarität sind überzeugender als jede noch so humane Sozialphilosophie. Weder die sozialistischen Gesellschaftsentwürfe mit der extremen Form des Solidaritätsprinzips (wenn aus Solidarität Sozialismus wird) noch der liberale Kapitalismus (Manchesterkapitalismus, Wirtschaftsliberalismus) in der extremen Ausformung des Personalitätsprinzips (wenn aus Individualität schrankenlose Selbstbestimmung und Gewinngier resultieren) sind in der Lage, eine gleichermaßen freie, humane und soziale Gesellschaftsordnung zu schaffen. Die Katholische Soziallehre mit ihrer Verbindung von freier Entfaltung der Person und gleichzeitiger Sozialbindung des Individuums bietet einen zukunftsweisenden Ansatz. Selbst bei Nichtkatholiken findet sie große Sympathien.

Auftrag der Christen ist es, unter dem Antrieb des Gottesgeistes die Gesellschaft aktiv mitzugestalten. Wir dürfen nicht die Hände in den Schoß legen, in einen religiösen Dornröschenschlaf fallen und uns in dieser Welt wie in einem Wartesaal zur Ewigkeit ausruhen. Das Christentum ist alles andere als ein Schlafpulver, sondern dynamische Heilsenergie, die uns zu einem karitativen Einsatz für eine bessere Welt antreibt.

CHRISTLICHE ETHIK

(GESELLSCHAFTLICHE VERANTWORTUNG)

Chagall, Marc; Moses mit den Gesetzestafeln; © VG Bild-Kunst, Bonn 2011

FAMILIE

Das Zweite Vatikanische Konzil definiert die Familie als das „Fundament der Gesellschaft" (Pastoralkonstitution „Gaudium et spes", 52). Auch der Staat betrachtet die Institution Familie als Keimzelle des gesellschaftlichen Lebens. Anlässlich seines Besuches im Haus der Heiligen Familie in Nazaret sagte einst Papst Paul VI.: „Hier lernen wir, wie wichtig das häusliche Leben ist. Nazaret gemahne uns an das, was eine Familie ist, an ihre Gemeinschaft in der Liebe, an ihre Würde, ihre strahlende Schönheit, ihre Heiligkeit und Unverletzlichkeit, an ihre durch nichts zu ersetzende Bedeutung".

Die Realität sieht leider anders aus. Das kostbare Gut der Familie steckt in einer fundamentalen Krise. Die Keimzelle der Gesellschaft ist von vielen Gefahren bedroht. Hier ist zunächst die traurige Tatsache zu nennen, dass inzwischen jede dritte, ja beinahe jede zweite Ehe zerbricht. So viele Familien sind nicht mehr intakt. Wo nehmen sich die Eltern noch genügend Zeit für ihre Kinder, für den notwendigen Dialog, oder ist das Heimkino das einzige Kommunikationsmedium? Vater und Mutter sind die ersten und wichtigsten Kommunikationsebenen für die Kinder, erst recht brauchen kleine Kinder ihre Mutter und ihren Vater. Findet in der Familie Erziehung der Kinder statt? Wenn ja, schließt sie auch die religiöse Dimension ein? Religiöse Erziehung ist ein integraler Bestandteil der Gesamterziehung. Wird also in der Familie auch mal über Gott gesprochen? Und schließlich: Denaturiert das Zuhause zu einem reinen Kost-und-Logis-Ort?

Bedroht wird die Familie ferner durch die staatliche Gesetzgebung. Die zunehmende Legalisierung und rechtliche Gleichstellung alternativer Lebensgemeinschaften mit der traditionellen Familie unterhöhlt de facto die Priorität der letzteren. Wenn inzwischen jedwedes Zusammenleben als „Familie" definiert werden darf, dann ist die herkömmliche Familie in ihrer Substanz, ja existenziell bedroht. Es ist nicht beliebig, in welcher Lebensform ein Mensch groß wird.

Beklagenswert sind auch die immer noch zu mangelhaften familienfördernden Maßnahmen seitens des Staates, weswegen sich für viele die Kombination von Familie und Beruf zu einem schwierigen Spagat gestaltet. Es ist dringend geboten, die Bedeutung der Familie neu ins Bewusstsein zu heben. Die Relevanz dieser Institution kann nicht hoch genug veranschlagt werden; denn die Familie ist nicht nur die Lebensgemeinschaft von Einzelnen, sondern bildet darüber hinaus den Kern einer gesunden Gesellschaft. Diese Keimzelle der Gesellschaft gilt es mit allen Mitteln zu schützen und zu fördern.

BILDUNG UND ERZIEHUNG

Die Grundlagen für Bildung und Erziehung werden in der Familie gelegt. Als „Fundament der Gesellschaft" (Zweites Vatikanisches Konzil, Pastoralkonstitution „Gaudium et spes", 52) ist die Familie der primäre, originäre und authentische Ort der Erziehung. Bei seinem Besuch im Haus der Heiligen Familie in Nazareth sagte Papst Paul VI.: „Nazaret zeige uns, wie kostbar die Unterweisung in der Familie ist, eine Unterweisung, die durch nichts ersetzt werden kann". In diesem Sinne argumentiert auch das Zweite Vatikanische Konzil: „Die Eltern haben zuerst und unveräußerlich die Pflicht und das Recht, ihre Kinder zu erziehen" (Erklärung über die christliche Erziehung, 6).

Versuche des Staates, die Erziehungs- und Bildungsaufgaben immer stärker an sich zu reißen, sind kritisch zu beobachten. Ganztagsschulen und Ganztagsbetreuung mögen unter dem Druck der Pisastudie ihre Berechtigung haben, vielleicht sogar geboten erscheinen; aber Bildung besteht primär nicht im Vollpumpen mit Faktenwissen, sondern zunächst und vor allem in der Persönlichkeitserziehung, und hier können und dürfen sich die Eltern nicht aus der Verantwortung stehlen. Ohne die Eltern geht nichts. Erziehung ist unveräußerliches Recht, aber auch unabdingbare Pflicht der Eltern. Gott bewahre uns vor DDR-Verhältnissen, wo der Staat in die Hoheitsrechte der Eltern eingriff. Was die Familie leisten kann, darf ihr der Staat nicht abnehmen. Der Staat darf nur unterstützend intervenieren. Hier greift das Subsidiaritätsprinzip, demzufolge eine Organisationseinheit (in diesem Falle die Familie) selbst tun darf und muss, was sie tun kann. „Das Recht der Eltern auf Erziehung in der Familie ist zu sichern" (Vatikanum II, „Gaudium et spes", 52).

Es ist statistisch erwiesen, dass Schüler, die aus stabilen und gesunden Familienverhältnissen kommen, in der Regel eine höhere Leistungsmotivation besitzen und von daher auch den schulischen Anforderungen besser gerecht werden. Die Schule muss auf dem in der Familie gelegten Fundament die Schüler und Schülerinnen ganzheitlich bilden. Ein Grundübel im Bildungsbereich besteht heutzutage in der zunehmenden Spezialisierung, also Reduzierung der Bildung auf sektorale Kenntnisse, auf Detailwissen. Die Allgemeinbildung bleibt vielfach auf der Strecke. Das humanistische, universale Bildungsideal ist vielerorts einer rein pragmatischen, funktionalen, im Hinblick auf den künftigen Beruf ausgerichteten Wissensvermittlung zum Opfer gefallen. Nicht zuletzt die beliebten, auf fast allen TV-Kanälen laufenden Ratesendungen (Deutschland gerät ja allmählich zu einer „Raterepublik") entlarven schonungslos zahlreiche eklatante Lücken und Mängel in der Allgemeinbildung, wobei Ausnahmen die Regel bestätigen.

Zu beklagen ist überdies der rasante Verfall der deutschen Sprache und deren zunehmendes Englisieren. Das Vokabular der jungen Leute von heute wimmelt nur so von englischen Begriffen und Fachausdrücken. Aber auch in Geschäften und Kaufhäusern wird die Ware oft mit anglisierenden Geheimchiffren ausgezeichnet. Ein normaler Kunde ist da nicht selten überfordert. Ganz zu schweigen von den Anglizismen im Computersektor.

Der Bildungsnotstand manifestiert sich nicht minder auf religiösem Gebiet. Viele Menschen sind de facto religiöse Analphabeten; sie kennen nicht einmal die zentralen Glaubensinhalte oder ihr religiöses Wissen ist in den Kinderschuhen stecken geblieben. Was Weihnachten oder Ostern bedeutet, ist vielen unbekannt. Freilich geht es bei der religiösen Bildung primär nicht um Faktenwissen, aber ohne Grundkenntnisse der Glaubenslehre und ohne eine fundierte Glaubenspraxis ist es unmöglich, auf die geistigen Herausforderungen unserer Zeit wirksam zu reagieren und die Konfrontation mit jenen zu bestehen. Hier kommt dem Religionsunterricht eine hohe Bedeutung zu, weil er zur Dialogfähigkeit in religiösen und ethischen Fragen beiträgt. Von daher muss sein Verfassungsrang in den Schulgesetzen aller Bundesländer festgeschrieben werden.

Insgesamt ist eine bedrohliche Schieflage im deutschen Bildungssystem zu konstatieren. Reformen sind überfällig. Kein Schulbesuch darf ohne Schulabschluss, kein Schulabschluss ohne Ausbildungs- oder Studienanschluss bleiben. Ist es nicht alarmierend, wenn allein im Jahre 2010 ungefähr 60.000 Jugendliche die Schule abgebrochen haben – ohne jeglichen Abschluss, wenn ca. 20 Prozent aller Schulabgänger nicht ausbildungsfähig sind und wenn jeder 6. junge Mensch in Deutschland zwischen 20 und 30 Jahren keinen Berufsabschluss hat? Bildung ist ein entscheidender, wenn nicht *der* entscheidende Schlüssel, um sich aus Armut und sozialer Notlage zu befreien. Daher muss der Staat vor allem für eine größere Bildungsgerechtigkeit sorgen, damit die wachsende Bildungskluft in Deutschland überwunden wird.

Anzustreben ist eine umfassende Bildung und Erziehung, die sich sowohl um die Vermittlung von ethischen und moralischen Grundwerten als auch um Antworten auf die Fragen nach dem Woher und Wohin des Menschen bemüht und damit Lebensorientierung einschließlich der religiösen Dimension gibt.

UNZERTRENNLICHE ZWILLINGE

„Das Duo" wie auch „Ein Fall für Zwei" sind Titel beliebter Fernsehserien. Aber nicht nur im visuellen Medium, auch im Glaubensleben geht es um Zwei: Die beiden Hauptgebote der Gottes- und Nächstenliebe.

Die Liebe zu Gott und die Liebe zum Mitmenschen verhalten sich zueinander wie eine Doppeltür, deren Eigentümlichkeit es ist, dass sich beide Türen nur gleichzeitig öffnen lassen. Man kann sich nicht Gott öffnen und zugleich dem Nächsten verschließen, ebenso wenig können wir die Tür zum Nächsten öffnen und die Tür zu Gott zuschlagen.

Der Jordan, biblischer Fluss, kann uns hier Anschauungsunterricht erteilen. Der Fluss nimmt einen interessanten Verlauf: Er fließt vom Hermongebirge zunächst in den See Genesaret, der eines der lebendigsten und fischreichsten Gewässer im Orient ist. Dies liegt daran, dass der Jordan hier nicht nur einen Eingang, sondern auch einen Ausgang, sozusagen zwei Türen findet. Vom Galiläischen Meer fließt er weiter ins Tote Meer. Letzteres ist eines der trostlosesten Gewässer, ohne Leben, eben ein totes Meer. Der Grund ist, dass es dort für den Jordan zwar einen Eingang, aber keinen Ausgang gibt. Dieser ist blockiert durch eine Erdverwerfung. Jeden Tag verdunstet im Toten Meer so viel Wasser wie der Jordan hinein trägt.

Der Jordanlauf wird so zum Sinnbild unseres Lebenslaufes: Wir sind tot für Gott und die Menschen, wenn wir nicht beide Türen offen halten: Eine zu Gott und eine zu den Menschen. Jesus sagt: „Du sollst den Herrn, deinen Gott, lieben mit ganzem Herzen, mit ganzer Seele und mit all deinen Gedanken. Das ist das wichtigste und erste Gebot. Ebenso wichtig ist das zweite: Du sollst deinen Nächsten lieben wie dich selbst" (Mt 22,37-39). Gottes Sohn hat mit dem ersten und größten Gebot (Gottesliebe) ein zweites (Nächstenliebe) verbunden. Die Zwei bilden eine unaufgebbare Einheit, beide gehören untrennbar zusammen. Johannes drückt diese Kombination, ja unauflösliche Synthese von Gottes- und Nächstenliebe so aus: „Wenn jemand sagt: Ich liebe Gott!, aber seinen Bruder hasst, ist er ein Lügner. Denn wer

DIE CARITAS, Miniatur (Ausschnitt); Hildegard von Bingen; Liber Divinorum Operum-Welt und Mensch; Lucca-Codex; um 1240

– Christliche Ethik –

seinen Bruder nicht liebt, den er sieht, kann Gott nicht lieben, den er nicht sieht. Und dieses Gebot haben wir von ihm: Wer Gott liebt, soll auch seinen Bruder lieben" (1 Joh 4,20.21). „Ein neues Gebot gebe ich euch: Liebt einander! Wie ich euch geliebt habe, so sollt auch ihr einander lieben. Daran werden alle erkennen, dass ihr meine Jünger seid: wenn ihr einander liebt" (Joh 13,34.35), lautet das komplementäre Element des Gebotes der Gottesliebe. Das Kriterium authentischer Jüngerschaft ist die Bruderliebe. Bruderhass steht in diametralem Gegensatz zum Evangelium Christi, ja pervertiert das Christsein.

Zum Doppelgebot der Liebe sagt Augustinus: „In der Reihe des Doppelgebots steht an erster Stelle die Liebe zu Gott. In der Ordnung des Handelns kommt aber die Nächstenliebe zuerst. Der dir die Liebe in diesen zwei Geboten vorschreibt, wird dir nicht zuerst die Nächstenliebe ans Herz legen und dann erst die Gottesliebe, sondern die Gottesliebe zuerst und dann die Nächstenliebe. Du aber siehst Gott noch nicht; das verdienst du erst, wenn du den Nächsten liebst, den du siehst; indem du den Nächsten liebst, reinigst du dein Auge, um Gott schauen zu können. Einleuchtend sagt Johannes: ‚Wer seinen Bruder, den er sieht, nicht liebt, kann Gott nicht lieben, den er nicht sieht' (1 Joh 4,20).

Es wird dir gesagt: Du sollst Gott lieben! Wenn du mir erwiderst: Zeig mir, den ich lieben soll, was soll ich anders antworten, als was Johannes schreibt: ‚Niemand hat Gott je gesehen' (Joh 1,18). Damit du aber nicht glaubst, es sei dir völlig unmöglich, Gott zu sehen, sagt er: ‚Gott ist die Liebe, und wer in der Liebe bleibt, bleibt in Gott' (1 Joh 4,16). Liebe also den Nächsten; blicke in dein Herz, um zu erkennen, warum du den Nächsten liebst; dort wirst du Gott schauen auf deine Weise.

Fang also an, den Nächsten zu lieben ... Indem du den Nächsten liebst und für deinen Nächsten sorgst, machst du dich auf den Weg. Wohin geht dein Weg, wenn nicht zu Gott dem Herrn, zu ihm, den wir von ganzem Herzen, aus ganzer Seele und mit dem ganzen Denken lieben sollen! Wir sind zwar noch nicht beim Herrn angelangt. Aber wir haben den Nächsten bei uns. Trage den, mit dem du gehst, um zu dem zu gelangen, bei dem du ewig bleiben möchtest".

Christliche Nächstenliebe meint aber mehr als das Motto: „Seid nett zueinander"; sie verlangt auch mehr als der humanistische Imperativ: „Edel sei der Mensch, hilfreich und gut". Christliche Caritas ist etwas anderes als hehre Humanitas (Menschlichkeit). Sie weiß sich zur Liebe zu allen Menschen verpflichtet, weil Gott für jeden Menschen Mensch geworden ist und sich mit jedem(r) Einzelnen solidarisiert, ja identifiziert hat: „Was ihr für einen meiner geringsten Brüder (und Schwestern) getan habt, das habt ihr mir getan" (Mt 25,40).

Wenngleich Nächstenliebe auch von anderen Religionen, etwa vom Judentum, gepredigt wird, weist das Gebot der christlichen Nächstenliebe einen qualitativen Unterschied auf, und zwar hinsichtlich des Beweggrundes: Der Christ liebt den anderen nicht nur als Mitmenschen oder Artgenossen, sondern weil er in ihm Gott begegnet. Er engagiert sich für den Nächsten nicht nur aufgrund der Sozialnatur des Menschen, vielmehr übersteigt er diese rein sozialethische Motivation, weil er in jedem Menschen den Bruder bzw. die Schwester Christi und damit Gott sieht. Die selige Mutter Teresa sagt: „In der Eucharistie haben wir Christus in Gestalt von Brot, aber in den zerstörten Leibern der Menschen, in den Kindern der Elendsviertel, sehen wir Christus und berühren ihn". An diesem Punkt wird nicht nur die untrennbare Einheit von Eucharistie und Caritas, sondern auch das spezifische Motiv der christlichen Nächstenliebe überdeutlich.

Unser Ich bedarf einer neuen Sensibilisierung für die Nöte der Mitmenschen, wobei jedoch eine uneigennützige Nächstenliebe gefragt ist. Wie oft setzen sich Leute für andere ein und haben dabei nur sich selbst im Sinn, indem sie sich von einem solchen Engagement Anerkennung, Auszeichnung, Verdienstorden etc. erhoffen. Jesus aber sagt: „Wenn du Almosen gibst, soll deine linke Hand nicht wissen, was deine rechte tut. Dein Almosen soll verborgen bleiben und dein Vater, der auch das Verborgene sieht, wird es dir vergelten" (Mt 6,3.4). Es geht um eine Kernspaltung des egoistischen Denkens, um eine Herzverpflanzung, wie sie der Prophet Ezechiel beschreibt: „Ich schenke euch ein neues Herz und lege einen neuen Geist in euch. Ich nehme das Herz von Stein aus eurer Brust und gebe euch ein Herz von Fleisch" (Ez 36,26).

Insgesamt müssen sich die Christen ihrer Verantwortung neu bewusst werden, am Aufbau einer sozialen, gerechten und humanen Gesellschaftsordnung mitzuwirken. Bei aller Erwartung des ewigen Lebens dürfen sich Christen nicht der Passivität hingeben. Gottesliebe postuliert immer auch ein innerweltliches Engagement, insbesondere einen sozial-karitativen Einsatz, wie dieser u.a. in den bedeutsamen Enzykliken „Deus Caritas est" (Gott ist die Liebe) und „Caritas in veritate" (Die Liebe in der Wahrheit) Papst Benedikts XVI. gefordert wird. Gerade in einer Zeit zunehmender Individualisierung und Entsolidarisierung appelliert die Gottesliebe stets an die Nächstenliebe; denn beide bilden ein unauflösliches, sich gegenseitig bedingendes Duo. Zwischen Gottes- und Nächstenliebe besteht ein untrennbares Junktim, beide sind wie unzertrennliche Zwillinge.

Gesicht Christi – Gesichter der Menschen; © *Chrétiens-Medias, Paris; Beuroner Kunstverlag*

ARMUT

Es verwundert schon, wenn ausgerechnet in einem Wohlfahrts- und Sozialstaat wie der Bundesrepublik Deutschland das Thema „Armut" mehr und mehr in den Brennpunkt rückt. 13 Prozent der deutschen Bevölkerung leben unter der Armutsgrenze – darunter befinden sich 2,5 Millionen Kinder und Jugendliche, jedes 6. Kind in Deutschland ist arm. 1,3 Millionen Menschen benötigen trotz Arbeit staatliche Unterstützung. Angesichts des demografischen Faktors nimmt aber auch die Altersarmut zu. Je älter die Menschen werden – dank Gott und der Medizin –, umso mehr potenzieren sich die Risiken von Krankheit und Invalidität.

Hier stellt sich die Frage, ob seitens der Wirtschaft und Politik das Problem der Altersvorsorge rechtzeitig in den Blick genommen worden ist. In den letzten Jahren hat der Hauptakzent des politischen und ökonomischen Handelns auf der Steigerung der Produktivität und der Ankurbelung des Wirtschaftswachstums gelegen mit der Begründung, nur eine florierende Wirtschaft sichere die Sozialsysteme. Letzteres ist für sich genommen ja richtig; kritisiert werden muss aber, dass man die Lösung der Probleme in blindem Glauben der freien Entfaltung der Marktkräfte überlässt. Aufgabe des Staates ist es aber, die Rahmenbedingungen schaffen, die einer ebenso freien wie sozialen Marktwirtschaft dienen. Eine freie Marktwirtschaft ohne soziale Komponenten wäre ein Rückfall in den Manchesterkapitalismus und Wirtschaftsliberalismus, die den Menschen zu einem reinen Produktionsfaktor degradieren. Der Mensch ist jedoch das wichtigste Kapital eines Unternehmens, deshalb muss er auch im Zentrum von Politik und Wirtschaft stehen.

Wenn die soziale Sicherheit auf der Strecke bleibt, ist das System insgesamt fragwürdig. Gewiss sind öko-

Hl. Elisabeth; Beate Heinen; © Buch- & Kunstverlag Maria Laach, Nr. 5397

– *Christliche Ethik* –

nomische Reformen und der Umbau des Sozialstaates notwendig, um die Sicherung der Sozialsysteme auch in Zukunft zu garantieren; es bedarf aber einer ausgewogenen Balance zwischen Reform und deren sozialer Abfederung, und dies ist bei weitem nicht der Fall. Bedauerlicherweise kommt hinzu, dass der Staat die geforderte Eigeninitiative der Bürgerinnen und Bürger zur Sicherung ihrer Existenz und damit auch zur Altersvorsorge dadurch unterminiert, dass er das angesammelte Kapital durch hohe Steuer- und Abgabenlast wieder auffrisst. Wir leben in einem Steuerstaat, der europaweit seinesgleichen sucht.

Armut nagt ebenso wie Arbeitslosigkeit an der Persönlichkeitsstruktur der Betroffenen; auch ist „die menschliche Freiheit oft eingeschränkt, wenn der Mensch in äußerster Armut lebt" (Zweites Vatikanisches Konzil, Pastoralkonstitution „Gaudium et spes", 31). Deshalb muss Armut bekämpft werden, und zwar nicht irgendwann, sondern hier und heute. Wenn Jesus sagt: „Selig, die arm sind vor Gott; denn ihnen gehört das Himmelreich" (Mt 5,3), hat er damit sicherlich nicht gemeint, die Lösung der sozialen Frage auf das Jenseits zu verschieben. Wir dürfen die Armen und sozial Schwachen nicht auf ein besseres Leben nach dem Tode vertrösten; andernfalls bekämen Marx und Engels noch im Nachhinein Recht mit ihrer Behauptung, Religion sei Opium für das Volk.

Der hl. Vinzenz von Paul schreibt über die Liebe zu den Armen: „Wenn ihr die Armen im Licht des Glaubens anseht, dann werdet ihr erkennen, dass sie den Sohn Gottes vertreten, der die Armut erwählt hat… Der Dienst an den Armen ist allem anderen vorzuziehen und ohne Aufschub zu leisten. Braucht ein Armer während der Gebetszeit eine Arznei oder eine Hilfestellung, so geht ruhig zu ihm und bietet Gott dar, was zu tun ist, als wärt ihr beim Beten geblieben … Denn es ist keine Vernachlässigung Gottes, wenn ihr wegen Gott von Gott weggeht. Ihr habt eine fromme Handlung unterlassen, um eine andere zu leisten. Wenn ihr daher das Gebet verlasst, um einem Armen zu Diensten zu sein, so denkt daran, dass ihr diesen Dienst Gott erweist. Die Liebe steht höher als irgendwelche Regeln. Auf die Liebe muss alles ausgerichtet sein. Sie ist die große Herrin, und was sie gebietet, haben wir zu tun. So wollen wir denn mit einer neuen Liebe des Herzens den Armen dienen". Mit ähnlichen Worten mahnt der hl. Gregor von Nazianz eine ad-hoc-Caritas an : „Die Menschenfreundlichkeit duldet keinen Aufschub… Wir wollen Christus in den Armen und in den heute am Boden Liegenden Erbarmen erweisen". Und Arme gibt es auch bei uns in Deutschland in Hülle und Fülle.

Bei aller dramatischen Zunahme der Armut (ob Kinder- oder Altersarmut) in unserem Land ist es dennoch geboten, über den Tellerrand der Republik zu blicken. Im Vergleich zu vielen Ländern auf dem Globus leben wir noch in einigermaßen gesicherten Verhältnissen. So manche Nation wäre froh, wenn sie unsere Probleme hätte. Das spricht uns aber nicht von der Verpflichtung frei, die Armut auch bei uns nicht nur zu registrieren, sondern diesem Missstand auch energisch zu Leibe zu rücken.

Neben der materiellen Armut gibt es eine noch tiefer gehende, ja existenzielle Armut: Es ist die Endlichkeit und Sterblichkeit des Menschen. Aus dieser Armut kann der Mensch sich aus eigener Kraft nicht befreien. Hier ist er angewiesen auf „Jesus Christus, den Herrn, als Retter, der unseren armseligen Leib verwandeln wird in die Gestalt seines verherrlichten Leibes" (Phil 3,20.21). Der Unsterbliche ist sterblich geworden, um unsere Sterblichkeit in Unsterblichkeit zu verwandeln: „Denn ihr wisst, was Jesus Christus, unser Herr, in seiner Liebe getan hat: Er, der reich war, wurde euretwegen arm, um euch durch seine Armut reich zu machen" (2 Kor 8,9).

NICHT VON BROT ALLEIN (Mt 4,4)

Laut UN-Angaben liegt die Zahl der unterernährten Menschen weltweit bei 950 Millionen, also fast einer Milliarde. Damit hungert jeder sechste Mensch. In Hongkong, Bombay, Kalkutta und vielen anderen Städten werden allmorgendlich die Leichen von Verhungerten abtransportiert. Das Fernsehen liefert uns frei Haus Bilder von Babys mit dicken Wasserbäuchen; von Kindern, die vor lauter Hunger an Mülltonnen herumlungern, um sich von den Abfallprodukten zu ernähren, oder Bilder von ausgehungerten, ausgemergelten Menschen, an denen es nur noch Haut und Knochen zu sehen gibt. Papst Paul VI. richtete während seines Indienbesuchs im Jahre 1965 einen leidenschaftlichen Appell an alle Länder der Erde, einen so genannten Weltfonds einzurichten, in den jeder Staat einige Prozente seines Rüstungsetats abzweigen sollte, um das Hungergespenst wenigstens teilweise zu verbannen. Der Aufruf ist bis heute ohne größere Resonanz geblieben.

Wenn wir über den Tellerrand unserer Region blicken und hören, können wir den Schrei nach einem Brotmessias nicht überhören, nach jemandem, der die Zufuhr physischer Kalorien sichert. In unserer Konsumgesellschaft ist nicht Hunger, sondern Übersättigung das ungelöste Problem. Während andere hungern und verhungern, können wir in unseren Bäckereien zwischen zahllosen Brotsorten auswählen. In Deutschland werden jährlich rund zwanzig Millionen Tonnen (teilweise noch brauchbare) Lebensmittel auf den Müll geworfen. Jeden Tag lassen Schulkinder schätzungsweise 100.000 Pfund Brot unter den Bänken liegen oder werfen sie in die Papierkörbe. In Europa und Nordamerika entsorgt jeder Einwohner

Abendmahl; Egino Weinert; Atelier Weinert, Köln

pro Jahr bis zu 115 Kilogramm Essbares. „Die Menge der produzierten Lebensmittel könnte rechnerisch reichen, um alle Menschen auf unserem Planten zu ernähren", sagte Verbraucherschutzministerin Ilse Aigner. Könnte, denn nach Expertenangaben geht weltweit fast ein Drittel aller Lebensmittel verloren.

Jesus weiß um die materielle Not und darum, dass leere Mägen sich nicht mit billigen Phrasen und lammfrommen Sprüchen vollstopfen lassen, dass „die Liebe durch den Magen geht", hat er doch das Phänomen Hunger am eigenen Leibe erfahren (vgl. Mt 4,2); er weiß aber auch, dass der Mensch nicht nur nach Brot hungert. Seine Diagnose lautet auf ein zutiefst seelisches Hungerleiden: „Der Mensch lebt nicht nur von Brot, sondern von jedem Wort, das aus Gottes Mund kommt" (Mt 4,4). Die Menschen hungern nicht nur nach Brot, sondern nach Liebe, Geborgenheit, Angenommensein, Mitmenschlichkeit, Solidarität, Kommunikation, nach dauerhaftem Dasein, permanentem Glück und endgültiger Erfüllung. Und dieser Hunger lässt sich nicht allein durch den Konsum der Güter unseres Globus stillen. Die Speisekarte der Welt reicht nicht aus, um unseren tiefsten Hunger zu sättigen. Unser Herz ist viel zu groß für diese Welt beziehungsweise die Welt ist viel zu klein für unser Herz, als dass unser Lebens – und Liebeshunger hier seine endgültige Saturation erreichen könnte. Das menschliche Herz ist vom Schöpfer so gemacht worden, dass es nur in Gott zur Ruhe kommen kann, wie der Psalmist sagt: „Bei Gott allein kommt meine Seele zur Ruhe" (Ps 62,2.6). „Auf dich hin, o Gott, hast du unser Herz geschaffen und unruhig ist es, bis es ruht in dir" (Augustinus). Und von der seligen Mutter Teresa von Kalkutta stammt das Wort: „Letztlich hungern die Menschen nach Gott, nach Jesus, der von sich sagt: ‚Ich bin das Brot des Lebens' (Joh 6,35)". Wir sind auf ihn angewiesen wie auf das tägliche Brot, wollen wir uns nicht der Gefahr einer religiösen Schwindsucht und seelischen Unterernährung aussetzen. Wir brauchen nicht nur physische Kalorien, sondern auch und weit mehr die geistigen und geistlichen Energien und Nahrungsmittel, damit wir auf der irdischen Pilgerreise nicht auf der Strecke bleiben, dahinsiechen und zum Erliegen kommen. So schlimm und nagend leiblicher Hunger sein mag: Millionen Menschen verhungern nicht leiblich, sondern seelisch, weil sie nicht vom Brot des Lebens essen. Der Mensch lebt eben nicht von Brot allein, sondern von dem, der gesagt hat: „Ich bin das Brot des Lebens" (Joh 6,48); „Ich bin das lebendige Brot, das vom Himmel herabgekommen ist. Wer von diesem Brot isst, wird in Ewigkeit leben" (Joh 6,51).

– *Christliche Ethik* –

NICHT NUR ÜBER DEN FEHMARNBELT

Deutschland und Dänemark haben einen Vertrag zum Bau einer 19 (!) Kilometer langen Brücke über die Ostsee nach Dänemark unterschrieben. Die geplante Brücke führt über die Meerenge zwischen der schleswig-holsteinischen Ostseeinsel Fehmarn und der dänischen Insel Lolland. Ein gigantisches, auf 5,6 Milliarden Euro veranschlagtes Projekt, das den Architekturwundern der „Golden Gate Bridge" von San Francisco oder der Brücke von Sydney in nichts nachstehen soll.

Brücken müssen nicht nur über Flüsse und Meere gebaut werden. Auch im religiösen und zwischenmenschlichen Bereich gilt es, solche Verbindungen zu schaffen. Der Papst trägt den Ehrentitel „Pontifex", das Wort leitet sich ab vom lateinischen „pontem facere" = eine Brücke bauen, wörtlich: machen. Die Hauptmission des Papstes besteht darin, Brückenbauer zu sein, Brücken zu schlagen zwischen Menschen und Gott sowie von Menschen zu Menschen.

Im Zentrum der Botschaft vom seligen Papst Johannes Paul II. stand die Würde des Menschen als Ebenbild Gottes. Daher rührten seine unaufhörlichen Forderungen nach Respektierung der Menschenrechte, vor allem nach Achtung des Lebensrechtes eines jeden Individuums, ob geboren oder ungeboren, gesund oder krank, jung oder alt. Ferner forderte er immer wieder soziale Gerechtigkeit, humane Lebensbedingungen, Frieden und Freiheit ein. Gleich zu Beginn seines Pontifikats im Jahre 1978 rief er aus: „Habt keine Angst! Öffnet die Tore für Christus! Öffnet die Portale für Freiheit und Menschlichkeit"! Das war die Initialzündung für die Gründung der polnischen Arbeitergewerkschaft „Solidarnosc" und für deren Aufstand gegen das kommunistische Regime. Mit seinem Eintreten für die elementaren Menschenrechte hat Papst Johannes Paul II. zumindest indirekt den Ost und West trennenden Eisernen Vorhang, letztendlich auch die Berliner Mauer zu Fall gebracht und damit die Wiedervereinigung Deutschlands eingeleitet. Er hat ohne Übertreibung einen großen Teil zur politischen Umgestaltung in ganz Europa beigetragen und ist so zu einem Brückenbauer Europas geworden. Von daher darf man mit Fug und Recht Johannes Paul II. nicht nur als pastoralen, sondern im wahrsten Sinne des Wortes auch als „politischen" Pontifex bezeichnen.

Pontifex zu sein gilt aber nicht nur für den Papst. Alle Getauften und Gefirmten müssen Brückenbauer sein. Wir alle sind aufgerufen, Menschen, die mit Gott nichts anzufangen wissen, eine Brücke zu Gott zu bauen. Es geht aber nicht nur um die Brücke zu Gott, sondern auch um diejenige zu den Menschen. Wir leben in einer Welt zerstörter und abgerissener Brücken: In gescheiterten Ehen, in zerbrochenen Familien, in den zerrissenen Banden zwischen Parteien, Konfessionen, Völkern und Rassen, Ideologien und Religionen. Brücken müssen gebaut werden zwischen Eltern und Kindern, Lehrern und Schülern, Alten und Jungen, zwischen Einheimischen und Fremden, Armen und Reichen, oftmals auch zwischen der Kirche und den Menschen, zwischen Hierarchie und Basis.

Brücken spielen in vielen Filmen eine Hauptrolle, so z.B. in den Streifen „Die Brücke von Arnheim", „Die Brücke von Remagen" oder „Die Brücke am Kwai". Mehr aber noch als im Film kommt es darauf an, in der Realität eine Brückenfunktion wahrzunehmen. Da ist nicht immer der große Brückenschlag gefragt; oft genügen kleine Brücken, kleine Hilfskonstruktionen, um einen abgerissenen Dialog wieder in Gang zu bringen. So etwa, wenn man den ersten Schritt tut, um den Kontakt zu einem Menschen, mit dem Streit ist, wieder herzustellen. Die Dinge können zuweilen per Handschlag wieder ins Lot gebracht werden. Um zwischenmenschliche Brücken zu errichten, bedarf es keiner großen Worte, sondern der kleinen verbindenden Gesten und Zeichen.

Der Papst ist ein gelehriger Schüler und Lehrmeister in Sachen Brückenbau. Er sucht das Gespräch mit Menschen in aller Welt über alle Grenzen hinweg. Er spricht mit Moslems und Hindus, er predigt in jüdischen Synagogen und evangelischen Gemeinden, er spricht mit Sportlern und russischen Reportern, mit Königen, Staatspräsidenten und römischen Bettlern... Wann und wo sind wir Gesprächspartner in Ehe, Familie, Nachbarschaft, in der Schule, im Betrieb, in der Firma, in der Freizeit?

Es gibt auf der Welt faszinierende Brücken, neben den oben erwähnten u.a. die von Michelangelo entworfene „Engelsbrücke", die über den Tiber in Rom führt. Schöner, bewundernswerter und wichtiger sind aber Brücken, die nicht zwei Ufer, sondern Menschen miteinander verbinden. Von solchen Brücken kann es nie genug geben. Hier kann jede(r) mitbauen, jede(r) muss ein Pontifex sein. Anders gesagt: Wir brauchen tragfähige Brücken in der Menschenwelt, nicht nur über den Fehmarnbelt.

Engelsbrücke, Rom

GELD ALS GÖTZE

Die aus dem Jahre 2008 datierende, aber immer noch nicht vollständig überwundene (siehe die Euro- und Schuldenkrise) globale Finanzkrise hatte und hat viele Ursachen. Hauptgrund für den Zusammenbruch der internationalen Finanzmärkte war und ist eine Verabsolutierung der freien Entfaltung der Marktkräfte und damit einhergehend ein exzessives und schrankenloses Gebaren im Finanzsektor. Auf der rücksichtslosen Jagd nach höchsten Renditen hatten (nicht nur in den USA) renommierte Banken die Sicherungsseile gegenseitiger Kredite zu einem Strick verknotet, der ganze Volkswirtschaften und Einzelexistenzen mit sich in die Tiefe riss. Letztlich zeichneten wildes Spekulantentum und Gewinngier für das Chaos in der Finanz- und Wirtschaftswelt verantwortlich. Hier verifiziert sich das Wort der Schrift: „Wer das Geld liebt, bekommt vom Geld nie genug" (Koh 5,9). Geld fungiert als Götze.

Nun ist es aber nicht so, als ob Geld für sich genommen schon ethisch bedenklich, verwerflich oder gar zu verteufeln wäre. Geld ist zunächst einmal ein sittlich neutrales Zahlungsmittel. „Pecunia non olet": Geld stinkt nicht. Von daher ist auch Gewinnmaximierung legitim, wie dies in der Enzyklika „Centesimus annus" (1991) von Papst Johannes Paul II. ausdrücklich betont wird, zumal eine finanziell starke und florierende Wirtschaft die tragende Säule des Sozialnetzes einer Gesellschaft bildet. Fragwürdig, ja unmoralisch wird der Umgang mit Geld erst dann, wenn er von hemmungsloser Gewinngier diktiert wird: „Des Geldes wegen haben schon viele gesündigt" (Sir 27,1); „wer dem Geld nachjagt, versündigt sich" (ebd. 31,5). Wilde Spekulation ist Sünde. Hier müssen auch die Wirtschaftsmanager, ohne diese mit einer Pauschalschelte überziehen und eine generalisierende Stimmungsmache gegen sie entfachen zu wollen, in die ethische und rechtliche Verantwortung genommen werden. Den Wirtschaftsbossen darf nicht der Hinweis auf eine freie Marktwirtschaft als Alibi für ihr Verhalten dienen. Freie Marktwirtschaft ist aus Sicht der Katholischen Soziallehre kein Freibrief für zügelloses Finanzgebaren. Das marktwirtschaftliche Credo ist nicht das Heil aller Dinge. Im Zentrum der freien Marktwirtschaft muss der Mensch und damit auch die Sozialverpflichtung diesem gegenüber stehen. Eine freie Marktwirtschaft ohne soziale Komponenten kurbelt den Turbokapitalismus und Neoliberalismus an, die den Menschen nur als Produktionsfaktor definieren und zum Molekül ökonomischer Prozesse degradieren.

Von daher liegt die Lösung der Probleme nicht in einem blinden Glauben an die freie Entfaltung der Marktkräfte. Es ist deshalb Aufgabe des Staates, die soziale Verträglichkeit wirtschaftlichen Handelns sicherzustellen. Keinesfalls aber darf der Staat in eine Rolle schlüpfen, die ihm nicht zukommt. So würde der Staat sich übernehmen, wenn er die Funktion eines Unternehmers übernähme. Das widerspräche nicht nur den Prinzipien der freien Marktwirtschaft, sondern auch denjenigen der Katholischen Soziallehre. Konkret ist der Staat gefordert, den Spekulanten die rote Karte zu zeigen. Insgesamt müssen die globalen Finanzsysteme reformiert und die internationalen Bankenbranchen transparenter werden einschließlich einer lückenlosen Kontrolle derselben.

Es wird allerhöchste Zeit, dass an die Stelle einer Vergötzung des Geldes und der Gier nach Gewinn soziale Gerechtigkeit und Verantwortung treten. Geld und Gewinn dürfen gemacht werden, dies aber immer im Kontext einer Sozialbindung: „Setz dein Geld ein für den Bruder und Freund, lass es nicht rosten unter dem Stein, bis es verdirbt!" (Sir 29,10). Der Apostel Jakobus sagt es so: „Euer Reichtum verfault…, euer Gold und Silber verrostet" (Jak 5,2), wenn es zum tiefsten Daseinsgrund gemacht und seiner Sozialverpflichtung beraubt wird. Reichtum verpflichtet.

Mit seiner Menschwerdung hat Gott uns ein Geschenk gemacht, das mit Geld nicht zu bezahlen ist.

In seiner unbezahlbaren Güte ist der unendliche, unsterbliche Gott ein endliches, sterbliches Wesen geworden, damit wir endlichen und sterblichen Menschen unsterblich werden. Welch ein „Wechselkurs"!

Was für ein Tauschvorgang! Gott hat seinen Reichtum gegen unsere Armut eingetauscht: „Er, der reich war, wurde euretwegen arm, um euch durch seine Armut reich zu machen" (2 Kor 8,9).

Foto: Christoph Sonderegger, Rheineck

VOM WAHREN SCHATZ

„Verschafft euch einen Schatz, der nicht abnimmt, droben im Himmel, wo kein Dieb ihn findet und keine Motte ihn frisst. Denn wo euer Schatz ist, da ist auch euer Herz" (Lk 12,33.34), sagt Jesus. Dennoch träumen nicht wenige Menschen von irdischen Schätzen, von flotten Autos, schönen Häusern, schicker Mode, Luxusreisen etc. Woche für Woche stürzen sich Millionen ins Lottoabenteuer in der Hoffnung auf einen Supergewinn.

„Geld macht nicht glücklich, aber beruhigt", weiß der Volksmund. Die Bibel hält auf die Frage nach Geld und Reichtum eine andere Antwort parat: „Was nützt es einem Menschen, wenn er die ganze Welt gewinnt, dabei aber sein Leben einbüßt?" (Mk 8,36). Geld ist nicht alles. Es heißt zwar: Für Geld kann man alles kaufen, aber stimmt das wirklich? Kann man Gesundheit kaufen? „Besser arm und gesunde Glieder als reich und mit Krankheit geschlagen" (Sir 30,14). Und lässt sich das Leben selbst kaufen? „Für das Leben ist jeder Kaufpreis zu hoch" (Ps 49,9). Wir versichern uns im Leben für und gegen alles Mögliche, schließen Lebensversicherungen usw. ab, aber das Leben an sich ist finanziell nicht abzusichern.

„Verlass dich nicht auf deinen Reichtum und sag nicht: Ich kann es mir leisten" (Sir 5,1). Nicht, als ob Geld und Reichtum unmoralische und verwerfliche Dinge wären; das Evangelium verteufelt Reichtum und Besitz nicht. Gewinnstreben, ja sogar Gewinnmaximierung ist legitim, sagt Papst Johannes Paul II. in seiner Sozialenzyklika „Centesimus annus"; aber der Psalmist mahnt: „Wenn der Reichtum auch wächst, so verliert doch nicht euer Herz an ihn!" (Ps 62,11). Und noch etwas: Reichtum verpflichtet und fordert zu sozialer Verantwortung heraus. „Euer Reichtum verfault" (Jak 5,2), wenn er keine sozialen Früchte trägt. Eine kapitalistische Ideologie, die den Menschen ausbeutet, handelt unsittlich.

Im Übrigen: „Lass dich nicht beirren, wenn einer reich wird und die Pracht seines Hauses sich mehrt; denn im Tod nimmt er das alles nicht mit, seine Pracht steigt nicht mit ihm hinab" (Ps 49,17.18), „sie müssen andern ihren Reichtum lassen" (Ps 49,11). Das letzte Hemd hat keine Taschen. Paulus sagt: „Wir haben nichts in die Welt mitgebracht, und wir können auch nichts aus ihr mitnehmen" (1 Tim 6,7); „Nackt kam ich hervor aus dem Schoß meiner Mutter; nackt kehre ich dahin zurück" (Ijob 1,21). Von daher ist es eine Illusion, ja absoluter Unsinn zu meinen, das große Spiel des Lebens sei nur mit Geld zu gewinnen.

Wonach wir streben müssen, ist der Gewinn des ewigen Lebens. Ein Weg dorthin führt über gute Werke und Taten. Sie sind das Einzige, was wir aus dieser Welt mitnehmen können, wenn wir vor Gottes Angesicht treten. Gott wird sagen: „Ich war hungrig und ihr habt mir zu essen gegeben; ich war durstig und ihr habt mir zu trinken gegeben; ich war fremd und obdachlos und ihr habt mich aufgenommen…" (Mt 25,35). Das Kapital der guten Taten verzinst sich auf dem Konto der Ewigkeit: Es bringt euch einen „Gewinn, der euch mit Zinsen gutgeschrieben wird" (Phil 4,17); „Eure Einzahlungen sind die guten Werke, damit ihr sie gleichsam als Guthaben zurückerhaltet" (Ignatius v. Antiochien); „Gib das Geld den Armen, und du wirst einen bleibenden Schatz im Himmel haben" (Mk 10,21); „Verkauft eure Habe und gebt den Erlös den Armen! Macht euch Geldbeutel, die nicht zerreißen. Verschafft euch einen Schatz, der nicht abnimmt, droben im Himmel, wo kein Dieb ihn findet und keine Motte ihn frisst" (Lk 12,33). So schreibt denn Paulus an seinen Schüler Timotheus: „Ermahne die, die in dieser Welt reich sind, nicht überheblich zu werden und ihre Hoffnung nicht auf den unsicheren Reichtum zu setzen, sondern auf Gott, der uns alles reichlich gibt, was wir brauchen. Sie sollen wohltätig sein, reich werden an guten Werken, freigebig sein und, was sie haben, mit anderen teilen. So sammeln sie sich einen Schatz als sichere

Grundlage für die Zukunft, um das wahre Leben zu erlangen" (1 Tim 6,17-19).

Dieser wahre Schatz, nämlich das ewige Leben, ist das Geschenk Jesu: „Er, der reich war, wurde euretwegen arm, um euch durch seine Armut reich zu machen" (2 Kor 8,9). Durch seinen Tod und seine Auferstehung hat Gottes Sohn die Armut unserer Sterblichkeit in den Reichtum der Unsterblichkeit umgewandelt. Darum ist der große Zahltag nicht der, an dem ein Lottomillionengewinn ausgeschüttet wird, sondern der, welcher den Gewinn und den Reichtum des wahren Lebens bringt. Von diesem wahren Schatz sollen wir träumen und nach ihm soll unser Herz sich sehnen: „Denn wo euer Schatz ist, da ist auch euer Herz" (Lk 12,34).

BÜRGERSCHAFTLICHES ENGAGEMENT

Bürgerschaftliches Engagement basiert auf der philosophischen und anthropologischen Erkenntnis: Der Mensch ist nicht nur ein Individuum, ein unteilbares, einmaliges, personales Wesen, sondern darüber hinaus ein Sozio-Individuum: Ein Gemeinschaftswesen, das nur in Beziehungen leben kann. Er ist also eine Ich-Du-Existenz. Der Mensch kann nicht „ich-en", ohne zu „du-en". Er kann und darf sich nicht in sich selbst verkriechen und sich isolieren, sondern er braucht den anderen, und der andere braucht ihn. Daraus resultiert eine Wechselbeziehung zwischen dem Wohl des Einzelnen und dem Gemeinwohl. Jede(r) Einzelne trägt eine soziale Verantwortung.

Von daher verbietet sich ein Rückzug ins Schneckengehäuse des eigenen Ich nach der Devise: „Zuerst komme ich, dann komme nochmals ich, und dann kommst du noch lange nicht". Der Trend zum Privatisieren, zur Individualsphäre ist ein besorgniserregendes Merkmal unserer Gesellschaft. Nicht wenige propagieren die so genannte ICH-AG und vertreten den „Ohne mich"-Standpunkt. Es ist eine weit verbreitete Mentalität, alles vom Vater Staat oder von anderen Instanzen und Institutionen zu erwarten und sich selbst der gesellschaftlichen Passivität, dem „Dolce-far-niente: Süßen Nichtstun hinzugeben. Schon das Zweite Vatikanische Konzil (1962-65) postuliert: „Der tiefe und rasche Wandel der Verhältnisse stellt mit besonderer Dringlichkeit die Forderung, dass niemand...durch müde Trägheit einer rein individualistischen Ethik verhaftet bleibe. Die Pflicht der Gerechtigkeit und der Liebe wird ... gerade dadurch erfüllt, dass jeder gemäß ... den Bedürfnissen der Mitmenschen zum Gemeinwohl beiträgt" (Pastoralkonstitution „Gaudium et spes", 30). Wir leben in einer Solidargemeinschaft, in der es keine Einbahnstraße des „Nur-nehmens" geben darf, sondern wo Nehmen und Geben gleichermaßen zur Geltung kommen müssen. Egozentrik und Egotrip führen zu einer Ellenbogengesellschaft und werden so zu einer reellen Gefahr für das Allgemeinwohl.

Das Ehrenamt bedeutet die Übernahme von sozialer und politischer Mitverantwortung für das Gemeinwohl. Es ist ein Stück lebendige Demokratie. Ehrenamtliche Tätigkeit ist Teilhabe am öffentlichen Leben. Solche Partizipation ist nicht nur von grundlegender Bedeutung für die Gesellschaft selbst, vielmehr erfährt auch der Einzelne im Engagement für andere Sinn und Bereicherung für das eigene Leben, ja eine neue Lebensqualität.

Von seiner Definition her ist das Ehrenamt eine Dienstleistung ohne Arbeitsvertrag mit zwei charakteristischen Merkmalen: Die Tätigkeit wird grundsätzlich unentgeltlich und auf freiwilliger Basis geleistet. Dabei ist die volkswirtschaftliche Größe ehrenamtlicher Tätigkeiten nicht zu unterschätzen, durch sie spart unsere Gesellschaft jährlich ca. 10 Milliarden Euro! Von hier hätte das ehrenamtliche und bürgerschaftliche Engagement eine weitaus größere öffentliche Anerkennung und Würdigung verdient als bislang geschehen. Eine rein verbale Wertschätzung des Ehrenamts in hehren und feierlichen Sonntagsreden ist zu wenig; gefordert ist vielmehr eine praktische und effiziente Unterstützung desselben durch Schaffung von Rahmenbedingungen, unter denen ehrenamtliche Tätigkeit den Menschen zugemutet werden kann. Es kann nicht angehen, dass ehrenamtlich Tätige in vielen Fällen ihre Aktivitäten teilweise selbst finanzieren müssen. Das Ehrenamt muss als eine Form gesellschaftlich notwendiger Arbeit gleichwertig neben der Familien- und Erwerbsarbeit stehen, zumal es für viele zu einem Fulltimejob mit einem Riesenaufwand an Zeit und Energie geworden ist. Ehrenamt bedeutet nicht selten viel Amt (Arbeit) und wenig Ehre.

Unser gesellschaftliches System funktioniert nur mit einem lebendigen ehrenamtlichen Engagement. Die Ehrenamtlichen wirken als Bindekräfte, die unsere Gesellschaft zusammenhalten.

Fragt man nach der Motivation für den bürgerschaftlichen Einsatz, so ist hier neben der Verantwortung des Einzelnen für die Gesellschaft auch ein theologischer Beweggrund zu nennen: Der Mensch ist nicht das Produkt einer blinden Evolution, sondern Geschöpf und Ebenbild Gottes, dem mit besonderer Ehrfurcht und Liebe zu begegnen ist. Seit der Menschwerdung Gottes aber begegnen wir in jedem Menschen nicht nur einem Mitmenschen, Artgenossen, sondern Gott selbst, der sich mit jedem Einzelnen solidarisiert, ja identifiziert hat. Hat er doch gesagt: „Was ihr für einen meiner geringsten Brüder (und Schwestern) getan habt, das habt ihr mir getan" (Mt 25,40). Deshalb meint christliche Nächstenliebe mehr als das Motto: „Seid nett zueinander", und verlangt sie mehr als der humanistische Imperativ: „Edel sei der Mensch, hilfreich und gut". Der Christ engagiert sich für den Nächsten nicht nur aufgrund der Sozialnatur des Menschen, vielmehr übersteigt er diese rein sozialethische Motivation, weil er in jedem Menschen den Bruder oder die Schwester Christi sieht. Dann aber wird jedes soziale Engagement zu einem Gottesdienst. Der selige Papst Johannes Paul II. sagt in seiner Enzyklika „Sollicitudo rei socialis": „Wo immer wir etwas Gutes tun, und sei es noch so gering und fragmentarisch, beginnt das Reich Gottes".

„Alle Achtung" – so lautete einst eine Fernsehserie. Präsentiert wurden Menschen, die Gutes getan hatten, ohne dies an die große Glocke zu hängen. Es sind die Stars und Helden des Alltags, die so genannten „Stillen im Lande", die sich ohne PR (Public Relations) uneigennützig und ehrenamtlich engagieren. Solche Menschen sind tragende Säulen des gesellschaftlichen Zusammenlebens, weil sie zum Aufbau einer humanen, sozialen und gerechten Gesellschaftsordnung beitragen. Ohne Ehrenamt und bürgerschaftliches Engagement würde unsere Gesellschaft nicht nur finanziell und materiell, sondern auch ideell zu Grunde gehen. Das Gemeinwohl lebt von Idealisten.

Jede(r) Einzelne muss Verantwortung übernehmen für den anderen; denn – wie oben gesagt – niemand kann ich-en, ohne zu du-en. Keiner kann und darf für sich selbst leben: „Wir ... dürfen nicht für uns selbst leben. Jeder von uns soll Rücksicht auf den Nächsten nehmen, um Gutes zu tun und (die Gemeinde) aufzubauen. Denn auch Christus hat nicht für sich selbst gelebt" (Röm 15,1-3).

WELLE DER GEWALT

Fast täglich werden wir mit dem Thema Gewalt konfrontiert, wobei ein beängstigender Anstieg der Kinder- und Jugendkriminalität zu verzeichnen ist. Am „Tatort" Deutschland wird laut Statistik des Bundeskriminalamtes alle drei Minuten ein Gewaltverbrechen verübt: „Voll von Schlupfwinkeln der Gewalt ist unser Land" (Ps 74,20). Täglich fallen in unserem Land acht Menschen einem Mord oder Totschlag zum Opfer. Der Amoklauf von Winnenden mit 16 (!) Toten reiht sich nahtlos ein in die Gräueltaten von Erfurt und an vielen Orten in den USA, ganz zu schweigen vom grauenvollen Massaker in Norwegen mit 77 (!) Opfern. Gewalt feiert traurige Triumphe.

Worin wurzelt die uns überschwappende Welle der Gewalt? Deren Ursachen sind vielschichtig. Zum einen ist es die Verherrlichung von Gewalt im Fernsehen, auf Videos, besonders aber in den elektronischen Medien; hier sind vor allem Computer-Killerspiele zu nennen. Auch wenn die Macher dieser Medien es brüsk zurückweisen: Sie tragen ein gerütteltes Maß an Mitverantwortung für die verheerenden Folgen. Werden nämlich Mord und Brutalität zur Normalität in der virtuellen Welt, muss man sich nicht wundern, wenn die Stunde der brutalen Mörder auch in der Realität schlägt. Von nichts kommt nichts. „Was der Mensch sät, wird er ernten" (Gal 6,7); „Wer Wind sät, wird Sturm ernten" (Hos 8,7). Gleicht nicht mitunter schon unser Wortschatz einem Gewaltvokabular: „Den mach ich kalt, den schieß ich ab"?

Zum anderen findet die Gewaltbereitschaft ihren Nährboden in Übergriffen in den Familien, in sozialer Ausgrenzung und Unzufriedenheit, in selbst gewählter Isolation, Introvertiertheit, Frustration, Null-Bock-Mentalität, ferner in einer zutiefst verletzten Seele oder auch in mangelnden Berufsperspektiven. Da stauen sich Aggressionen auf, die irgendwann und irgendwo ein Ventil suchen. Dann tickt die Bombe. Wer nicht *ge*-achtet wird, will wenigstens *be*-achtet werden, und sei es durch Gewaltausbrüche. Gewaltakte sind trotzige Manifestationen von „Autonomie". Sie sind nicht zuletzt – und das ist der entscheidende Faktor – Ausdrucksformen einer tiefen existenziellen Krise, vor allem einer fundamentalen Sinnkrise. Gewalt keimt auf in einem abgrundtiefen Sinnvakuum. Wer nicht weiß, wozu er da ist, was den Sinn seines Lebens ausmacht, der dreht irgendwann durch, bekommt einen Filmriss und bricht sich mit Brachialgewalt Bahn. Ohne Hilfen bei der Lösung der Sinnfrage erweisen sich alle Strategien gegen die Jugendgewalt als ein Herumkurieren an Symptomen. Wenn gefordert wird, Priorität müsse die gründliche Erforschung und effektive Bekämpfung der Ursachen solcher Gewaltexzesse haben, so muss bei einer Analyse der laut Soziologen unsere Gesellschaft kennzeichnenden Orientierungs- und Perspektivlosigkeit angesetzt werden.

In diesem Zusammenhang sind gewaltige Erziehungsdefizite zu beklagen, auch gravierende religionspädagogische Mängel, so wenn Kinder und Jugendliche um Gott betrogen werden, nichts mehr von Gott als Ursprung und Ziel des Menschen erfahren, nichts mehr vom Menschen als Geschöpf und Ebenbild Gottes hören. „Gewalt ist die inhumane Frucht von Erziehungsprogrammen, in denen Gott nicht vorkommt" (Papst Johannes Paul II.). Es gibt einen inneren Kausalzusammenhang zwischen der Beziehung zu Gott und derjenigen zum Mitmenschen. Wer sich von Gott lossagt, sagt sich auch vom Menschen los. Nicht von ungefähr folgt in der Bibel auf den Sündenfall prompt der Brudermord: Kain erschlägt Abel. Das Nein zu Gott mündet unweigerlich ein in ein Nein zum Mitmenschen. Wo Gott ausgebootet wird, erleidet der Mensch Schiffbruch, da wird der Mensch un-menschlich, da wird auch eine Gesellschaft inhuman. Wo der Mensch nicht mehr als Geschöpf und Ebenbild Gottes gesehen wird, werden die elementarsten Menschenrechte, vor allem das Recht auf Leben, mit Füßen getreten.

Quintessenz: Religiöse Erziehung ist die wirksamste Gewaltprävention und das effizienteste Prophylaktikum gegen eine Bedrohung des Lebens. Professor Christian Pfeiffer, Direktor des Kriminologischen Forschungsinstituts Niedersachsen (KFN), bestätigt die präventive Kraft der Religion: „Je höher der Christenanteil ist, desto niedriger die Gewaltphasen".

Es ist an der Zeit, das Wort des Psalmisten zur Norm zu machen: „Vertraut nicht auf Gewalt" (Ps 62,11). Jesus preist jene „selig, die keine Gewalt anwenden" (Mt 5,5).

SCHÜTZENFEST

Schützenfeste gehören zu den traditionsreichsten gesellschaftlichen Ereignissen, nicht nur im Sauerland, sondern in ganz Deutschland.

Schützen verstehen zu schießen, insbesondere beim Kampf um die begehrte Königswürde. Schützen beschäftigen sich aber nicht nur mit Schießen, sondern haben auch und vor allem die Aufgabe, andere zu be-schützen. Und schutzbedürftig ist vieles in unserer Gesellschaft, vor allem das Leben und die Würde jedes einzelnen Menschen. Zwar ist laut Grundgesetz „die Würde des Menschen unantastbar" (Art. 1), aber wie oft gerät dieser Artikel unter Beschuss. Ungeborenes und geborenes Leben sind gleichermaßen bedroht. Gewalt und Kriminalität, vor allem bei Jugendlichen, nehmen ständig zu.

Ein weiterer Faktor, der die Würde aller Menschen bedroht, ist die Propagierung eines völlig einseitigen Menschenbildes durch nicht wenige Medien. Da gelten besonders die Attribute: Jung, schön, attraktiv, gesund, erfolgreich; in einem solchen Kriterienkatalog bleiben die Alten, Kranken, Gebrechlichen, Behinderten, Hässlichen, Unsympathischen auf der Strecke. Das Menschenbild wird von einem exzessiven Jugend- und Schönheitswahn dominiert. Hier muss ein unüberhörbarer Warnschuss abgegeben werden, der diese Wahrheit in die Ohren knallt: Jeder Mensch, ob jung oder alt, schön oder hässlich, attraktiv oder abstoßend, gesund oder krank, behindert oder nicht behindert, ist wertvoll, weil er ein Mensch ist.

Der Auftrag, die Würde des Menschen zu schützen, beginnt schon beim ungeborenen Leben. Die Abtreibungsquote, besonders die der Spätabtreibungen, ist exorbitant hoch. Deutschland ist das kinderärmste Land Europas, bei den Geburten bildet es sogar das Schlusslicht; die Alterspyramide wächst kontinuierlich. Im Jahre 2060 wird jeder dritte Deutsche über 60 Jahre alt sein! Tierschutz hat bei uns beinahe höhere Priorität als der Schutz des menschlichen Lebens. Eines steht fest: Wer junges, werdendes, ungeborenes Leben angreift, vergreift sich über kurz oder lang auch am Leben der Alten, Kranken, Schwachen, Gebrechlichen. Dieses verhängnisvolle Junktim ist so sicher wie das Amen in der Kirche. Von der Abtreibung bis zur Euthanasie ist es nur ein kleiner Schritt.

Aber auch geborenes Leben ist in unserer Gesellschaft nicht mehr sicher. Laut Statistik des Bundeskriminalamts fallen bei uns täglich acht Menschen einem Mord oder Totschlag zum Opfer.

Schutzbedürftig sind ferner Menschen mit Migrationshintergrund, die nicht zuletzt durch die fragwürdigen Thesen Thilo Sarrazins zumindest verbalen Angriffen ausgesetzt sind. Weiter: Die Würde des Menschen beschützen heißt auch, eine unverantwortliche Gentechnologie ins Visier zu nehmen. In diesem Sektor wird vielfach über das Ziel hinausgeschossen. Sollen demnächst nur noch Supermenschen Lebensrecht haben? Darf man alles, was man kann?

Schützenvereinen – aber nicht nur ihnen – obliegt eine wichtige gesellschaftliche Aufgabe: Nämlich Glaube, Sitte und Heimat zu schützen und für die Wahrung der elementaren Menschenrechte, besonders des Rechts jedes(r) Einzelnen auf Leben, zu kämpfen.

Schützen sehen sich mitunter dem Vorwurf ausgesetzt, sie seien romantische Militaristen. Das sei dahingestellt, aber in einem Punkt können Schützen nicht militant (= kämpferisch) genug sein: Im Kampf um den Schutz des menschlichen Lebens. Wenn sich Schützen hier engagieren, dürfen sie auch feste feiern.

KOALITION AUF ZEIT?

Die einen hielten es für einen Scherz, die anderen für eine Politposse: Den von der früheren Fürther Landrätin Gabriele Pauli unterbreiteten Vorschlag einer Befristung von Ehen auf etwa sieben Jahre. Danach sollten die Partner sich trennen können oder sich aktiv für eine Verlängerung der Ehe aussprechen. Eine Karikatur in der OV (Oldenburgischen Volkszeitung) brachte es auf den Punkt: „Sankt Paulis Elftes Gebot: Die Ehe währt 7 Jahre. Verlängerung in begründeten Fällen möglich". Dass die Polit-Powerfrau als Höchstgrenze die Zahl 7 für eine letzte Prüfung der Beziehung auserkoren hat, ist möglicherweise auf ihre negativen Erfahrungen mit dem verflixten siebten Ehejahr zurückzuführen. Wie auch immer – offensichtlich glaubte die umtriebige Lady, mit ihrem Gag politisch punkten zu können.

Man könnte über diesen abstrusen Vorstoß zur Ehe auf Zeit zur Tagesordnung übergehen, wenn er nicht seinen Widerhall finden würde bei jenen, die sich bei der Entscheidung für eine Dauergemeinschaft mit einem Partner oder einer Partnerin schwer tun, ja eine solche strikt ablehnen. Viele haben Angst vor einem definitiven Ja zum anderen. Sie ziehen eine provisorische Partnerschaft vor mit der Rückversicherung, wieder auseinandergehen zu können, wenn die „Chemie" nicht mehr stimmt, die Harmonie gar gegen Null tendiert, oder wenn einem endlich der „Mann beziehungsweise die Frau meiner Träume" über den Weg läuft. Unentschlossenheit und Angst vor endgültigen Zukunftsentscheidungen sowie Bindungsunfähigkeit sind übrigens nach Aussagen vieler Psychologen ein Merkmal unserer Zeit. Man möchte sich nur für einen überschaubaren, befristeten Zeitraum festlegen.

Zugegeben: Es gehört ein gehöriges Maß an Mut und grenzenloses Vertrauen dazu, sich für einen Menschen (Partner/Partnerin) endgültig zu entscheiden und diesem (r) ein Jawort ohne Vorbehalte, Klauseln und Konditionen zu geben. Das kann nur gelingen, wenn man nicht nur zum Outfit, zur äußeren Erscheinung des Partners/der Partnerin, sondern auch zu dessen/deren Personkern Ja sagt, und wenn jeder den anderen so akzeptiert, wie er ist. Nur mit solch einer gegenseitigen Akzeptanz und uneingeschränkten Liebe können zwei Menschen in eine gemeinsame Zukunft gehen; „denn die Liebe ist das Band, das alles zusammenhält" (Kol 3,14). Nur so werden sie imstande sein, gemeinsam durchs Leben zu gehen: In guten und in bösen Tagen, in Gesundheit und Krankheit, durch Dick und Dünn, über alle Höhen und Tiefen hinweg. Ein Jawort jedoch unter Vorbehalt, das also nicht auf eine Dauergemeinschaft, sondern auf eine Koalition auf Zeit ausgerichtet ist, trägt meist schon von vornherein den Keim des Scheiterns in sich. Ein solches, nur bedingtes, eingeschränktes Jawort ist letztlich auch kein Ausdruck echter Liebe, weil es dem/der Partner(in) das absolute Vertrauen vorenthält. Papst Johannes Paul II. sagte einmal: „Man kann nicht nur auf Probe lieben". Von Albert Camus stammt das Wort: „Einen Menschen lieben heißt einwilligen, mit ihm alt zu werden".

Für Katholiken ist die Ehe ein Sakrament, das bedeutet: Die Liebe zweier Menschen gründet letztlich in der unverbrüchlichen Liebe Gottes zu den Menschen. Weil Gottes Liebe zu uns unwiderruflich ist, können es auch Menschen wagen, einander eine dauerhafte Liebe zu versprechen. Gewiss: Die Realität sieht vielfach anders aus. Fast die Hälfte aller Ehen wird in Deutschland geschieden; aber daraus die Forderung nach Befristung der Ehe abzuleiten mit der Behauptung, dass „die Lebensmuster, die wir vorgeben, eigentlich nicht mehr passen" (Gabriele Pauli), stellt die Möglichkeit einer Dauerpartnerschaft grundsätzlich infrage.

Wie ermutigend lautet dagegen dieses definitive Jawort eines mir bekannten Brautpaares: „Unser Ja ist ein Ja. Unser Ja ist kein Jaja. Unser Ja ist kein Möglicherweise, kein Probeweise. Unser Ja ist kein Naja. Unser Ja ist ein Ja zu uns, wie wir sind und wie wir werden können". Eine wunderbare Absage an eine Koalition auf Zeit.

– Christliche Ethik –

DIE ZÜGELLOSE ZUNGE

Immer dann, wenn die Gerüchteküche brodelt und ein explosives Gemisch von Halb- und Unwahrheiten, Diffamierungen und Unterstellungen zusammengebraut wird, feiert die zügellose Zunge Triumphe. Die Bibel weiß um die verheerende Wirkung dieses Sprechorgans: „Jede Art von Tieren, auf dem Land und in der Luft, was am Boden kriecht und was im Meer schwimmt, lässt sich zähmen und ist vom Menschen auch gezähmt worden; doch die Zunge kann kein Mensch zähmen, dieses ruhelose Übel, voll von tödlichem Gift" (Jak 3,7.8); „ihr Gift ist wie das Gift der Schlange, wie das Gift der tauben Natter, die ihr Ohr verschließt, die nicht auf die Stimme des Beschwörers hört" (Ps 58,5.6); „Wie die Schlangen haben sie scharfe Zungen und hinter den Lippen Gift wie die Nattern" (Ps 140,4); „Ihre Kehle ist ein offenes Grab, mit ihrer Zunge betrügen sie; Schlangengift ist auf ihren Lippen" (Röm 3,13).

Es fragt sich, was todbringender ist: Ein Kriegsschwert oder die menschliche Zunge? Die Antwort der Schrift ist eindeutig: „Viele sind gefallen durch ein scharfes Schwert, noch viel mehr sind gefallen durch die Zunge" (Sir 28,18); „Sie schärfen ihre Zunge wie ein Schwert, schießen giftige Worte wie Pfeile" (Ps 64,4); „Ihre Zähne sind Spieße und Pfeile, ein scharfes Schwert ihre Zunge" (Ps 57,5); „Seine Worte sind ... gezückte Schwerter" (Ps 55,22); „Mancher Leute Gerede verletzt wie Schwertstiche" (Spr 12,18); „Deine Zunge gleicht einem scharfen Messer" (Ps 52,4); „Peitschenhieb schlägt Striemen, Zungenhieb zerbricht Knochen" (Sir 28,17).

Viele Menschen werden verbal umgebracht, mit der Zunge psychisch erledigt. Die menschliche Zunge kann zum zynischen, brutalen, ja diabolischen Tötungsinstrument werden. Der Psalmist charakterisiert die Verderblichkeit der Zunge so: „Du liebst...Lüge mehr als wahrhaftige Rede. Du liebst lauter verderbliche Worte, du tückische Zunge" (Ps 52,5.6); „Lügen ist ihre Lust" (Ps 62,5); „Sie lügen einander an, einer den andern, mit falscher Zunge und zwiespältigem Herzen reden sie ... Sie sagen: ‚Durch unsre Zunge sind wir mächtig; unsre Lippen sind unsre Stärke. Wer ist uns überlegen?'" (Ps 12,3.5); "Aus ihrem Mund kommt kein wahres Wort, ihr Inneres ist voll Verderben. Ihre Kehle ist ein offenes Grab, aalglatt ist ihre Zunge" (Ps 5,10); „Sein Mund ist voll Fluch und Trug und Gewalttat; auf seiner Zunge sind Verderben und Unheil" (Ps 10,7); „Sie höhnen, und was sie sagen, ist schlecht; sie sind falsch und reden von oben herab. Sie reißen ihr Maul bis zum Himmel auf und lassen auf Erden ihrer Zunge freien Lauf" (Ps 73,8.9).

Hl. Nepomuk, Märtyrer des Schweigens; Foto: privat (Marianne Janssen)

„Die Zunge ist der Teil, der den ganzen Menschen verdirbt" (Jak 3,6). Eine verdorbene Zunge verfolgt diese menschenverachtende Strategie: Drauflos behaupten, auch wenn nichts an der Sache dran ist, entsprechend der altrömischen Devise: „Semper aliquid haeret": Es bleibt immer etwas hängen.

Die Zunge offenbart eine unheilvolle Ambivalenz: „Mit ihr preisen wir den Herrn und Vater und mit ihr verfluchen wir die Menschen, die als Abbild Gottes erschaffen sind. Aus ein und demselben Mund kommen Segen und Fluch" (Jak 3,9.10); „Sie segnen mit ihrem Mund, doch in ihrem Herzen fluchen sie" (Ps 62,5); „Glatt wie Butter sind seine Reden, doch in seinem Herzen sinnt er auf Streit; seine Worte sind linder als Öl und sind doch gezückte Schwerter" (Ps 55,22); es sind die, „die ihren Nächsten freundlich grüßen, doch Böses hegen in ihrem Herzen" (Ps 28,3).

Gegen üble Nachrede, Verleumdung und Rufmord kann man sich kaum zur Wehr setzen. Ist erst mal eine Lüge in die Welt gesetzt, gerät deren Wirkung außer Kontrolle. Versucht man sich zu rechtfertigen, ist man schon auf der Verliererstraße, wie ein weiteres Sprichwort sagt: „Qui se defendit, se accusat": Wer sich verteidigt, klagt sich an. Gegen die Macht der Zunge ist der Mensch machtlos. Der durch die Zunge zugefügte Schaden ist meist irreparabel. Es gibt keine Feuerwehr, die einen von der Zunge entfachten Brand löschen könnte: „Die Zunge ist ein Feuer, eine Welt voll Ungerechtigkeit. Die Zunge ist der Teil, der ... das Rad des Lebens in Brand setzt; sie selbst aber ist von der Hölle in Brand gesetzt" (Jak 3,6).

Hören wir deshalb die Mahnung der Schrift: „Über eure Lippen komme kein böses Wort, sondern nur ein gutes" (Eph 4,29); „Bewahre deine Zunge vor Bösem und deine Lippen vor falscher Rede!" (Ps 34,14). Wer Falsches behauptet, den trifft der Fluch: „...die Bosheit ihrer Lippen treffe sie selbst" (Ps 140,10); Gott „trifft sie mit seinem Pfeil; sie werden jählings verwundet. Ihre eigene Zunge bringt sie zu Fall" (Ps 64,8.9); „denn lügnerische Lippen sind dem Herrn ein Gräuel" (Spr 12,22); „Der Böse verfängt sich im Lügengespinst" (Spr 12,13); „Der Herr vertilge alle falschen Zungen, jede Zunge, die vermessen redet" (Ps 12,4). Und „wer meint, er diene Gott, aber seine Zunge nicht im Zaum hält, der betrügt sich selbst und sein Gottesdienst ist wertlos" (Jak 1,16).

Zu den Bedingungen für den Eintritt ins Heiligtum gehört, die Wahrheit zu sagen: „Herr, wer darf Gast sein in deinem Zelt, wer darf weilen auf deinem heiligen Berg? – Der makellos lebt und das Rechte tut; der von Herzen die Wahrheit sagt und mit seiner Zunge nicht verleumdet" (Ps 15,1.2); „Ein Mund, der die Wahrheit sagt, hat für immer Bestand, eine lügnerische Zunge nur einen Augenblick" (Spr 12,19).

So richtet sich an Gott die Bitte: „Herr, rette mein Leben vor Lügnern, rette es vor falschen Zungen!" (Ps 120,2); „Bezähme unsrer Zunge Macht, dass sie nicht Hass und Streit entfacht" (aus dem Hymnus zu den Laudes am Dienstag der 1. Woche, Stundenbuch III).

DARF MAN ALLES, WAS MAN KANN?

Die rasante Zunahme gentechnischer Experimente wirft die Frage nach der ethischen Legitimation solcher Versuche auf. Vor allem die embryonale Stammzellenforschung und die so genannte Präimplantationsdiagnostik (abgekürzt: PID) stehen hier im Fokus. Bei der PID handelt es sich um Gentests an künstlich, nämlich im Reagenzglas (in vitro) erzeugten Embryonen, die also außerhalb des Mutterleibs auf genetische Schädigungen (Erbkrankheiten u.a.) untersucht und gegebenenfalls verworfen werden, wobei die Aussortierung geschädigter Embryonen vor der Einpflanzung (Implantation) in die Gebärmutter erfolgt.

Die Positionen zu PID driften diametral auseinander. Die einen lehnen jedwede Ausnahmemöglichkeit ab mit dem Argument, dass dann „der Mensch entscheidet, wer überlebt – das ist unerträglich" (so der Vorsitzende der Deutschen Bischofskonferenz Erzbischof Zollitsch); die anderen votieren für eine begrenzte Zulassung von gentechnischen Tests an Embryonen, wobei sie das Leid erblich vorbelasteter Paare, die sich Kinder wünschen, geltend machen. In diesem Sinne hat auch der Deutsche Bundestag entschieden: Die PID bleibt grundsätzlich verboten – wird aber erlaubt, wenn wegen elterlicher Gen-Anlagen eine Tot- oder Fehlgeburt oder schwere Krankheit des Kindes wahrscheinlich ist. Dabei wird von einigen Dutzend bis einigen hundert Fällen im Jahr ausgegangen. Hier stellt sich allerdings die Frage, ob ein quantitatives Kriterium (zahlenmäßige Begrenzung der Tests, Versuche innerhalb enger Grenzen) als normativer und ethischer Regulierungsmaßstab gelten kann. Eine numerische Limitation der Gentests verleiht diesen noch keine Legitimation, schon ein einziger Test ist zu viel.

In diesem Zusammenhang eine ethisch und moralisch einwandfreie Lösung zu finden, kommt vielen einer Quadratur des Kreises gleich. Letztlich kann die Problemlösung nur liegen in einer Konsensfindung bei der Frage, wann menschliches Leben beginnt.

Hier verbietet sich eine wie immer geartete Differenzierung zwischen Embryo und Mensch, und zwar sowohl aus biologischen als auch ethischen Gründen. Menschliches Leben fängt objektiv betrachtet mit der Verschmelzung von Ei und Samenzelle an, sodass sich das befruchtete Ei nicht *zum* Menschen, sondern *als* Mensch entwickelt. Was soll denn da sonst entstehen? „Wo (aber) menschliches Leben existiert, kommt ihm Menschenwürde zu; es ist nicht entscheidend, ob der Träger sich dieser Würde bewusst ist und sie selbst zu wahren weiß. Die von Anfang an im menschlichen Sein angelegten potenziellen Fähigkeiten genügen, um die Menschenwürde zu begründen" (Bundesverfassungsgericht 39,1,41; vgl. auch BVG 88,203.252). Deshalb haben bei aller Berücksichtigung des Kinderwunsches der Eltern und deren Rechts auf Fortpflanzung die Schutzansprüche des Embryos Priorität. Der Wunsch nach einem gesunden Kind darf nicht auf Kosten anderer erfüllt werden, indem man vermeintlich kranke bzw. behinderte Kinder im embryonalen Zustand tötet. Die Tötung von Menschen im embryonalen Stadium ihres Lebens widerspricht der Menschenwürde und dem im Grundgesetz verankerten Recht auf Leben. Im Übrigen erliegen PID-Anhänger der Illusion einer demnächst völlig leidlosen Gesellschaft.

Fakt ist: Die Präimplantationsdiagnostik (PID) öffnet der Selektion menschlichen Lebens nach Qualitätsmerkmalen Tür und Tor, nämlich der Auswahl lebenswerter und der Aussonderung lebensunwerter Embryonen. Zwar lehnen die Befürworter der Gentests Designerbabys ab, lassen letztere aber de facto zu – wenngleich unter erschwerten Bedingungen. Auch werden Eltern, die einen Kinderwunsch haben, sich jene Eizellen heraussuchen, von denen sie sich die beste genetische Veranlagung erhoffen, selbst wenn es ihnen primär nicht um ein Musterbaby geht.

PID liegt, ob man will oder nicht, im Forschungstrend hin zum so genannten „homo perfectus", dem vollkommenen Menschen. Soll also demnächst nur noch der Top-Mensch mit einem maximalen Intelligenzquotienten (IQ) à la Einstein und einer optimalen physischen Konstitution à la Schwarzenberger Lebensrecht haben? „Möglichst wertvolle Menschen zu züchten" heißt denn auch das Forschungsprojekt angeblich seriöser Wissenschaftler. Zielprodukt solcher Experimente ist der geklonte, x-beliebig multiplizierbare Mensch, der im geklonten Schaf „Dolly" bereits sein Paradigma gefunden hat. Das Klonen von Menschen ist die erklärte Intention des amerikanischen Wissenschaftlers Dr. Richard Seed.

All diesen perfektionistischen und hybriden Ambitionen ist entgegenzuhalten, dass der Mensch schon deshalb wertvoll ist, weil er ein Mensch ist, unabhängig von seinen Qualitäten und Qualifikationen. Jeder Mensch, geboren oder ungeboren, jung oder alt, gesund oder krank, behindert oder nicht behindert, attraktiv oder abstoßend, schön oder hässlich, erfolgreich oder nicht, hat eine unaufgebbare Würde, zumal als Geschöpf und Ebenbild Gottes (vgl. Gen 1,26). Genmanipulationen am Menschen, um diesen angeblich „wertvoller" zu machen, sind inhuman und Ausdruck einer Subkultur.

Professor Robert Edwards, „Vater" des ersten Retortenbabys, formulierte das Axiom: „Die Ethik muss sich dem Fortschritt anpassen und nicht umgekehrt". Hoffentlich bekommt er kein Recht. Selbst wenn gentechnische Experimente in Einzelfällen straffrei bleiben, bleibt die Frage nach deren sittlichen Erlaubtheit. Was legal ist, ist noch lange nicht legitim. Soll technisch Machbares die Lufthoheit über ethische Grundprinzipien erobern? Darf man alles, was man kann?

URLAUB / FERIEN

Strandweg; Foto:©Gettyimages/Cassio Vasconcellos; 2011; Verlag am Eschenbach

FERIEN GEHEN DEN GANZEN MENSCHEN AN

„Gott schuf die Zeit, von Eile hat er nichts gesagt" – dieses Urlaubsmotto springt einem am Hafen der Insel Wangerooge in die Augen. Eine Absage an alle Hektik ist auch das Wort Jesu an seine Jünger: „Kommt mit an einen einsamen Ort, wo wir allein sind, und ruht ein wenig aus" (Mk 6,31). Jesus gönnt seinen Jüngern eine wohlverdiente Verschnaufpause.

„Ich fahr nach Malle" – teilte mir jemand sein Urlaubsziel mit. Zuerst dachte ich, er meint die Malediven, aber weit gefehlt: Malle steht für Mallorca, Deutschlands beliebtestem Urlaubsort. Insgesamt reichen die Urlaubs- und Ferienziele von „Balkonien" und „Bad Meingarten" bis zu den entlegensten Gegenden in Europa, Asien, Amerika und Afrika. Dabei kennt kaum einer die reizvollen Erholungsorte innerhalb Deutschlands. Die Globalisierung hat auch die Touristik voll im Griff. Weltreisen – sofern man sie sich leisten kann – sind „in". Für viele lautet die Devise: Je weiter weg, umso besser; Hauptsache: Der Sonne entgegen. Manche erlauben sich sogar zwei bis drei Urlaube pro Jahr! Reisen gehört neben dem Auto zu den beliebtesten Hobbys der Deutschen.

In der Urlaubs- und Ferienzeit ist auf den Autobahnen ein gewaltiger Exodus aus den gewohnten Gefilden im Gange. Riesige Blechlawinen wälzen sich in alle Richtungen. Die Faszination des Aufbrechens und der Wunsch, mal etwas anderes zu sehen, sind so groß, dass man dafür den Straßenstress (lange Staus, Umleitungen etc.) in Kauf nimmt.

Losfahren, und sei es nur eine Fahrt ins Blaue, kann wirklich Befreiung und Erholung sein. Der Mensch muss mal raus aus den heimischen vier Wänden, aus dem Einerlei des Alltags, der Schul- und Arbeitswelt. Er muss hin und wieder abschalten. Er hat ein Recht auf Urlaub, Ferien und erholsame Intermezzos. Weil wir Menschen aber leib/seelische Wesen sind, eine psychosomatische Konstitution haben, besteht Erholung nicht nur in der Rekreation des Körpers, sondern auch und nicht weniger darin, dass wir uns innerlich, geistig, spirituell, „mental" und seelisch regenerieren. Sonnenbräune ist nicht das einzige Urlaubskriterium, vielmehr gehen Ferien den g a n z e n Menschen an. Es kommt darauf an, sich ganzheitlich zu erholen. Eine Reduzierung des Urlaubs auf die Erholung des Leibes wäre nur ein halber Urlaub; auch die Psyche, das Seelenleben, bedarf der Auffrischung, Erneuerung und Reaktivierung.

Ein wichtiger Urlaubstipp, der den Menschen in seiner Ganzheit im Blick hat, lautet: „Die Seele baumeln lassen". Der Mensch muss an *Leib und Seele* relaxen. Konkret bedeutet dies: Sich im Urlaub Zeit nehmen für sich selbst, was auch einschließt, hin und wieder mal über sein Leben, ja über den Sinn des Daseins nachzudenken. Dabei kommen wir an Gott nicht vorbei, dem eigentlichen und letzten Sinn und Ziel unserer Existenz. Erst wenn wir Gott gefunden haben, kommen wir zur endgültigen Ruhe, wie der Psalmist sagt: „Bei Gott allein kommt meine Seele zur Ruhe" (Ps 62,2). Denn wir sind von Gott her und auf Gott hin (vgl. Kol 1,16: „Alles ist durch ihn und auf ihn hin geschaffen"). Der Mensch ist auf Gott projiziert. Der hl. Augustinus sagt es so: „Auf dich hin, o Gott, hast du uns erschaffen und unruhig ist unser Herz, bis es ruht in dir". Ähnlich drückt es der Psalmist aus: „Der Herr ist mein Hirte, nichts wird mir fehlen. Er lässt mich lagern auf grünen Auen und führt mich zum Ruheplatz am Wasser. Er stillt mein Verlangen" (Ps 23, 1-3). So heißt es auch im Kirchenlied „Mein Hirt ist Gott, der Herr": „Er wird auf grüner Au, so wie ich ihm vertrau, mir Rast und Nahrung geben und wird mich immerdar an Wassern, still und klar, erfrischen und beleben". Wenn wir unser Inneres nicht regelmäßig vom Tau des Evangeliums, der Frohen Botschaft Gottes, benetzen lassen, werden wir innerlich austrocknen mit der Folge, dass unser Herz einer geistigen Sahara gleicht. Nur „wohin der Fluss (der göttlichen Gnade) kommt, dort bleibt alles am Leben" (Ez 47,9). Ohne Wasser können wir nicht leben; ohne das Wasser, das Christus spendet, können wir erst recht nicht überleben. Er sagt: „Das Wasser, das ich ihm gebe, wird in ihm zur sprudelnden Quelle werden, deren Wasser ewiges Leben schenkt" (Joh 4,14).

Sich erholen heißt sich innerlich ein-holen. Wir laufen ja so oft vor uns selbst davon und sind auf der Flucht vor unserem Inneren. Von daher sollten wir nicht nur Reisen zu irgendeinem Urlaubsziel unternehmen, sondern auch und vor allem „Reisen nach innen", zu uns selbst, ins eigene Personzentrum, die Reise ins Ich. Wir müssen zu uns selbst kommen, uns selbst finden, uns ganzheitlich erholen. Dies ist aber nicht nur im Urlaub angezeigt, sondern auch und gerade in der Hektik und im Aktionismus des Alltags bedarf es immer wieder solcher Intermezzos, Zwischenzeiten, Ruhezeiten, in denen wir uns innerlich einholen. Wie die Sportler sollten wir uns so genannte „Auszeiten" nehmen, Zeiten für Besinnung, Meditation, Kontemplation und – last but not least – Gebet. Letzteres kann wie auch immer geschehen, ob beim Zähneputzen, am Lenkrad, beim Spaziergang oder Einkaufen usw. Der hl. Pfarrer von Ars fragte einmal einen Bauern, der stundenlang in der Kirche saß: „Was machst du da?" – Er: „Ich schaue Ihn an und Er schaut mich an". Mag sein, dass wir nicht so viel Zeit haben, aber ein Sprung in die Kirche sollte allemal möglich sein. Beten ist Atemholen der Seele, Verschnaufpause für die Psyche. Beten beruhigt und schafft eine innere Balance, seelische Ausgeglichenheit. Das „Tandem" der Benediktinermönche lautet: Ora et labora: Bete und Arbeite! Wenn wir nach diesem Leitwort verfahren, wird es uns gelingen, die Dinge des Lebens gelassener zu sehen, neu zu gewichten und andere Prioritäten zu setzen. Wer das Ziel seines Lebens erreichen will, muss sich immer wieder in der Unruhe des Alltags ausrichten auf den, der uns ewige Ruhe verheißt.

Wer sich im Urlaub richtig erholen will, darf die psychische und religiöse Dimension nicht außer Acht lassen; sonst kehrt er womöglich gestresster aus dem Urlaub heim als er vor Reiseantritt war. Es soll ja Leute geben, die vom Urlaub urlauben, von der Erholung sich erholen müssen. So mancher „Ballermann-Urlauber" kommt von Mallorca physisch und psychisch k. o. zurück. Nur der macht richtig Urlaub, der die Devise beherzigt: Ferien gehen den *ganzen* Menschen an. Es geht um *ganzheitliche* Erholung.

Ein Lehrer fragte seine Schüler: „Wer hat die Ferien erfunden?" Die Antwort eines Schülers: „Man sollte ihm ein Denkmal setzen". Nun, kein Geringerer als Gott selbst hat die Ferien und Ruhezeiten erfunden, wenn es heißt: „Am siebten Tag vollendete Gott das Werk, das er geschaffen hatte, und er ruhte am siebten Tag, nachdem er sein ganzes Werk vollbracht hatte. Und Gott segnete den siebten Tag und erklärte ihn für heilig; denn an ihm ruhte Gott, nachdem er das ganze Werk der Schöpfung vollendet hatte" (Gen 2,2.3). Und der Schöpfer hat sich selbst ein Denkmal gesetzt in der wunderschönen Schöpfung, an der wir uns erfreuen sollen. Er ruft uns zu: „Ruht ein wenig aus" (Mk 6,31). Wie gesagt: „Gott schuf die Zeit, von Eile hat er nichts gesagt".

EIN PLATZ AN DER SONNE

(6. AUGUST: FEST DER VERKLÄRUNG CHRISTI: MT 17,1-9)

Ein Platz an der Sonne – Wer träumt nicht davon? Im Urlaub, mehr aber noch im Leben, im grauen Alltag. Das Evangelium von der Verklärung Christi auf dem Berg Tabor ist so etwas wie eine Frohe Botschaft vom Platz an der Sonne, nämlich an der Sonne des verklärten Christus. Jesus führt Petrus, Jakobus und Johannes auf einen hohen Berg und wird vor ihren Augen verwandelt: Sein Gesicht leuchtet wie die Sonne und seine Kleider werden blendend weiß wie das Licht. Dieses Gipfelglück brauchten die Apostel nach dem Schock über die Ankündigung des Leidens und Sterbens ihres Meisters (vgl. Mt 16,21). Petrus ist so hingerissen und fasziniert von dem Gipfeltreffen mit dem verklärten Herrn, dass er regelrecht aus dem Häuschen gerät: „Herr, es ist gut, dass wir hier sind" (v.4). Er will hier oben auf dem Berg Hütten bauen und sich auf Tabor häuslich niederlassen.

Tabor ist das Wetterleuchten von Ostern, das Aufblitzen des triumphalen Sieges Christi über Leid und Tod. Tabor ist auch ein Vorgeschmack dessen, was uns erwartet: Christus „wird unseren armseligen Leib verwandeln in die Gestalt seines verherrlichten Leibes" (Phil 3,21), so kündigt der Apostel Paulus unsere eigene Verklärung an. Auf Tabor blitzt das Ziel unseres Lebens wie eine Stichflamme auf.

Hier auf Tabor offenbart sich aber auch ein fundamentales Heilsprinzip: Jedes Leid wird letztlich überstrahlt vom Licht der Verklärung und sieghaften Überwindung. „Verklärt ist alles Leid der Welt", heißt es in einem Osterlied. Wenn der Schatten des Kreuzes, in welcher Form auch immer, auf unser Leben fällt, sollten wir unseren Blick lenken auf den verklärten Herrn, so wie Jesus selbst „angesichts der vor ihm liegenden Freude das Kreuz auf sich genommen" (Hebr 12,2) hat. Wenn wir ganz unten, am Tiefpunkt unserer Existenz angelangt sind, dürfen und sollen wir von dem träumen, was ganz oben ist. Wir können das Tal der Tränen nur dann durchschreiten, wenn wir zwischendurch auch auf den Höhen des Lebens gewandelt sind. Reinhold Messner, der den höchsten Berg der Erde, den Mount Everest (8848 m), als erster Mensch ohne Sauerstoffmaske bezwungen hat (Erstbesteiger, aber ausgerüstet mit Sauerstoffmaske, war ja der inzwischen verstorbene Australier Edmund Hillary), hat auch schwere Niederlagen verkraften müssen. So musste er z.B. wg. Eispressungen eine Expedition zum Nordpol abbrechen. Es hat ihn nicht umgeworfen. Die großen Siege in der Bergwelt (neben dem Mount Everest hatte er auch alle anderen Achttausender im Himalaya erklommen und bezwungen) haben ihn die Niederlage im Eismeer verschmerzen lassen. Was sagt uns das? Wir können nicht immer „Kinder des Olymp" sein, ganz oben auf.

Wir alle durchleben alternierende Wechselbäder der Gefühle: Mal befinden wir uns auf der Sonnenseite, mal auf der Schattenseite des Lebens. Mal sind wir ganz oben, mal ganz unten. Es ist ein ständiges Up and Down, Auf und Ab, mal himmelhochjauchzend, mal zu Tode betrübt. Mal klettert unser Stimmungsbarometer nach oben, dann sinkt es wieder unter den psychischen Gefrierpunkt. Der warme Regen voll Glück und Zufriedenheit wird nicht selten abgelöst von der kalten Dusche eines Schicksalsschlages. So ist das menschliche Leben gekennzeichnet von Ölberg- und Taborstunden. Einmal durchleben wir dunkelste Stunden der Angst und Verzweiflung, ein anderes Mal Stunden des Trostes und der Hoffnung. Auf der einen Seite erleben wir Karfreitag und Kalvaria, auf der anderen Seite Ostern und Halleluja. Es gibt „eine Zeit zum Weinen und eine Zeit zum Lachen, eine Zeit für die Klage und eine Zeit für den Tanz" (Koh 3,4). Aber wir dürfen sicher sein, dass der verklärte Herr uns immer die richtige Dosis von Freud und Leid beschert, sodass Phasen des Leids sich immer auch mischen mit Intermezzos des Aufatmens und mit Verschnaufpausen innerer Erholung. So machte die hl. Theresia v. Avila achtzehn (!) lange Jahre die bittere Erfahrung einer völligen seelischen Trostlosigkeit und inneren Leere, dann aber erlebte sie Gnadenstunden überreichen Trostes und Seelenfriedens. Paulus sagt dazu: „Gott ist treu; er wird nicht zulassen, dass ihr über eure Kraft hinaus versucht werdet. Er wird euch in der Versuchung einen Ausweg schaffen, sodass ihr sie bestehen könnt" (1 Kor 10,13).

Wenn wir das Gefühl haben, wir befänden uns öfter auf dem Ölberg als auf Tabor, dann wollen wir uns vom ungebrochenen Optimismus des Apostels Paulus inspirieren lassen: „Von allen Seiten werden wir in die Enge getrieben und finden doch noch Raum; wir wissen weder aus noch ein und verzweifeln dennoch nicht" (2 Kor 4,8); „uns wird Leid zugefügt und doch sind wir jederzeit fröhlich ... Wir haben nichts und haben doch alles" (2 Kor 6,10). Und Paulus kann in der Tat eine lange Leidensliste vorweisen: „Ich ertrug mehr Mühsal, war häufiger im Gefängnis, wurde mehr geschlagen, war oft in Todesgefahr. Fünfmal erhielt ich von Juden die neununddreißig Hiebe; dreimal wurde ich ausgepeitscht, einmal gesteinigt, dreimal erlitt ich Schiffbruch, eine Nacht und einen Tag trieb ich auf hoher See. Ich war oft auf Reisen, gefährdet durch Flüsse, gefährdet durch Räuber, gefährdet durch das eigene Volk, gefährdet durch Heiden, gefährdet in der Stadt, gefährdet in der Wüste, gefährdet auf dem Meer, gefährdet durch falsche Brüder. Ich erduldete Mühsal und Plage, durchwachte viele Nächte, ertrug Hunger und Durst, häufiges Fasten, Kälte und Blöße. Um von allem andern zu schweigen, weise ich noch auf den täglichen Andrang zu mir und die Sorge für alle Gemeinden hin. Wer leidet unter seiner Schwachheit, ohne dass ich mit ihm leide? Wer kommt zu Fall, ohne dass ich von Sorgen verzehrt werde?" (2 Kor 11,23 - 29). Was hat dieser Mann nicht alles erduldet

Free-photo – Fotolia.com; ©Magdalenen-Verlag, Holzkirchen

und in unerschütterlichem Vertrauen auf den Sieger über das Leid gemeistert! Im Ausblick auf die künftige Herrlichkeit relativiert er alles Leid: „Ich bin überzeugt, dass die Leiden der gegenwärtigen Zeit nichts bedeuten im Vergleich zu der Herrlichkeit, die an uns offenbar werden soll" (Röm 8,18). Gott mutet uns nicht mehr zu, als wir verkraften können: „Gott ist treu; er wird nicht zulassen, dass ihr über eure Kraft hinaus versucht werdet" (1 Kor 10,13). Peter Maffay hat zu Recht einem seiner Songs den Titel gegeben: „Sonne in der Nacht". Es wird immer Licht sein am Ende des Tunnels.

Es ist schon so: Der Tabor ist nicht nur in geografischer Hinsicht höher als der Ölberg, will heißen: Die Verklärung überstrahlt die Finsternis des Leidens, ja selbst die Dunkelheit des Todes. Endstation wird der Tabor der endgültigen Verklärung sein: Das ewige Gipfelglück bei Gott, der Platz an der Sonne des ewigen Lebens.

STOPPELMARKT UND MARIÄ HIMMELFAHRT

(15. AUGUST)

Engel begleiten Maria in den Himmel; Stundenbuch aus dem Haus Visconti; um 1395; Nationalbibliothek, Florenz

STOPPELMARKT UND MARIÄ HIMMELFAHRT

Der Stoppelmarkt in Vechta findet stets um das Fest Mariä Himmelfahrt (15. August) herum statt, wie schon Johannes von Dinklage, s. Z. Amtsdroste in Vechta, in seinem vom 5. August 1298 datierten Geleitbrief zu Stoppelmarkt hoheitlich beurkundet.

Ist es ein zufälliges zeitliches Zusammenfallen der beiden Feste? Mitnichten. Zwischen Stoppelmarkt und Mariä Himmelfahrt besteht nicht nur ein zeitlicher, sondern auch ein innerer Zusammenhang. Wenn mit dem Stoppelmarkt die „fünfte Jahreszeit" anfängt, so bricht mit Mariä Himmelfahrt eine völlig neue Zeit an, ja eigentlich keine zeitliche Phase mehr, vielmehr ein vollkommen neuer Anfang: die Dimension der Ewigkeit. Gefeiert wird an diesem Festtag die Aufnahme Mariens in den Himmel, in das ewige Leben bei Gott einschließlich der Vollendung der Mutter Jesu an Leib und Seele – ein Glaubenssatz, den Papst Pius XII. am 1. 11. 1950 feierlich verkündet hat.

Aus der Koinzidenz von Stoppelmarkt und Mariä Himmelfahrt lässt sich ein weiterer Gedanke ableiten: Stoppelmarkt wird gefeiert, wenn das Korn gemäht und die Ernte eingefahren ist; Mariä Aufnahme in den Himmel signalisiert uns, was wir erwarten dürfen, wenn gleichsam das „Kornfeld" unseres Lebens abgeerntet wird. Nach dem Tode bleiben nicht nur die Stoppeln der Erinnerungen zurück, lebt nicht nur die Seele, der Geist, die Sache, das Werk oder sonst etwas vom Menschen weiter; vielmehr ist der g a n z e Mensch, mit Seele und Leib, zu einem dauerhaften Dasein berufen. Weil der Leib für den Menschen wesenskonstitutiv ist, der Mensch ein leib/seelisches Wesen, eine psychosomatische Einheit ist, gehört zur Auferstehung des Menschen auch der Leib. Entweder wird der Mensch ganz erlöst oder gar nicht. Der liebe Gott macht keine halben Sachen. Dies bedeutet: Auch unser sterblicher Leib wird einmal erlöst und umgewandelt werden in einen unsterblichen Leib: „Wir erwarten Jesus Christus, der unseren armseligen Leib verwandeln wird in die Gestalt seines verherrlichten Leibes" (Phil 3,21). Tod heißt Wandlung, Verwandlung, Umwandlung. In der Totenpräfation bekennt die Kirche: „Deinen Gläubigen, Herr, wird das Leben gewandelt, nicht genommen (Vita mutatur, non tollitur)". Beispiele für solche Metamorphosen bietet die Natur reichlich: Etwa wenn aus der Raupe ein Schmetterling wird oder aus einem völlig aufgelösten Samenkorn ein Halm mit neuer Ähre und neuem Korn wächst. Ebenso bedeutet der Tod Verwandlung in ein völlig neues Leben. So sagt denn Paulus: „Wir werden alle verwandelt werden ... Denn dieses Vergängliche muss sich mit Unvergänglichkeit bekleiden und dieses Sterbliche mit Unsterblichkeit" (1 Kor 15,51.53); „denn alle, die er im Voraus erkannt hat, hat er auch im Voraus dazu bestimmt, an Wesen und Gestalt seines Sohnes (nach anderer Übersetzung: ‚an der verherrlichten Gestalt seines Sohnes') teilzuhaben, damit dieser der Erstgeborene von vielen Brüdern sei" (Röm 8,29); „Ihr sollt nämlich die Herrlichkeit Jesu Christi, unseres Herrn, erlangen" (2 Thess 2,14); „Wir alle spiegeln mit enthülltem Angesicht die Herrlichkeit des Herrn wider und werden so in sein eigenes Bild verwandelt, von Herrlichkeit zu Herrlichkeit, durch den Geist des Herrn" (2 Kor 3,18). An Maria hat sich diese Heilstatsache zum ersten Mal verifiziert. Dies ist umso bedeutsamer für uns, weil Maria unsere Schwester, eine von uns ist. Wenn nämlich von ihr ausgesagt wird, dass sie bereits jetzt ganz erlöst, also an Seele und Leib verherrlicht worden ist, dann geht diese frohe Botschaft jeden Menschen an. Die leib/seelische Verherrlichung Mariens ist zwar ein ihr zunächst zukommendes Privileg, zugleich aber auch ein anthropologischer, den Menschen als solchen betreffender Präzedenzfall, ein Paradebeispiel dafür, was Gott mit jedem Menschen vorhat. Der Mensch mit seinem personalen Ich, seiner unverwechselbaren Individualität und Identität wird eines Tages ganz, in der Totalität seines Seins, das heißt an Seele und Leib erlöst werden. So ist das Fest Mariä Aufnahme in den Himmel nicht nur ein Marienfest, sondern darüber hinaus und nicht weniger ein Fest des Menschen.

Wenn das Riesenrad des Lebens zum Stillstand kommt, werden wir nicht ins Nichts katapultiert, sondern wird ein zweites, neues Leben anheben, und zwar mit einem qualitativ neuen, verklärten Leib (vgl. 1 Kor 15,35-58). Wer dies nicht glauben kann oder will oder für Wunschdenken und Fantasterei hält, zieht auf der Suche nach einer Antwort auf die Sinnfrage lauter Nieten; dessen Leben gleicht einem „Night Fly", einem Nachtflug mit unbekanntem Ziel. Wer eine personale, und zwar ganzheitliche: Seele und Leib einschließende Weiterexistenz nach dem Tode ausschließt, dreht sich im Kettenkarussell der Perspektivlosigkeit, der findet keinen Ausweg aus dem Irrgarten und Labyrinth der Orientierungslosigkeit und seelischer Umnachtung, keinen Ausweg aus der Geisterbahn Angst und Schrecken einjagender Gedanken. Ohne Perspektive für das Leben nach dem Tode und ohne Lösung bei der Sinnsuche lebt er in einem Dämonium, wo die unheimliche Macht des Ungewissen herrscht. Mag der Mensch sich in noch so zahlreiche Vergnügungen und Abenteuer des Lebens stürzen, ohne Glaube an die endgültige, leib/seelische Erlösung gleichen seine Lebensstationen einer Revue der Illusionen. Im „magischen Dreieck" Geburt – Leben – Tod gibt es nur eine gültige Orientierung: Die Botschaft von der Auferstehung und Vollendung, wie sie in Maria bereits Wirklichkeit geworden ist. Freilich bleibt das biologische Finale, der Tod, eine unabänderliche Tatsache; wer sich aber an der voll (= ganzheitlich) erlösten Mutter Jesu orientiert, für den ist der Tod nicht Treffpunkt mit dem endgültigen Aus, sondern mit dem Leben. Wer zu Maria aufschaut, hat das große Los gezogen, weil er seiner Zeit voraus ist, da jene schon jetzt das andere Ufer erreicht hat.

Das Fest der Aufnahme Mariens in den Himmel mit Leib und Seele gibt endgültige Antwort auf die Frage nach dem Sinn des Lebens und eröffnet den einzigen Ausweg aus Not und Tod. Es ist ein Signal der Hoffnung, wie Papst Pius XII. bei der Verkündigung dieses Mariendogmas gesagt hat: „Im Blick auf Maria wird die Hoffnung auf die eigene Auferstehung neu belebt". Maria assumpta (= die in den Himmel Aufgenommene) ist Modell für alle Menschen. So gibt es Grund genug zum Feiern, nicht nur weil Stoppelmarkt ist.

Foto: privat (Marianne Janssen)

SPORT

Alte Kirche in Sydoriv; Foto: © wildman – fotolia.com

LEICHTATHLETIK

Im Sommer des Jahres 2009 fand im Olympiastadion von Berlin die 12. Leichtathletik-Weltmeisterschaft statt. Überstrahlt wurden die Spiele vom Sportgiganten Usain Bolt, der beim 100 und 200 m Lauf historische Weltbestmarken setzte. Hoffentlich basieren dessen Erfolge auf sauberem, dopingfreiem Fundament!

Sportlerinnen und Sportler aus aller Welt – fast 2000 Aktive – waren am Start und machten sich auf die Jagd nach dem Edelmetall. Der Siegespreis ist den Athleten nicht kampflos in den Schoß gefallen. Sie hatten zuvor ein intensives Trainingsprogramm absolviert und unendlich viel Zeit und Energie investiert, um die Bestform zu erreichen und für den entscheidenden Moment topfit zu sein. Viele hatten sich auf eiserne Diät setzen lassen, um jedes überflüssige Gramm oder Pfund abzuspecken. Ein enormes Engagement – und dies alles letztlich für einen vergänglichen Ruhm, auch wenn das Edelmetall aus Gold, Silber oder Bronze noch so hoch im Kurs steht.

Und was tun wir, für die doch wahrlich mehr auf dem Spiel steht, wie der Apostel Paulus argumentiert: „Wisst ihr nicht, dass die Läufer im Stadion zwar alle laufen, aber dass nur einer den Siegespreis gewinnt? Lauft so, dass ihr ihn gewinnt. Jeder Wettkämpfer lebt aber völlig enthaltsam; jene tun dies, um einen vergänglichen, wir aber, um einen unvergänglichen Siegeskranz zu gewinnen" (1 Kor 9,24.25). Wenn schon diejenigen, denen es um irdischen Ruhm geht, sich alles abverlangen, um wie viel mehr müssten wir, die ein über-irdisches Ziel vor Augen haben, uns ins Zeug legen. Ist es aber nicht so, dass Askese und Selbstverleugnung in unseren Ohren wie antiquierte Vokabeln klingen, die allenfalls im Kontext einer Schlankheitskur von Bedeutung sind?

Welche Tragödien spielen sich mitunter ab, wenn der erhoffte Sieg und die fest angepeilte Medaille verpasst werden. Aber im Sport zu verlieren ist kein Drama. Niederlagen können zur heilsamen Erkenntnis führen, dass es im Leben Wichtigeres gibt; sie helfen, die Dinge des Lebens anders zu gewichten. Ja, Niederlagen – nicht nur im Sport – können zu Sprungbrettern für den Sieg werden. In jedem Ende steckt die Chance für einen Neuanfang. Allerdings dürfen wir nach einer Niederlage im Hürdenlauf unseres Lebens nicht aufgeben; vielmehr müssen wir immer wieder mit dem Laufen neu beginnen entsprechend dem Leitwort: „Höre nie auf, anzufangen; fange nie an, aufzuhören!". Jemand hat einmal gesagt: „Schlimmer als der Versager ist der Mensch, der nie beginnt". Vom früheren südafrikanischen Präsidenten Nelson Mandela stammt das Wort: „Das Wichtigste im Leben ist nicht, nicht zu fallen, sondern wieder aufzustehen". Das Standardwort des hl. Bernhard lautete: „Jetzt fange ich an". Christus verleiht uns die nötige Kraft und Motivation für einen erneuten Anlauf; er schenkt uns, mögen wir noch so oft versagen, jeweils einen Neuanfang mit neuen Siegchancen. Er versagt sich keinem Versager, im Gegenteil: Er gibt dem Sünder nicht nur eine zweite Chance, sondern so viele, wie er braucht, um wieder auf den rechten Weg zu kommen.

Übrigens: Im Reiche Gottes wird keine Disqualifikation ausgesprochen. Bei Gott gibt es auch keine ungerechten Kampfrichterentscheidungen. Hier gilt ein anderes Kriteriensystem. Sogar Lahme können laufen (vgl. Joh 5,1-9) und das Ziel erreichen. Selbst die Letzten haben noch Sieg – und Medaillenchancen. Die Er zur elften Stunde beruft, werden genauso honoriert wie die Erstberufenen (vgl. Mt 20, 1-16). Keiner kommt zu kurz. Deshalb „lasst uns mit Ausdauer in dem Wettkampf laufen, der uns aufgetragen ist" (Hebr 12,1). Vor allem kommt es darauf an, den Doppellauf von Gottes- und Nächstenliebe zu trainieren.

Jesus Christus hat unseren Lebenslauf abgesteckt, ob es sich nun um einen „Marathon" vieler Lebensjahre oder nur um einen Kurzstreckenlauf handelt. Im Grunde brauchen wir Ihm nur nachzulaufen, Er ist „unser Vorläufer" (Hebr 6,20), Er „läuft" uns voran. Er ist „der Weg und die Wahrheit und das Leben" (Joh 14,6). Ohne ihn kommt keiner zum Ziel: „Niemand kommt zum Vater außer durch mich" (ebd.). So sagt Paulus: „Das Ziel vor Augen, jage ich nach dem Siegespreis: der himmlischen Berufung, die Gott uns in Christus Jesus schenkt" (Phil 3,14). Der Apostel konnte von sich sagen: „Ich habe den guten Kampf gekämpft, den Lauf vollendet, die Treue gehalten. Schon jetzt liegt für mich der Kranz der Gerechtigkeit bereit, den mir der Herr, der gerechte Richter, an jenem Tag geben wird, aber nicht nur mir, sondern allen, die sehnsüchtig auf sein Erscheinen warten" (2 Tim 4,7.8). Dieser Kranz verwelkt nicht wie der von Steffi Nerius, Jennifer Oeser, Nadina Kleinert, Ariane Friedrich, Robert Harting, Ralf Bartels u.a. Bei Gott geht es auch nicht um Gold, Silber und Bronze, vielmehr um Medaillen, von denen man nicht nur gestern, heute und morgen, sondern ewig spricht.

VERPASSTES FUSSBALL-WM-FINALE

Die 6. Fußball-Weltmeisterschaft der Frauen fand im Sommer 2011 in Deutschland statt. Das Großereignis sollte ein Sommermärchen werden, doch der völlig unerwartete K. o. im Viertelfinale gegen Japan riss sowohl die Elf als auch Millionen Fans aus allen Titel-Träumen. Die Fußballnation taumelte in tiefe Traurigkeit, ja Depression.

Auch bei der 19. Fußball-Weltmeisterschaft der Männer, die im Jahre 2010 in Südafrika ausgetragen wurde, gab es für die deutsche Nationalelf eine bittere Niederlage, nämlich im Halbfinale gegen Spanien. Nach dem verlorenen Spiel herrschte bei vielen Fans so etwas wie Weltuntergangsstimmung. Der geplatzte Traum vom WM-Titel als Kulminationspunkt des Turniers hatte das Fußball-Publikum in abgrundtiefe Verzweiflung gestürzt. Die Identifikation mit dem Fußball hat inzwischen bei zahllosen Anhängern solche Dimensionen angenommen, dass eine Niederlage wie eine persönliche, ja existenzielle Katastrophe empfunden wird. In Brasilien haben sich einige Fußball-Fans nach dem Ausscheiden ihrer Seleção (Nationalmannschaft) sogar das Leben genommen.

„Man kann im Leben nicht alles haben" – sagte einst der verstorbene Bundestrainer Helmut Schön, als seine Elf den Einzug ins Finale verpasst hatte. Von dem legendären Bundestrainer Sepp Herberger, der die Deutschen im Jahre 1954 zum WM-Titel geführt hat, stammt der Ausspruch: „Fußball ist die schönste Nebensache der Welt". Es ist schon so: Wie im Leben, so muss man auch im Sport verlieren können. Unser Leben ist von Kontrastelementen gekennzeichnet: Mal ist man oben, mal unten. Eine Niederlage im Fußball bestätigt nur dieses alternierende Gesetz. Wie heißt es im Buch Kohelet: „Alles hat seine Stunde. Für jedes Geschehen unter dem Himmel gibt es eine bestimmte Zeit: Eine Zeit zum Gebären und eine Zeit zum Sterben ..., eine Zeit zum Weinen und eine Zeit zum Lachen, eine Zeit für die Klage und eine Zeit für den Tanz ..., eine Zeit zum Suchen und eine Zeit zum Verlieren" (Koh 3,1-2.4.6). Im Fußball zu verlieren bedeutet keinen Weltuntergang. Das Leben geht weiter. Niederlagen können dazu beitragen, andere Prioritäten zu setzen. Entdramatisierung und Relativierung sind also angesagt. Bundespräsident Wulff hat einmal gesagt: „Aus Niederlagen habe ich immer mehr gelernt als aus Siegen".

Auf seinen Tod angesprochen, antwortete Herberger: „Man muss auch mal verlieren können". Gewiss, dem Tod, dem biologischen Finale, unterliegen wir alle; aber wir Christen glauben und hoffen, dass wir selbst im Tod nicht verlieren, dass auch der Tod letztlich keine Niederlage bedeutet. Das betont jedenfalls der Apostel Paulus: „Für mich ist Christus (der den Tod überwunden hat) das Leben und Sterben Gewinn" (Phil 1,21). Ferner sagt er: „Verschlungen ist der Tod vom Sieg. Tod, wo ist dein Sieg? Tod, wo ist dein Stachel?" (1 Kor 15,54.55). Ein faszinierendes Finale, in dem nicht irgendetwas, nicht eine Mannschaft, sondern der Tod besiegt wird!

Den Einzug ins WM-Finale 2010 haben wir verpasst, aber das entscheidende Finale, das den Sieg über den Tod bringt, können wir noch, ja müssen wir erreichen. Es ist ein Finale, das nicht neunzig Minuten, sondern ewig dauert, weil es ewiges Leben bringt. Da wird es keinen Frust, keine Enttäuschung und keine Trauer mehr geben: „Er wird alle Tränen von ihren Augen abwischen: Der Tod wird nicht mehr sein, keine Trauer, keine Klage, keine Mühsal. Denn was früher war, ist vergangen" (Offb 21,4). Dieses Finale dürfen wir nicht verpassen: Ein Traumfinale, das alles Frühere vergessen lässt, erst recht eine Niederlage im Fußball.

WM-NOMINIERUNG

Die Nominierung von 23 Spielern für eine Fußballweltmeisterschaft löst jeweils ein unterschiedliches Echo aus. Die einen erklären sich mit den Namen einverstanden, die anderen schütteln nur mit dem Kopf und zweifeln an der Fähigkeit der Auserwählten, ein starkes Team zu bilden. Die Spieler selbst reagieren entweder himmelhochjauchzend oder zu Tode betrübt, wobei die Hoffnung der frustrierten Ausgemusterten auf Nachnominierung im Falle einer Verletzung der anderen ruht.

Nicht nur im Sport, sondern auf vielen anderen Feldern des öffentlichen Lebens fallen Leute der Selektion zum Opfer. Wie oft laufen Bewerbungen ins Leere, weil sie den Auswahlkriterien oder Einstellungsvoraussetzungen nicht entsprechen. Arbeitslose können ein Lied davon singen. Bei Jobsuchenden, die nicht zum Zuge kommen, sitzt der Frust tief. Manche sind dermaßen deprimiert, dass sie es inzwischen aufgegeben haben, sich weiterhin zu bewerben. Zudem sind berechtigte Zweifel angebracht, ob bei der Kandidatenauswahl immer alles mit rechten Dingen zugeht und ob ausschließlich objektive Bewertungsmaßstäbe angelegt werden. Wie oft sind bei Personalentscheidungen entweder das „Vitamin B" (= Beziehungen) oder ein attraktives Outfit der Bewerber(innen) im Spiel!

Im Reiche Gottes gilt ein anderer Kriterienkatalog. Christus wirft die Außenseiter nicht hinaus. Er selektiert nicht, sortiert nicht aus. Er, der uns gleichsam in die Arena des Lebens geführt hat, lässt jede(n) an den Start gehen, selbst nach noch so zahlreichen Fehlstarts.

Paulus sagt: „Das Ziel vor Augen, jage ich nach dem Siegespreis: der himmlischen Berufung, die Gott uns in Christus Jesus schenkt" (Phil 3,14); „denn in ihm (Jesus)) hat er uns erwählt vor der Erschaffung der Welt ...; er hat uns aus Liebe im Voraus dazu bestimmt, seine Kinder zu werden durch Jesus Christus und nach seinem gnädigen Willen zu ihm zu gelangen" (Eph 1,4.5). Was für eine Berufung! Was für eine Erwählung! Schon von Ewigkeit her, also vor der Erschaffung der Welt, bevor wir überhaupt da waren, hat Gott uns nominiert: „Ich habe dich beim Namen gerufen, du gehörst mir" (Jes 43,1). Mögen bei einer WM-Nominierung einige auf der Strecke bleiben, Gott lässt bei seiner Namensnennung niemanden außen vor. „Er will, dass alle Menschen gerettet werden und zur Erkenntnis der Wahrheit gelangen" (1 Tim 2,4). Niemand wird von der Liste seines universalen Heilswillens gestrichen. Wie tröstlich!

PS

Das Kürzel PS steht für **P**ferde**s**tärke, im Oldenburger Land auch für Lokalmatador Paul Schokkemöhle, der in der Tat mit Pferden zu tun hat, sportlich wie beruflich.

Es gibt viele Redensarten, die Pferd und Mensch zusammenbringen, etwa diese: „Das Glück der Erde liegt auf dem Rücken der Pferde"; „Der/die hat aufs falsche bzw. richtige Pferd gesetzt"; „Mit dem/der kann man Pferde stehlen" u.ä. Wir sprechen von Zugpferden, Amtsschimmeln, Bürohengsten. Sprichwörter über Pferde finden sich auch in der Bibel: „Wie ein geiles Ross ist ein gehässiger Freund, unter jedem Reiter wiehert es" (Sir 33,6); „Wenn schon der Wettlauf mit Fußgängern dich ermüdet, wie willst du mit Pferden um die Wette laufen?" (Jer 12,5).

Auch der Ausdruck „Karriere machen" hat mit Pferden zu tun. Mit Karriere ist laut Lexikon der gestreckte (schnellste) Galopp des Pferdes gemeint. Die Karriere eines Pferdes oder Reiters unterliegt einem strengen Reglement und ist mit schwierigen Prozeduren (Qualifikationsprüfungen auf zahlreichen Sichtungsturnieren) verbunden. Dabei sind Disqualifikationen an der Tagesordnung. Jesus aber, der uns gleichsam in den Parcours des Lebens geführt und zum Wettlauf zum ewigen Leben berufen hat, gibt jeder und jedem eine Startchance, selbst nach noch so vielen Fehlerpunkten. Voraussetzung ist allerdings, dass wir, wenn wir nicht alle Hürden und Hindernisse genommen, uns einen Patzer oder Abwurf geleistet oder uns vergaloppiert haben, bereit sind, den Umlauf fortzusetzen. Aber wie oft satteln wir ab und geben wir auf. Wie oft verweigern wir uns dem Entgegenkommen Gottes, der uns trotz unserer Fehlerhaftigkeit neue Start- und Siegchancen geben will. Gott disqualifiziert niemanden. Für ihn gibt es keine Spitzenreiter, Nichtfavoriten, Statisten.

Der Siegespreis fällt uns allerdings nicht kampflos in den Schoß: „Wer an einem Wettkampf teilnimmt, erhält den Siegeskranz nur, wenn er nach den Regeln kämpft" (2 Tim 2,5). Das Leben mag zwar „ein geschenkter Gaul" (Titel der Autobiografie Hildegard Knefs) sein, aber es wird uns im Leben nichts geschenkt. Wir müssen mit dem „Pferd" (=Leben) etwas anfangen, müssen uns in hartem Training etwas abverlangen. Reitet uns nicht mitunter der Teufel der Egozentrik und des Profitdenkens? Reiten wir nicht oft die Rösser einer unkontrollierten Genusssucht? Setzen wir nicht in vielen Fällen auf das falsche Pferd?

Versuchen wir, unsere egoistischen Interessen zu zähmen und zu bändigen. Was sagt die Bibel? : „Ein ungebändigtes Pferd wird störrisch" (Sir 30,8); „Wenn wir den Pferden den Zaum anlegen, damit sie uns gehorchen, lenken wir damit das ganze Tier" (Jak 3,3). Wir sprechen von PS (= Pferdestärken) beim Auto oder Schiff und meinen die Kraft der Motoren. Wie viel PS leisten wir eigentlich – natürlich nicht ohne Gottes Hilfe –, um unseren Lebensumlauf zu meistern? Im Grunde brauchen wir Jesus nur nachzugehen. Er geht uns voran. Er bereitet den Weg, ja er selbst ist der Weg (vgl. Joh 14,6). Er hilft uns immer wieder in den Sattel, wenn wir stürzen oder stolpern sollten, ob es sich nun um einen langen Parcours vieler Lebensjahre oder nur um einen kurzen Umlauf handelt.

So viel „Pferdeverstand" sollten wir eigentlich haben, nämlich darauf zu achten, dass wir unser Ziel, den ewigen Gott, nicht aus den Augen verlieren. Vor allem geht es um die „dreifache Kombination": Die rechte Selbstliebe, die uneigennützige Liebe zum Nächsten und die radikale Liebe zu Gott. Wenn wir diese Hürden nehmen, wird unser Lebenslauf kein totes Rennen, endet unser Lebensritt nicht am „Pulvermanns Grab", nicht im Staub des Todesgrabens (pulvis = Staub), sondern beim unsterblichen Gott, der den Todesstaub durch die Auferstehung seines Sohnes weggewischt hat. Was für ein Endlauf, welch ein Finale! Dann bewahrheiten sich die Worte des Apostels Paulus: „Ich habe den guten Kampf gekämpft, den Lauf vollendet, die Treue gehalten. Schon jetzt liegt für mich der Kranz der Gerechtigkeit bereit, den mir der Herr, der gerechte Richter, an jenem Tag geben wird, aber nicht nur mir, sondern allen, die sehnsüchtig auf sein Erscheinen warten" (2 Tim 4,7.8).

ERNTEDANK-SONNTAG

Brotkorb mit Fischen; Mosaik (Detail); 6. Jh; Brotvermehrungskirche, Tabgha (Israel)

UNDANK IST DER WELT LOHN

„Undank ist der Welt Lohn", sagt der Volksmund. Dabei hätten wir gerade am Erntedank-Sonntag allen Grund zum Danken angesichts der Tatsache, dass ca. eine Milliarde (!) Menschen hungert. Während die einen in Saus und Braus leben wie jener reiche Prasser, von dem die Bibel erzählt (siehe Lk 16,19-31), befinden sich Unzählige in der Rolle des armen Lazarus. Bei uns jagt eine Party die andere, wobei hinsichtlich der kulinarischen Genüsse die eine Feier die Dimensionen der anderen zu sprengen trachtet; dagegen leben viele (allein 6,7 Millionen Hartz IV-Empfänger) am Rande des Existenzminimums.

Wenn wir über den Tellerrand unserer Region blicken und hören, können wir den Schrei der Welt nach einem Brotmessias nicht überhören. Übrigens geht es dabei nicht nur um Nahrungsmittel, auch der Wasservorrat wird immer knapper. Wasserknappheit bedroht Gesundheit, Leib und Leben von Millionen Menschen. So sterben täglich weltweit rund 10.000 Kinder an Krankheiten, die auf verseuchtes Wasser zurückgehen. Millionen leben unter katastrophalen hygienischen Verhältnissen. Der steigende Wassermangel in den Entwicklungsländern wird laut Prognose von Weltfriedensforschern zu einem der Hauptgründe für neue Krisen und Kriege werden. Wasser wird zur Überlebensfrage der Menschheit.

Von hier haben wir allen Grund, Gott zu danken für eine gute Ernte. Wir verdanken nicht alles der modernen Agrartechnologie: Sonne, Regen, Wind und Wetter sind nach wie vor Geschenke des Himmels. Fragen wir uns: Ist es selbstverständlich, dass wir genug zum Essen haben? Dass niemand bei uns zu hungern braucht? Ist es selbstverständlich, dass wir über sauberes Wasser verfügen? Ist es selbstverständlich, dass wir in einer erträglichen Klimazone wohnen, in einer geografischen Region, die bislang von Naturkatastrophen verschont geblieben ist? Ferner: Ist es selbstverständlich, wenn man gesund ist, einen Arbeitsplatz hat, sich in relativ gesicherten materiellen Verhältnissen befindet? Ist es selbstverständlich, in einer harmonischen Ehe und intakten Familie leben zu dürfen, in der die Kinder sich wohlfühlen? Und sollten wir Deutschen nicht dankbar sein für das Geschenk der von vielen für unmöglich gehaltenen Wiedervereinigung, statt, wie manche das tun, sich nach Honeckerzeiten zurückzusehnen? Die deutsche Einheit ist nicht nur das Resultat politischen Handelns und friedlichen Volksbegehrens, sondern auch das Ergebnis göttlicher Fügung. Weiter: Ist es selbstverständlich, dass wir überhaupt da sind, dass es uns gibt? Das Leben ist eine Gnade, ungeschuldete Gabe Gottes, der Welt und Menschen gratis aus dem Nichtsein zum Sein gerufen hat: „Ist er nicht dein Vater, dein Schöpfer? Hat er dich nicht geformt und hingestellt?" (Dtn 32,6). Last but not least: Ist es selbstverständlich, dass Gott für uns Mensch geworden, gestorben und von den Toten auferstanden ist, um uns ewiges Leben zu erwirken?

Wenn wir das alles bedenken, können wir eigentlich nur dankbar werden. Danken leitet sich ab von Denken. Wer denkt, nachdenkt, muss danken. „Undank ist der Welt Lohn". Das ist nicht neu. Auch Jesus hat seine bitteren Erfahrungen mit den Undankbaren gemacht. Von den zehn Aussätzigen, die er geheilt hatte, kehrte sage und schreibe ein Einziger zurück, um ihm zu danken: 1 von 10, 10 von 100, 100 von 1000 ... – Leider geht auch uns oftmals die Sensibilität für Dankbarkeit ab. Paulus ruft uns mehr als einmal zu: „Seid dankbar!" (Kol 3,15); „Sagt Gott, dem Vater, jederzeit Dank für alles im Namen Jesu Christi, unseres Herrn!" (Eph 5,20); „Dankt für alles" (1 Thess 5,18).

Danken wir Gott, dem wir alles verdanken.

WELTMISSION

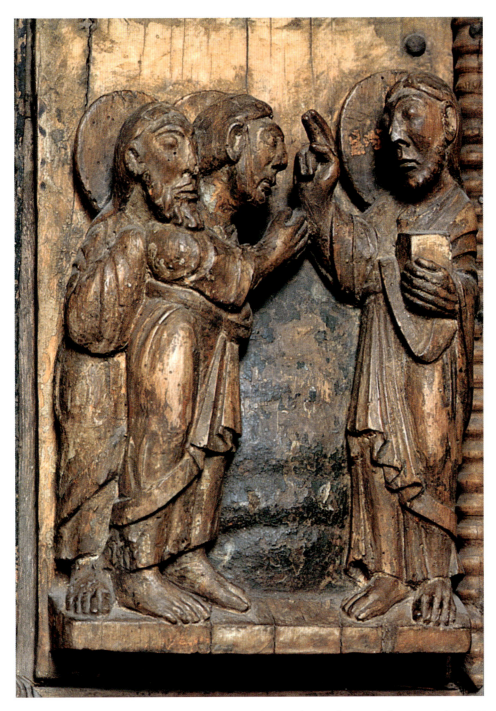

Aussendung der Jünger; Holztür; St. Maria im Kapitol, Köln; um 1065; © Buch- & Kunstverlag Maria Laach, Nr. 5921

WELTMISSIONSSONNTAG

Weltmission – unwillkürlich denkt man dabei an Asien, Afrika, Südamerika, aber müsste man den Namen nicht eintauschen gegen *Deutschlandmission*?

Es lassen sich in der Tat zahlreiche Fakten und Anzeichen aufzählen, die nach einer Missionierung vor unserer eigenen Haustüre rufen. Symptome einer säkularisierten (verweltlichten) Gesellschaft sind u. a.:

- Eine zunehmende Tendenz des Menschen, *sich selbst zu Gott und zum Schöpfer* machen, zum Herrn über Leben und Tod, über Lebensanfang und Lebensende (siehe die diversen gentechnologischen Experimente oder den Trend zu aktiver Euthanasie).

- Eine beispiellose *Verabsolutierung des Menschen*: Gott wird abgelöst von Ersatzgöttern, Stars und Idolen auf allen Ebenen der Gesellschaft, insbesondere in den Medien, die vielfach ein völlig einseitiges Menschenbild suggerieren. Da gelten vor allem die Attribute: Jung, schön, attraktiv, gesund, fit, erfolgreich. In einem solchen, Jugend- und Schönheitswahn verfallenen Kriterienkatalog bleiben die Alten, Kranken, Gebrechlichen, Versager auf der Strecke. Körperkult hat beinahe den Status einer Ersatzreligion.

- Eine wachsende *Diesseitsorientierung*: Über 60 Prozent aller Deutschen halten das Leben hier auf Erden zwischen Geburt und Tod für das einzige und schließen eine Auferstehung von den Toten und damit eine personale Weiterexistenz nach dem Tode aus. Aus dieser Überzeugung folgt dann mit logischer Konsequenz, dass der liebe Gott überflüssig wird. Wer nur an ein Dasein in den Dimensionen von Raum und Zeit glaubt, braucht keine überweltliche Instanz, sondern ist darauf bedacht, in diesem Leben – zumal es ja angeblich das einzige ist – maximal auf seine Kosten zu kommen.

- Eine fortschreitende *Nivellierung des Sonntags* und *Reduzierung der Sonntagskultur*

- Von den 16 Millionen Einwohnern in den neuen Bundesländern sind 9 Millionen nicht getauft, aber auch in den alten Ländern ist die Taufquote rückläufig. Dies bedeutet in der Gesamtaddition, dass inzwischen *jeder 4. Deutsche nicht getauft* ist. Die Folge ist eine schwindende soziologische Bedeutung der Kirche in einer mehr und mehr pluralen, ja multikulturellen Gesellschaft. Die Zeit der alten Volkskirche ist vorbei. Deutschland wird zum Land religiöser Analphabeten. Nur noch etwa 39 Prozent der Bevölkerung wissen, was die einzelnen kirchlichen Feiertage bedeuten. Immer häufiger gibt es Schülerinnen und Schüler, die vor ihrer Einschulung noch keine Kirche von innen gesehen haben.

- Eine *Erosion der zwischenmenschlichen Beziehungen*: In Deutschland wird jede 3., fast jede 2. Ehe geschieden. Die traditionelle Ehe selbst wird durch eine zunehmende Gleichstellung alternativer Lebensgemeinschaften substanziell unterhöhlt.

- Ein dramatischer *Rückgang der geistlichen Berufe*.

- *Antichristliche und antikirchliche Tendenzen in vielen Medien*. In so mancher Talkshow werden fundamentale christliche und kirchliche Prinzipien und Positionen lächerlich, ja madig gemacht.

- Insgesamt ist unsere Gesellschaft durch eine abgrundtiefe *Perspektiv- und Orientierungs-*

losigkeit charakterisiert, die sich nicht zuletzt in *steigender Kriminalität und wachsender Welle der Gewalt* entlarvt. In Deutschland fallen täglich 8 Menschen einem Mord oder Totschlag zum Opfer! Alle 3 Minuten wird bei uns ein Gewaltverbrechen verübt, 18000 Straftaten werden pro Tag gezählt! Letztlich hat die zunehmende Gewalt ihre Ursache in der nicht gelösten Sinnfrage: Wer nicht weiß, wozu er da ist, dreht irgendwann durch und bricht sich mit Brachialgewalt Bahn. „Gewalt ist die inhumane Frucht von Erziehungsprogrammen, in denen Gott nicht vorkommt" (Johannes Paul II.). Wo Gott ausgebootet wird, erleidet der Mensch Schiffbruch, da werden Mensch und Gesellschaft unmenschlich. Der frühere tschechische Staatspräsident Václav Havel sagte einmal: „Zunehmende Gottlosigkeit ist mitverantwortlich für die globalen Krisen".

Aufgrund all dieser Säkularisierungssymptome, die sich noch um etliche andere erweitern ließen, sprechen Religionssoziologen bereits von einer *neopaganen: neuheidnischen, nachchristlichen Epoche*. Deutschland ist in der Tat *Missionsland*. Um den Trend der Verweltlichung zu stoppen, ist gleichermaßen in Ost- und Westdeutschland eine *Neuevangelisierung* geboten. Ein Bischof in der ehemaligen DDR sagte: „Wir müssen die völlig entchristlichten Massen neu an die Botschaft des Evangeliums heranführen"; aber auch in Westdeutschland ist Missionierung nicht minder angesagt. Die Kirche muss sich intensiv missionarisch engagieren. Leider ist sie oft viel zu sehr mit sich selbst beschäftigt, mit internen Problemen, Strukturfragen etc. und vergisst über dieser Introvertiertheit ihre eigentliche und zentrale Aufgabe: Die Botschaft des Evangeliums zeitnah, aktuell und situativ zu verkünigen. „Das Evangelium darf nicht wie in einem Museum ausgestellt, sondern muss mitgeteilt und verbreitet werden" (Johannes Paul II.), und zwar auch unter Einsatz der modernen Kommunikationsmittel, weshalb nicht auch durch ein eigenes kirchliches Fernsehprogramm wie etwa in Holland (obwohl es dort keine Kirchensteuern gibt)? Der Grundauftrag der Kirche, die Frohe Botschaft zu verkünden, darf nicht an Finanzen scheitern. Das Wort „Mission" leitet sich ab von „mittere" = senden. Die christliche Botschaft auf Sendung zu bringen – beispielsweise über Fernsehkatechesen – , ist eine höchst aktuelle missionarische Aufgabe.

Früher endete die Eucharistiefeier mit dem Ruf: „Ite missa est" = Geht, es ist Sendung! Es ist Mission! Eine Aufforderung, die man reaktivieren sollte; denn sie ist von größter Dringlichkeit, nicht nur am Weltmissionssonntag.

ALLERHEILIGEN

Hl. Elisabeth; Ruth Kerner; 2005; © Buch- & Kunstverlag Maria Laach, Nr. 4359

LEITSTERNE CHRISTLICHER EXISTENZ

(ALLERHEILIGEN)

Heute, am 1. November, feiern wir das Fest Allerheiligen. Heilige waren Menschen wie wir; sie kamen nicht von einem anderen Stern, sondern standen mit beiden Beinen auf der Erde. Sie waren weder Engel noch Übermenschen. In den seltensten Fällen waren sie Heilige von der Wiege auf. So wie kein Meister vom Himmel fällt, so auch kein Heiliger. Die Heiligen haben oft eine lange Odyssee über das wogende Meer menschlicher Irrungen und Wirrungen hinter sich. Sie kennen menschliche Schwächen und menschliches Versagen. Sie sind uns nicht fern. Leider haben wir die Heiligen viel zu weit von uns wegdistanziert. Das Leben vieler Heiliger ist eine Bestätigung dafür, dass Gott auch auf krummen Zeilen gerade schreiben kann. Für manche von ihnen gilt das Wort von der „felix culpa", der „glücklichen Schuld": Aus Menschen mit Schuld wurden durch Gottes Huld Heilige nach dem Wort des hl. Paulus: „Wo die Sünde mächtig wurde, da ist die Gnade übergroß geworden" (Röm 5,20).

Heilige sind Meisterwerke der Gnade Gottes, mit der sie kooperiert haben und von der sie sich haben feilen, formen, umformen, transformieren lassen. Von solch einer Transformation spricht Paulus: „Durch die Gnade Gottes bin ich, was ich bin, und sein gnädiges Handeln an mir ist nicht ohne Wirkung geblieben" (1 Kor 15,10); denn „nicht mehr ich lebe, sondern Christus lebt in mir" (Gal 2,20). Heilige sind Menschen, die sich umwandeln lassen, sodass aus einem Saulus ein Paulus wird, aus Verbrechern Freunde Gottes (vgl. Lk 23,43: Jesus sagt am Kreuz zum Schächer: „Heute noch wirst du mit mir im Paradies sein"), aus Mördern Mönche, aus Henkern Heilige, aus Atheisten Christen werden. Heilige sind durch die Heilseffizienz der göttlichen Gnade „neue Menschen" (vgl. Eph 4,24) geworden, „neue Geschöpfe", wie Paulus sagt: „Wenn also jemand in Christus ist, dann ist er eine neue Schöpfung: das Alte ist vergangen, Neues ist geworden" (2 Kor 5,17). Gottes Gnade vermag aus zerbrechlichen Gefäßen, Scherbenhaufen und Ruinen menschlichen Versagens neue, lebendige Tempel des Hl. Geistes zu bauen. Heilige sind Menschen, die eine Kehrtwende um 180 Grad, eine hundertprozentige Konversion zu Gott vollzogen haben (Sich bekehren heißt um-kehren). Sie sind Christen ohne faule Kompromisse, exemplarische Gestalten einer radikalen Gottes- und Nächstenliebe. So betete etwa Klaus von der Flüe: „Herr, nimm alles von mir, was mich hindert zu dir; gib alles mir, was mich fördert zu dir; nimm mich mir und gib mich ganz zu eigen dir". Und Charles de Foucauld bekannte: „Sobald ich glaubte, dass es einen Gott gibt, habe ich auch verstanden, dass ich nur für ihn leben kann".

Heiligsein ist nicht das Privileg einer elitären Schar von Auserwählten, vielmehr nennt Paulus alle Getauften Heilige, weil sie aufgrund der Taufe Erwählte sind. Heilig ist also in erster Linie keine moralisch/ethische Qualifikation, sondern ein ontisches Attribut, eine Seinsaussage. Heiligsein bedeutet Erwähltsein. Dieses Erwähltsein, Heiligsein appelliert nun aber an ein Immer-mehr-heiligwerden: „Das ist es, was Gott will: eure Heiligung" (1 Thess 4,3). Dem Indikativ des Heiligseins entspricht der Imperativ des Heiligwerdens. „Werde, was du bist", sagt Augustinus. Wir Christen sollen immer mehr das werden, was wir sind. Jeder von uns hat das Zeug und die Berufung in sich, heilig zu werden. Dazu können und müssen wir nicht die großen Heiligen kopieren, vielmehr soll jede(r) seine/ihre je eigene, individuelle, ganz persönliche Spiritualität und Form der Heiligkeit finden. Heilige gibt es nicht nach einer bestimmten Schablone, in die wir nicht hineinpassen. Deshalb gibt es so viele Heilige, wie es Menschen gibt, die nach dem Evangelium leben: Heilige Väter und Mütter, heilige Kinder und Greise, heilige Arbeitgeber und Arbeitnehmer, katholische wie evangelische Heilige. Wir brauchen auch keine heroischen Taten zu vollbringen oder das Martyrium anzustreben, vielmehr können wir im Reiche Gottes Karriere machen in den ganz alltäglichen Dingen: Im Haushalt, in der Schule, im Beruf, am Arbeitsplatz. Die Devise lautet: Die gewöhnlichen Dinge des Alltags außergewöhnlich gut tun. Das ist der einfachste und kürzeste Weg zur Heiligkeit. Heilige sind überwiegend einfache, engagierte Christen, die mitten unter uns leben, es sind anonyme Heilige.

Auch wenn jede(r) seinen/ihren persönlichen Weg zur Heiligkeit suchen und finden muss, können dabei die Heiligen und Seligen Leitsterne christlicher Existenz sein. Leitsterne sind Wegweiser für die Orientierung und Kursbestimmung bei der Seefahrt, so z.B. der Polarstern, das Kreuz des Südens und die Weisersterne Alpha und Beta-Centauri. Eine ähnliche Funktion wie die Leitsterne für die Seefahrt haben die Heiligen für unsere Fahrt über das Meer des Lebens; sie sind unsere Wegweiser. Heilige und Selige sind Modellfiguren eines konsequenten Christseins, Vorbilder christlicher Lebensgestaltung und damit so etwas wie geistiges Vitamin V (= Vorbild). Vor allem die Christozentrik und Christusnachfolge der Heiligen haben Vorbildfunktion.

Heiligenverehrung hat nichts mit Personenkult zu tun. Hier werden keine Menschen verabsolutiert oder gar vergöttert. Authentische Heiligenverehrung ist immer Gotteslob, ist Lobpreis auf Gottes Gnade, die sich in diesen Menschen so machtvoll manifestiert und ausgewirkt hat. Rufen wir also unsere himmlischen Freunde an. Wir beten sie nicht an, aber wir bitten sie um ihre Fürsprache; denn sie sind unsere Vermittlungsinstanzen und Mittler bei Gott. Gewiss bleibt Jesus Christus der alleinige und ausschließliche „Mittler zwischen Gott und den Menschen" (1 Tim 2,5), aber es bedarf der Vermittlung dieses einen Mittlers. Genau das aber tun die Heiligen, sie sind Mittler des einzigen Mittlers, Wegweiser zu dem, der allein „der Weg und die Wahrheit und das Leben" (Joh 14,6) ist und der gesagt hat: „Niemand kommt zum Vater außer durch mich" (ebd).

Das Vermittlungsprinzip ist ein so genanntes inkarnatorisches Strukturprinzip, das sich aus der Menschwerdung (Inkarnation) Gottes ableitet: Weil Gott in Jesus Christus Mensch geworden ist, führen alle Wege zu Gott nur über Menschen, letztlich über *den* Menschen, den Gottmenschen Jesus Christus; um aber zu diesem zu gelangen, sind wir auf Mittler angewiesen. „Beziehungen schaden nur dem, der keine hat", sagt man. Wenn wir aber schon im irdischen, zeitlichen Leben nicht ohne Beziehungen auskommen, um wie viel mehr sind wir dann auf jene angewiesen, wenn es um das himmlische, ewige Leben geht. Wer sich an die Heiligen wendet und sie um ihre Fürsprache bittet, hat optimale Vermittlungsinstanzen, weil himmlische Beziehungen; er verfügt über das übernatürliche Vitamin B.

ALLERSEELEN

Die Auferstehung Christi; El Greco (1541 - 1614); um 1605/10; Museo del Prado, Madrid

IN MEMORIAM

„Vergissmeinnicht" – wer erinnert sich nicht an dieses Motto einer Fernsehsendung, die vor vielen Jahren mit Peter Frankenfeld ausgestrahlt wurde: Vergesst uns behinderte Menschen nicht!

Vergissmeinnicht, denk' an mich! : So rufen uns besonders im Monat November die Verstorbenen zu. Die Tage Allerheiligen, Allerseelen, Volkstrauertag, Buß- und Bettag sowie Totensonntag sind Monitoren, mahnende Daten, die uns an die Toten erinnern. Wie schnell sind sie vergessen! Wie oft bewahrheitet sich das Sprichwort: Aus den Augen – aus dem Sinn.

Die alten Römer hatten eine panische Angst davor, von der Nachwelt vergessen zu werden. Daher ließen sie sich an den Straßen Mausoleen oder andere monumentale Grabdenkmäler errichten, um sich der „memoria", dem Gedächtnis der Passanten, einzumeißeln. Ein Gang über die Via Appia antica in Rom vermittelt noch heute einen imposanten Eindruck von jenem Drang der Römer nach bleibendem Andenken.

Was tun *wir* in memoriam: Zum Gedenken der Toten? Beschränken wir uns darauf, deren Gräber zu pflegen oder sprechen wir auch hin und wieder mal ein Gebet für die Heimgegangenen? Schon die Schrift sagt: „Für die Toten zu beten… ist ein heiliger und frommer Gedanke" (2 Makk 12,44.45). Fast täglich serviert uns das Fernsehen Todesnachrichten aus aller Welt: Wir hören von Naturkatastrophen, Erdbeben, Flugzeugabstürzen, Schiffsunglücken, Autounfällen, Opfern von Krieg, Terror und Gewalt oder lesen Todesanzeigen in den Tageszeitungen. Sind es für uns Routinenachrichten geworden, die uns einfach zur Tagesordnung übergehen lassen? Interessiert uns daran nur das Prickelnde und Sensationelle oder regen uns solche Berichte auch zu einem betenden Gedenken für die Opfer an? Echtes Totengedenken ist mehr als bloße Erinnerung. Jedenfalls haben die Toten von einem Memento (= betendem Gedenken) mehr als von letzten Grüßen wie „Horrido", „Gut Holz" oder „Gut Schuss", mehr auch als von so genannten – meist nicht eingehaltenen – Schweigeminuten in Fußballstadien.

Die Kirche vergisst die Verstorbenen nicht. Täglich – nicht nur an Allerseelen – gedenkt sie aller heimgegangenen Schwestern und Brüder und empfiehlt sie bei der Gedächtnisfeier des Todes und der Auferstehung Christi dem lebendigen und lebendig machenden Gott. Sie tut dies in der Überzeugung, dass der Tod, das biologische Finale, keinen absoluten Schlusspunkt setzt. Viele Todesanzeigen lesen sich ja leider wie neuheidnische Nachrufe (etwa wenn es dort heißt: Er/Sie ist „für immer" gegangen) und lassen nichts vom Glauben an eine Auferstehung oder von christlicher Zuversicht erkennen. Für Christen bedeutet der Tod nicht – wie die Mediziner sagen – Exitus: Schluss, Aus, Untergang, sondern Transitus: Übergang, Hinübergang, Heimgang in ein neues, unverlierbares Leben, Heimkehr zu Gott. Tod bedeutet Wandlung, Verwandlung, Umwandlung in eine völlig neue Daseinsweise. In der Totenpräfation ist von dieser Metamorphose und Mutation ausdrücklich die Rede: „Bedrückt uns auch das Los des sicheren Todes, so tröstet uns doch die Verheißung der künftigen Unsterblichkeit. Denn deinen Gläubigen, Herr, wird das Leben *gewandelt, nicht genommen* (vita *mutatur, non tollitur)*, und wenn die Herberge dieser irdischen Pilgerschaft zerfällt, wird ihnen im Himmel eine ewige Wohnung bereitet". Von solch einer Wandlung spricht auch Paulus: „Die Toten werden zur Unvergänglichkeit auferweckt, wir aber werden *verwandelt* werden. Denn dieses Vergängliche muss sich mit Unvergänglichkeit bekleiden und dieses Sterbliche mit Unsterblichkeit" (1 Kor 15, 52.53); „Unsere Heimat aber ist im Himmel. Von dorther erwarten wir auch Jesus Christus, den Herrn, als Retter, der unseren armseligen Leib *verwandeln* wird in die Gestalt seines verherrlichten Leibes" (Phil 3,20.21); „denn alle, die er im Voraus erkannt hat, hat er auch im Voraus dazu bestimmt, an Wesen und Gestalt seines Sohnes (nach anderer Übersetzung: ‚an der verherrlichten Gestalt seines Sohnes') teilzuhaben, damit dieser der Erstgeborene von vielen Brüdern sei" (Röm 8,29); „ihr sollt nämlich die Herrlichkeit Jesu Christi, unseres Herrn, erlangen" (2 Thess 2,14); „Wenn Christus, unser Leben, offenbar wird, dann werdet auch ihr mit ihm offenbar werden in Herrlichkeit" (Kol 3,4); „Wir alle spiegeln mit enthülltem Angesicht die Herrlichkeit des Herrn wider und werden so in sein eigenes Bild *verwandelt,* von Herrlichkeit zu Herrlichkeit, durch den Geist des Herrn" (2 Kor 3,18). Beispiele für Umwandlungen finden wir ja auch in der Natur: So wird aus der Raupe ein Schmetterling und aus dem aufgelösten Samen wächst ein neuer Halm und als dessen Frucht das Korn. Ähnlich wurde Christus wie ein Weizenkorn in die Erde gesenkt, um uns die Frucht des Lebens zu bringen: „Amen, amen, ich sage euch: Wenn das Weizenkorn nicht in die Erde fällt und stirbt, bleibt es allein; wenn es aber stirbt, bringt es reiche Frucht" (Joh 12,24).

Im Übrigen entspricht ein Weiterleben nach dem Tode auch der Definition von Schöpfung, zu der zwei essenzielle Elemente gehören: Schaffen und Erhalten. Gott schafft nicht, um zu vernichten, sondern: „Zum Dasein hat er alles geschaffen. Gott hat den Tod nicht gemacht und hat keine Freude am Untergang der Lebenden" (Weish 1,14.13); „Gott hat den Menschen zur Unvergänglichkeit erschaffen" (Weish 2,23). Schöpfung heißt: Von Gott her und auf Gott hin: „Durch ihn und auf ihn hin ist alles geschaffen" (Kol 1,16). Demnach ist die Schöpfung nicht linear, sondern zyklisch, kreisförmig angelegt: Von Gott her und zu Gott zurück. So sagt denn Augustinus: „Auf dich hin, o Gott, hast du uns erschaffen, und unruhig ist unser Herz, bis es ruht in dir".

Von daher ist die menschliche Existenz alles andere als ein Auslaufmodell; im Gegenteil: Der Mensch ist zu einem ewigen Leben bei Gott berufen. Der Grund zu solchem Optimismus ist Jesu Sieg über den Tod; denn die Auferstehung Christi ist der Präzedenzfall für alle Menschen, weil er „*für sie* starb und auferweckt wurde" (2 Kor 5,15). Ist *Er* von den Toten auferstanden, dann dürfen *auch wir* auf die Auferstehung hoffen: „Wenn Jesus – und das ist unser Glaube – gestorben und auferstanden ist, dann wird Gott durch Jesus auch die Verstorbenen zusammen mit ihm zur Herrlichkeit führen" (1 Thess 4,14). So sagt der hl. Hieronymus: „Nicht wollen wir trauern, dass wir sie verloren, sondern dankbar sein, dass wir sie gehabt haben, ja noch besitzen. Denn alles lebt für Gott, und wer auch immer heimkehrt zu ihm, gehört noch zur Familie". Nach dem hl. Cyprian von Karthago ist „Sterben kein Weggehen, sondern ein Hinübergehen. Es ist nach Durchmessen des irdischen Weges der Übergang zur Ewigkeit".

Wo dieser Glaube an die Auferstehung und eine personale Weiterexistenz nach dem Tode erlischt, mag die Erinnerung an die Toten noch so stark sein, sie wird verblassen. Von einer bloßen Erinnerung haben weder die Verstorbenen noch deren Angehörige etwas. Deshalb greift eine Todesanzeige wie diese zu kurz: „Wer im Gedächtnis seiner Lieben bleibt, ist nicht tot; tot ist, wer vergessen wird". Ein nur auf Erinnerung reduziertes Gedenken wird ähnlich wie das Herbstlaub vom Winde verweht werden. Bleibendes Andenken gründet in der gläubigen Zuversicht, dass die Verstorbenen in Gott eine dauerhafte Bleibe gefunden haben. Jesus hat gesagt: „Im Hause meines Vaters gibt es viele Wohnungen ... Ich gehe, um einen Platz für euch vorzubereiten. Wenn ich gegangen bin und einen Platz für euch vorbereitet habe, komme ich wieder und werde euch zu mir holen, damit auch ihr dort seid, wo ich bin" (Joh 14,2.3). Die Spur unseres Lebens führt also nicht ins Nichts, vielmehr geht am Rande der Finsternis des Todes die ewige Sonne auf. Dies heißt nicht, dass Christen beim Tod eines lieben Menschen nicht trauern, wohl aber, dass sie „nicht trauern wie die anderen, die keine Hoffnung haben" (1 Thess 4,13).

„SCHLÄFT NUR"

„Ein Mann namens Jairus, der Synagogenvorsteher war, fiel Jesus zu Füßen und bat ihn, in sein Haus zu kommen. Denn sein einziges Kind, ein Mädchen von etwa zwölf Jahren, lag im Sterben ... Da kam einer, der zum Haus des Synagogenvorstehers gehörte, und sagte (zu Jairus): Deine Tochter ist gestorben. Bemüh den Meister nicht länger! Jesus hörte es und sagte zu Jairus: Sei ohne Furcht; glaube nur, dann wird sie gerettet. Als er in das Haus ging, ließ er niemand mit hinein außer Petrus, Johannes und Jakobus und die Eltern des Mädchens. Alle Leute weinten und klagten über ihren Tod. Jesus aber sagte: Weint nicht! Sie ist nicht gestorben, sie schläft nur. Da lachten sie ihn aus, weil sie wussten, dass sie tot war. Er aber fasste sie an der Hand und rief: Mädchen, steh auf! Da kehrte das Leben in sie zurück und sie stand sofort auf. Und er sagte, man solle ihr etwas zu essen geben. Ihre Eltern aber waren außer sich" (Lk 8, 41.42.49-56).

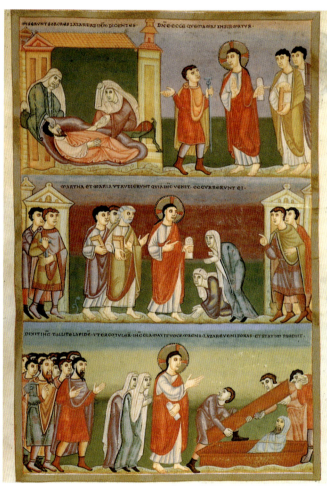

Auferweckung des Lazarus; Speyerer Evangeliar Heinrichs III., 1043 – 1046; Madrid, Escorial

„The big sleep" (Der große Schlaf) lautet der Titel eines berühmten Films mit Humphrey Bogart; in deutschen Kinos lief der Streifen unter der Bezeichnung: „Tote schlafen fest". Die Definition des Todes als Schlaf könnte von Jesu Worten inspiriert worden sein: „Sie ist nicht gestorben, sie schläft nur. Da lachten sie ihn aus". Dieses höhnische Gelächter ist bis heute nicht verstummt. Es hallt wider in atheistischen und nihilistischen Todesanzeigen und Nachrufen, die über Auferstehung kein Wort verlieren oder Formulierungen wie diese enthalten: Er/Sie ist „für immer" von uns gegangen; oder: Wir haben die traurige Pflicht, vom „Ableben" unseres verehrten Seniorchefs Kenntnis zu geben, so als ob der Mensch wie ein Tier verendet. Der Spott, den Jesus für seine Bemerkung: Das Kind „schläft nur", erntet, findet sein Echo aber auch bei zahllosen Menschen, die eine personale Weiterexistenz nach dem Tode kategorisch ausschließen. Laut Umfrage eines seriösen Meinungsforschungsinstituts markiert der Tod für 60 Prozent aller Deutschen das endgültige Aus. Eine trostlose Lebensperspektive! Nicht minder trostlos klingt der makabre Werbeslogan einer amerikanischen Bestattungsfirma: „Sterben Sie ruhig, ohne sich viel Gedanken darum zu machen: Wir kümmern uns um den Rest".

Für Christen ist der Tod nicht das Ende, sondern der Anfang eines neuen, unverlierbaren Lebens. In dieser Überzeugung haben sie seit uralten Zeiten nicht von Friedhöfen (Zömeterien), sondern von Schlafstätten (Dormitorien) gesprochen, dies in der gläubigen Annahme, dass die Toten nur schlafen. So sagt denn der hl. Chrysostomus: „Der Tod ist nicht mehr der Tod, sondern er hat nur noch den Namen des Todes: ja sogar auch der Name selbst ist abgeschafft worden, denn wir nennen ihn nicht mehr Tod, sondern Schlaf und Traum! Von daher werden die Zömeterien Dormitorien genannt". Übrigens interpretiert offensichtlich auch der Volksmund den Tod als Schlaf, wenn er nämlich den natürlichen Schlaf als „kleinen Bruder des Todes" bezeichnet.

Christus, der Auferstandene, der den Tod besiegt hat, wird die Schlafenden (Verstorbenen) einmal auferwecken: „Denn wie der Vater die Toten auferweckt und lebendig macht, so macht auch der Sohn lebendig, wen er will" (Joh 5,21). Denn „es ist der Wille dessen, der mich gesandt hat, dass ich ... sie auferwecke" (Joh 6,39). So weckt er nicht nur die Tochter des Jairus von den Toten auf, sondern auch den jungen Mann aus Nain (Lk 7,11-17) und Lazarus: „Lazarus, unser Freund, schläft; aber ich gehe hin, um ihn aufzuwecken" (Joh 11,11).

Die feste Zuversicht, dass „Gott...durch seine Macht auch uns auferwecken wird" (1 Kor 6,14), dokumentiert sich auch in den Grabinschriften der Gläubigen im Altertum. Ein Kennzeichen christlicher Gräber war nämlich das Kürzel: „dep." (vom lateinischen deponere = hinterlegen, ablegen), was bedeuten soll: Der Leib wird im Grab nur deponiert – ähnlich wie das Geld bei der Bank –, um eines Tages als verklärter, unverweslicher Leib wieder abgeholt zu werden.

Christi Wort gilt: „Ich bin die Auferstehung und das Leben. Wer an mich glaubt, wird leben, auch wenn er stirbt, und jeder, der lebt und an mich glaubt, wird auf ewig nicht sterben" (Joh 11,25.26). Wer an den Auferstandenen glaubt, wird, wenn er stirbt, nicht in einen Dauerschlaf fallen, sondern zum ewigen Leben aufgeweckt werden.

MICHAEL JACKSON (†)

Die Nachricht vom Tode des „King of Pop" Michael Jackson im Jahre 2009 ging wie ein Lauffeuer um den Globus. Fast jeder sechste Mensch auf der Welt (also ca. 1 Milliarde Menschen) verfolgte an den Bildschirmen die Trauerfeier für den Weltstar.

Dem Verstorbenen wurden bei der Gedenkfeier, einer Mischung aus Show und Besinnlichkeit, teilweise göttliche Attribute verliehen. Immer wieder wurde Michael wie ein Messias verabsolutiert und als „Unsterblicher", als der „Größte" charakterisiert. Der Star – so hörte man – kann nicht gestorben sein, weil er nicht sterben darf. In solchen nekrologischen Hymnen artikuliert sich die Sehnsucht des Menschen nach Unvergänglichkeit und Unendlichkeit. Gleichwohl kann solche Sehnsucht die Realität und unerbittliche Tatsache der Vergänglichkeit alles Irdischen nicht kaschieren. Ruhm, Reichtum, Erfolg, Popularität, Glück – über allem schwebt das Damoklesschwert des Provisorischen. Der Psalmist sagt: „Du lässt die Menschen zurückkehren zum Staub und sprichst: Kommt wieder, ihr Menschen! ... Von Jahr zu Jahr säst du die Menschen aus; sie gleichen dem sprossenden Gras. Am Morgen grünt es und blüht, am Abend wird es geschnitten und welkt" (Ps 90,3.5.6); „Des Menschen Tage sind wie Gras, er blüht wie die Blume des Feldes. Fährt der Wind darüber, ist sie dahin; der Ort, wo sie stand, weiß von ihr nichts mehr" (Ps 103,15.16; vgl. Jes 40,6.7). Diese Charakterisierung der Vergänglichkeit hat Johannes Brahms in seiner Komposition „Ein deutsches Requiem" in durch Mark und Bein gehende Musik umgesetzt. „Der Mensch bleibt nicht in seiner Pracht ... Geradewegs sinken sie hinab in das Grab; ihre Gestalt zerfällt" (Ps 49,13.15).

Dennoch fällt der Mensch nicht ins Nichts, vielmehr erhält er vom Schöpfer eine neue Existenz. Beeindruckend war bei der Trauerfeier für den Popstar die Aussage eines seiner Brüder: „Du bist jetzt beim Schöpfer und beginnst ein neues, dein eigentliches Leben". Eine wahrhaft christliche Botschaft! Tod bedeutet nicht Untergang, sondern Übergang, Hinübergang, Heimgang in das unsterbliche Leben bei Gott. Tod heißt Wandlung, Verwandlung, Umwandlung in ein unverlierbares Dasein. In der Eucharistiefeier für die Verstorbenen bekennt die Kirche: „Deinen Gläubigen wird das Leben gewandelt, nicht genommen und wenn die Herberge dieser irdischen Pilgerschaft zerfällt, wird ihnen im Himmel eine ewige Wohnung bereitet". Diese ewige Wohnung befindet sich nicht im „Neverland" (so hieß Michael Jacksons Wohnanlage), sondern „im Land" des lebendigen und lebendig machenden Gottes.

Der Tod Michael Jacksons hat bei Millionen seiner Fans ein großes Vakuum hinterlassen. Diese Leere lässt sich letztlich nicht mit der Musik des Popstars auffüllen, sondern nur mit der Einsicht, dass alles Irdische seine Grenzen hat und dass das Leben sich erst in der Über-Natur vollendet.

Dem „King of Pop" wurde eine magnetische Kraft zugeschrieben, der die Massen elektrisierte und an sich zog. Eine Anziehungskraft von ungleich größerer Dimension aber hat derjenige, der durch seinen Tod und seine Auferstehung allen Menschen ewiges Leben schenkt: Jesus Christus. Er sagt von sich: „Wenn ich über die Erde erhöht bin, werde ich alle zu mir ziehen" (Joh 12,32).

VERSÖHNUNG ÜBER DEN GRÄBERN

Wenn ich an Krieg denke, kommen mir stets die toten Soldaten in den Sinn, die ich als kleines Kind im letzten Weltkrieg bei den Kämpfen um meine Heimatstadt Kevelaer am Niederrhein auf der Straße liegen sah. Der Schock, mit den Gefallenen unmittelbar konfrontiert zu werden, sitzt mir noch heute tief in den Knochen, mehr noch in der Psyche.

Der Volkstrauertag erinnert uns nicht nur an einzelne, sondern an alle Toten der beiden Weltkriege, überhaupt an alle Opfer von Krieg, Terror und Gewaltherrschaft. Allein im Zweiten Weltkrieg sind über 50 Millionen Opfer zu beklagen, davon nahezu 27 Millionen Russen, mehr als 7 Millionen Frauen, Männer und Kinder in Deutschland und ungefähr 6 Millionen Juden. Von den 300 000 deutschen Soldaten, die in Stalingrad ums Leben kamen, findet sich kein einziges Grab.

Versöhnung zwischen den kriegsführenden Mächten ist möglich. Wer erinnert sich nicht an die bewegende Szene, als der damalige französische Staatspräsident Francois Mitterand und der deutsche Bundeskanzler Helmut Kohl über den Gräbern der Schlachtfelder von Verdun sich minutenlang die Hand reichten. Nicht minder ergreifend der Augenblick, als der jetzige französische Präsident Nicolas Sarkozy und die deutsche Kanzlerin Angela Merkel gemeinsam einen Kranz am Grab des Unbekannten Soldaten beim Triumphbogen auf den Champs Elysées von Paris niederlegten. Jahrhunderte lang waren „Marianne und Michel", wie Frankreich und Deutschland genannt werden, Erzfeinde; heute bilden beide die Eckpfeiler eines geeinten Europa, das seit nunmehr 60 Jahren in Frieden leben darf. Oder nehmen wir die Warschauer Paktstaaten: 1968 fielen die Truppen der Sowjetunion, DDR, Polens, Bulgariens und Ungarns in die Tschechoslowakei ein und zerstörten den so genannten „Prager Frühling", heute ist die Mehrzahl von ihnen in der EU oder NATO. Wer hätte das für möglich gehalten? Ferner: Helmut Kohl und Michail Gorbatschow machten gemeinsam Urlaub und führten – zusammen mit anderen Staaten – den Mauerfall und die Wiedervereinigung Deutschlands herbei, was viele für undenkbar gehalten haben. Und weiter: Denken wir an den Friedensschluss zwischen dem israelischen Ministerpräsidenten Jitzchak Rabin und PLO-Chef Yassir Arafat, die dem Racheprinzip „Auge um Auge – Zahn um Zahn" abgeschworen haben (Rabin ist deswegen ermordet worden). Zwar ist der Nahost-Konflikt leider immer noch nicht gelöst, aber die Bemühungen um einen definitiven Frieden sind im Gange. Frieden ist nur möglich, wenn der tödliche Zirkel von Rache und Vergeltung durchbrochen wird und ein Filmtitel wie dieser: „Gott vergibt – Wir beide nie!" keine Chance hat, zum normativen Leitmotiv zu werden. Frieden ist möglich, wenn man ihn will. Wo ein Wille ist, ist ein Weg. „Friedensgespräche sind kein Akt der Kapitulation, sondern der Stärke", sagte der ehemalige US-Präsident Bill Clinton. Würde man überall in der Welt das Axiom beachten: „Miteinander reden ist allemal besser als gegeneinander kämpfen", dann sähe die Welt anders aus. Leider gibt es gegenwärtig weltweit circa 70 Kriege, Konflikte und Krisenherde.

Der Wille zur Versöhnung und Verständigung hat aber auch mit Gott zu tun. Tschechiens ehemaliger Staatspräsident Vaclav Havel sagte einmal: „Zunehmende Gottlosigkeit ist eine der Ursachen für die gegenwärtigen globalen Krisen". Recht hat er. Eine Welt ohne Gott ist eine Welt gegen den Menschen. Wo Gott ausgebootet wird, erleidet der Mensch Schiffbruch; da wird der Mensch unmenschlich, da wird auch ein Regime inhuman. Nicht von ungefähr ist in der Bibel nach dem Sündenfall prompt vom Brudermord die Rede: Kain erschlägt seinen Bruder Abel. Das Nein zu Gott (= Sünde, das Wort Sünde leitet sich ab von Ab-sondern, Sünde = Absonderung von Gott) mündet unweigerlich ein in ein Nein zum Mitmenschen. Wer Gott, den Herrn und Schöpfer des Lebens, nicht anerkennt, erkennt auch den Menschen als Geschöpf und Ebenbild Gottes nicht an. Der degradiert den Menschen zum Instrument seiner egoistischen Machtinteressen. Es gibt einen ursächlichen Zusammenhang zwischen der Beziehung zu Gott und derjenigen zum Mitmenschen. Atheismus mündet leicht in Unmenschlichkeit. Ohne Gott wird aus dem Kosmos, der geordneten schönen Schöpfung, ein Chaos, ein heilloses Durcheinander; ohne Gott gibt es weder Versöhnung noch Frieden.

Die Gefallenen mahnen zur Versöhnung. Gedenken wir ihrer in Dankbarkeit. Sie sind nicht nur gestorben für „Führer, Volk und Vaterland", wie es damals hieß, sondern für Frieden und Versöhnung unter den Völkern. Wenn wir heute in Frieden und Freiheit leben dürfen, ist das nicht zuletzt ihr Verdienst.

Über dem allzu frühen Tod der Gefallenen ließe sich der Kommentar anbringen: „Zerstörte Lebensläufe – nie erlebte Zukunft". Mag den Toten eine Zukunft hier auf Erden versagt geblieben sein, im Himmel haben sie eine ewige Zukunft erlangt. Denn nach christlichem Glauben bedeutet der Tod Heimkehr zu Gott, Übergang in ein ewiges Leben. So sind die Gefallenen nicht ins Nichts gefallen, sondern aufgenommen in die Herrlichkeit Gottes. Requiescant in pace: Sie mögen ruhen in Frieden!

ZUR EHRE GOTTES UND FREUDE DER MENSCHEN

(22. NOVEMBER: FEST DER HL. CÄCILIA)

Chagall, Marc; David mit der Harfe; © *VG Bild-Kunst, Bonn 2011*

ZUR EHRE GOTTES UND FREUDE DER MENSCHEN

Nach Johann Sebastian Bach hat die Musik eine Doppelfunktion: „Alle Musik soll anders nicht als nur zu Gottes Ehre und Recreation des Gemüthes seyn". Bach unterschied nicht zwischen sakraler und säkularer (weltlicher)Tonkunst. Er, den man den „fünften Evangelisten" nennt, setzte an den Anfang seiner weltlichen ebenso wie geistlichen Kompositionen die beiden Konsonanten JJ (= Jesu juva: Jesus, hilf) und ans Ende das Kürzel: SDG (=Soli Deo Gloria: Gott allein die Ehre). Die Sprache der Musik war für ihn immer so etwas wie Theologie (= Sprechen von und über Gott).

Ähnlich stufte Anton Bruckner das musikalische Schaffen ein. Als er seine neunte Symphonie nicht mehr vollenden konnte, verfügte er, als Finale das Te Deum (Großer Gott, wir loben dich)anzufügen. Primärziel seiner kompositorischen Tätigkeit war das Gotteslob. Für Justus Frantz besitzt Musik göttliche Ausstrahlungs- und Beweiskraft. So bekannte er: „Für mich ist Musik von Beethoven Gottesbeweis. Viele Philosophen haben sich mit Gott beschäftigt, es bleibt aber immer ein Fragezeichen, in der Musik jedoch wird Gott erlebt. Musik bietet die Chance, auch in kirchenferner Zeit Transzendenz (überirdische Realität) zu erleben." Nach Papst Benedikt XVI. ist „Musik ein möglicher Weg zu Gott, wie eine offene Tür zum Unendlichen".

Singen und Musizieren hat mit Gott zu tun. Der Apostel Paulus ruft uns zu: „Lasst in eurer Mitte Psalmen, Hymnen und Lieder erklingen, wie der Geist sie eingibt. Singt und jubelt aus vollem Herzen zum Lob des Herrn!" (Eph 5,19); „Singen ist doppeltes Beten", sagt Augustinus. Zu Recht meinte der selige Papst Johannes Paul II.: „Der Glaube will auch gesungen werden". Nach dem Zweiten Vatikanischen Konzil ist das „Ziel der Kirchenmusik die Ehre Gottes und die Heiligung der Gläubigen" (Konstitution über die heilige Liturgie „Sacrosanctum Concilium", 112); „Ihre vornehmste Form nimmt die liturgische Handlung an, wenn der Gottesdienst feierlich mit Gesang gehalten wird" (a.a.O., 113); „Der Schatz der Kirchenmusik möge mit größter Sorge bewahrt und gepflegt werden" (a.a.O., 114).

Neben der göttlichen hat Musik aber auch eine menschliche Komponente und Wirkkraft. Musik erfreut den Menschen und kann Medizin für die Seele, Balsam für die Psyche sein. Man spricht in diesem Zusammenhang von einer „funktionellen" Musik. Schon in der Bibel wird uns von der therapeutischen Wirkung des Musizierens berichtet. So bat König Saul jedes Mal, wenn er deprimiert war, den jungen David, die Zither zu spielen. Die trüben und quälenden Gedanken verschwanden dann auf der Stelle: „Sooft nun ein Geist Gottes Saul überfiel, nahm David die Zither und spielte darauf. Dann fühlte sich Saul erleichtert, es ging ihm wieder gut und der böse Geist wich von ihm" (1 Sam 16,23). Auch in der modernen Psychomedizin spielt die musikalische Therapie eine immer größere Rolle. Nicht umsonst weiß der Volksmund: Mit Musik geht alles besser.

Es gibt wohl kaum ein vergleichbares Medium, das den Menschen so ganzheitlich und in der Tiefe seiner Existenz anrührt wie die Musik. Mehr noch als die Literatur erfüllt sie den Menschen integral, bringt sie die Saiten seines Innenlebens zum Schwingen und versetzt ihn in eine Harmonie mit sich und der Welt, nicht selten sogar mit Gott. Musik hat etwas Göttliches, Himmlisches. Martin Luther lenkt jedenfalls unsere Gedanken in diese Richtung, wenn er sagt: „Wer sich die Musik erkiest, hat ein himmlisch Werk gewonnen. Denn ihr erster Anfang ist von dem Himmel selbst genommen, weil die lieben Engelein selber Musikanten sein".

CHRISTKÖNIGSSONNTAG

(LETZTER SONNTAG IM KIRCHENJAHR)

Majestas Domini; Handschrift; 12./13. Jh.; Laacher Sakramentar, Cod. 891, fol. 9v

DER KONTRASTKÖNIG

Am letzten Sonntag im liturgischen Jahreskreis feiert die katholische Kirche den Christkönigssonntag.

Gekrönte Häupter gibt es kaum noch auf der Welt. Die Monarchie befindet sich weltweit auf dem Rückzug. Diejenigen Könige und Fürsten, die noch in Amt und Würden sind, üben in den meisten Fällen nur eine vom Volk legitimierte und kontrollierte Macht aus: So sind z.B. die Thronreden Königin Elisabeths von England oder Beatrix' der Niederlande nichts anderes als diktierte Regierungserklärungen.

Königshäuser geben heutzutage allenfalls Stoff ab für die Klatschspalten der Regenbogenpresse und sorgen so für unterhaltsame Lektüre, etwa unter der Haube beim Friseur. Stattdessen „regieren" jede Menge Ersatzkönige wie diese: Fußballkönig (Franz Beckenbauer wird sogar „Kaiser" genannt), Kohlkönig, Schützenkönig, Film- und Schlagerkönig, König Kunde, Tenniskönigin, Schokoladenkönigin, Kirschenkönigin, Weinkönigin, Heidekönigin, Schönheitskönigin, „Königin der Herzen" (Prinzessin Diana) etc. Eine wahre Inflation von Königstiteln. Hier offenbart sich der uralte Traum des Menschen, einmal ganz oben, eben König/Königin zu sein, sich sonnen zu dürfen in einer Märchenwelt von Pracht und Prunk.

Einen König gibt es, der so gar nicht in das Schema innerweltlicher Herrschaften passt: Es ist Jesus, der Christkönig. In ihm begegnen wir in der Tat einem Kontrastkönig: Sein Zepter ist ein Rohrstock, sein Königsmantel ein Soldatenmantel, sein Purpur ein Spottkleid, seine Krone eine Dornenkrone, sein Königsthron ein Kreuzesstamm, seine Thronrede lautet: „Und ich, wenn ich über die Erde erhöht bin, werde alle zu mir ziehen" (Joh 12,32). Er ist kein König mit Glanz und Gloria, sondern ein gekreuzigter Christus (= Gesalbter), der seine Macht gerade in der Ohnmacht manifestiert. Als Gefesselter spricht er zu Pilatus: „Ich bin ein König" (Joh 18,37). Johann Sebastian Bach lässt seine Johannespassion so beginnen:

„Herr, unser Herrscher, dessen Ruhm in allen Landen herrlich ist; zeig uns durch deine Passion, dass du zu allerzeit, auch in der größten Niedrigkeit, verherrlicht worden bist". Menschwerdung, Leiden und Tod sind die Maximalformen der Selbstentäußerung und Selbsterniedrigung des Gottessohnes, zugleich offenbaren sie aber auch dessen Majestät und souveräne „Macht, das Leben hinzugeben, und die Macht, es wieder zu nehmen" (Joh 10,18).

Dieser König regiert nicht von Volkes Gnaden, vielmehr hat er durch seinen Tod und seine Auferstehung sich selbst inthronisiert: „Wir haben einen Hohenpriester, der sich zur Rechten des Thrones der Majestät im Himmel gesetzt hat" (Hebr 8,1). Seine „Regierungserklärung" hört sich so an: „Der Menschensohn ist nicht gekommen, sich dienen zu lassen, sondern um zu dienen und sein Leben hinzugeben für viele" (Mk 10,45). Er lässt sich zu den Menschen herab bis zum Tod am Kreuz: „Er war Gott gleich, hielt aber nicht daran fest, wie Gott zu sein, sondern er entäußerte sich und wurde wie ein Sklave und den Menschen gleich. Sein Leben war das eines Menschen; er erniedrigte sich und war gehorsam bis zum Tod, bis zum Tod am Kreuz. – Darum hat ihn Gott über alle erhöht und ihm den Namen verliehen, der größer ist als alle Namen, damit alle im Himmel, auf der Erde und unter der Erde ihre Knie beugen vor dem Namen Jesu und jeder Mund bekennt: Jesus Christus ist der Herr – zur Ehre Gottes, des Vaters" (Phil 2,6-11).

Der Christkönig ist nicht auf unsere Huldigung angewiesen, sondern hat die Huld, dem verlorenen Schaf nachzugehen, um es auf seine königlichen Schultern zu nehmen (vgl. Lk 15,4-7; Joh 10,1-16). Er ist nicht gekommen, die Welt zu erobern oder seine Macht in politischer oder militärischer Größe zu zeigen, sondern um durch sein Blut alle Menschen zu Königskindern, zu einem „auserwählten Geschlecht, einer königlichen Priesterschaft" (1 Petr 2,9) und zu Erben seines ewigen Reiches zu machen. Er zeigt seine Macht am meisten im Verschonen und Erbarmen.

Aber wo ist denn nun sein Reich? Wo regiert er, der Christkönig? Wo wird das Königtum Christi greifbar, sichtbar? Nun, sein Reich ist nicht von dieser Welt (vgl. Joh 18,36), die sich in Hass, Terror, Krieg und Gewalt zerfleischt, sondern es ist ein Reich der Wahrheit und des Lebens, der Heiligkeit und Gnade, der Gerechtigkeit, der Liebe und des Friedens. Aber von diesem ist nicht viel zu sehen, sagen viele. Warum greift der Christkönig nicht ein, wenn Krieg und Terror toben? Er hätte doch die Macht dazu. Zweifellos, aber die Umsetzung des Regierungsprogramms Christi hängt auch und nicht unwesentlich von uns selbst ab. Der Traum von einem Friedensreich, von einer humanen, sozialen und gerechten Gesellschaftsordnung müsste keine Utopie bleiben, ließen wir uns vom Christkönig in Dienst nehmen. Ferner: Krieg, Terror, Gewalt, Hunger müsste es nicht geben, würden wir das Programm der Gottes- und Nächstenliebe realisieren. Wo Gottes Liebe wirksam wird, da ist das Reich Gottes schon angebrochen. Es beginnt dort, wo Eheleute und Partner sich bemühen, ihre Krise zu meistern; dort, wo alte und kranke Menschen nicht abgeschoben werden; dort, wo Gott in den Ärmsten der Armen geliebt wird; dort, wo die Herrschaft Gottes über Lebensanfang und Lebensende respektiert wird; dort, wo geborenes und ungeborenes Leben geschützt wird. Das Reich des Christkönigs ist lebendig, wo Liebe triumphiert über den Hass, wo Frieden triumphiert über den Krieg, wo Gewaltlosigkeit triumphiert über Gewalt; wo wir segnen, wenn andere fluchen. Überall dort ist Gottes Reich real präsent. Von Papst Johannes Paul II. stammt das Wort: „Wo immer wir etwas Gutes tun, und sei es noch so gering und bruchstückhaft, beginnt das Reich Gottes" (Enzyklika „Sollicitudo rei socialis", 48).

„Könige kommen und gehen", sagte einst Farah Diba, die Exkaiserin von Persien; sie fügte hinzu: „Jeder hat nur für eine bestimmte Zeit seine Rolle zu spielen". Mag die Monarchie sich auf dem Rückzug befinden und allmählich ins Reich der Museen verbannt sein, Christi Königtum wird, weil es nicht von dieser Welt ist (vgl. Joh 18,36), permanent dauern: „Seine Herrschaft ist eine ewige, unvergängliche Herrschaft. Sein Reich geht niemals unter. Alle Völker, Nationen und Sprachen müssen ihm dienen" (Dan 7,14); „Vor ihm werfen sich alle Stämme der Völker nieder. Denn der Herr regiert als König; er herrscht über die Völker. Vor ihm allein sollen niederfallen die Mächtigen der Erde" (Ps 22,28-30); „Seines Reiches wird kein Ende sein", bekennen wir im Credo; „Sein Thron wird für immer bestehen bleiben" (1 Chr 17,14). Und der Psalmist sagt: „Dein Königtum ist ein Königtum für ewige Zeiten, deine Herrschaft währt von Geschlecht zu Geschlecht" (Ps 145,13); „Der Herr thront als König in Ewigkeit" (Ps 29,10; 9,8); „Der Herr ist König für immer und ewig" (Ps 10,16).

Der Christkönig ist der Pantokrator: Allherrscher; „denn in ihm wurde alles erschaffen im Himmel und auf Erden, das Sichtbare und das Unsichtbare, Throne und Herrschaften, Mächte und Gewalten; alles ist durch ihn und auf ihn hin geschaffen" (Kol 1,16). Er ist „das Alpha und das Omega…, der ist und der war und der kommt, der Herrscher über die ganze Schöpfung" (Offb 1,8). Gegenüber dem Ruhm des Christkönigs verblassen alle innerweltlichen Königstitel; sie sind nur Tand, Schall und Rauch.

„Christus Sieger, Christus König, Christus Herr in Ewigkeit. König des Weltalls, König der Völker, König des Friedens, König der Zeiten, König der Herrlichkeit – Wir huldigen dir" (Christus-Rufe). Wer dem Christkönig, dem „Herrscher über die Könige der Erde" (Offb 1,5), dient, bricht sich keinen Zakken aus der Krone.